海峡西岸繁荣带
发展研究报告2021

郑若娟　蔡伟毅　主编

中国财经出版传媒集团

经济科学出版社
Economic Science Press

图书在版编目（CIP）数据

海峡西岸繁荣带发展研究报告 . 2021 / 郑若娟，蔡
伟毅主编 . —北京：经济科学出版社，2021. 12
ISBN 978 - 7 - 5218 - 3066 - 8

Ⅰ. ①海…　Ⅱ. ①郑…　②蔡…　Ⅲ. ①区域经济发展
- 研究报告 - 福建 - 2021　Ⅳ. ①F127. 57

中国版本图书馆 CIP 数据核字（2021）第 232736 号

责任编辑：周胜婷
责任校对：王苗苗
责任印制：张佳裕

海峡西岸繁荣带发展研究报告 2021

郑若娟　蔡伟毅　主编

经济科学出版社出版、发行　新华书店经销

社址：北京市海淀区阜成路甲 28 号　邮编：100142

总编部电话：010 - 88191217　发行部电话：010 - 88191522

网址：www. esp. com. cn

电子邮箱：esp@ esp. com. cn

天猫网店：经济科学出版社旗舰店

网址：http：//jjkxcbs. tmall. com

固安华明印刷厂印装

710×1000　16 开　19 印张　320000 字

2021 年 12 月第 1 版　2021 年 12 月第 1 次印刷

ISBN 978 - 7 - 5218 - 3066 - 8　定价：98. 00 元

（图书出现印装问题，本社负责调换. 电话：010 - 88191510）

（版权所有　侵权必究　打击盗版　举报热线：010 - 88191661

QQ：2242791300　营销中心电话：010 - 88191537

电子邮箱：dbts@ esp. com. cn）

前　　言

　　在厦门大学社科处的大力支持下和各位专家学者的辛勤工作下，《海峡西岸繁荣带发展研究报告2021》在新一年的金秋时节如期与读者见面了。自今年起，《海峡西岸经济区发展报告》更名为《海峡西岸繁荣带发展研究报告》。多年来，海峡西岸繁荣带发展研究课题组坚持跟踪海峡西岸经济发展动向，搜集最新发展数据，深入调研海峡西岸发展状况，形成系统性的分析框架和理论观点，并在此基础上提出与时俱进的研究内容和政策建议。这已经是课题组第十次发布海峡西岸经济区发展报告。依例，课题组历经一年的选题策划、研究探讨、分工撰写和编辑修改，将最新的观点和思考编辑成册，以飨读者。

　　《海峡西岸繁荣带发展研究报告2021》承续往年发展报告的风格和体例，所选的研究主题集中于海峡西岸繁荣带及福建省发展中的重点突出问题。全书将十一个研究主题划分为四个板块：贸易与开放、数字经济、低碳经济以及区域发展。

　　福建省是21世纪海上丝绸之路核心区，同时伴随着福州、厦门和平潭三个片区连成中国（福建）自由贸易试验区，福建的经济发展正踏上一个更加广阔的平台。2020年《区域全面经济伙伴关系协定》（RCEP）正式签署完成，福建省作为我国与东南亚地区经济联系的纽带，其经贸发展格局必将受到广泛而深远的影响。福建省以及海峡西岸繁荣带正处于良好的发展机遇期。开放发展一直是海峡西岸繁荣带发展的重要途径之一，也是课题组研究的重要内容之一。

　　目前全球经济正步入以数字化为主要标志的新阶段，"十四五"规划明确提出要"打造数字经济新优势"，将数字经济发展和数字化转型的目标与作用提到一个新的高度。福建省十分重视数字经济的建设与发展，并在某些方面取得了长足的进步。课题组从国内外以及海峡两岸的数字经济发展背景出发，对福建省各地市的数字经济发展现状进行评估，继而提出相应的路径优化建议。

发展低碳经济减缓全球变暖的速度是全球性的重要议题，2020 年 9 月的联合国大会上，习近平总书记再次郑重承诺，中国将提高国家自主贡献力度，力争 2030 年前二氧化碳排放达到峰值，并争取 2060 年实现碳中和。金融是现代经济资源配置的重要方式之一，在生态文明建设中也发挥了举足轻重的作用，从金融的角度探索新的低碳经济发展模式是一项重要的课题。课题组以福建省为研究对象，探究了福建省的低碳经济发展与金融支持路径，为金融助力福建省低碳经济发展提供了新视角。

"十四五"是开启全面建设社会主义现代化国家新征程的第一个五年。编制"十四五"规划，福建省应认真研究本省在中国区域经济发展版图新格局中所面临的各种机遇和挑战，以更高站位、更大格局、更实举措进行谋划布局。为此，应充分调动各方面的积极因素，开创区域协同发展新局面。

基于以上的现实状况与理论分析，课题组将如上的四个板块内容细分为十一个专业选题，进而形成本年度的发展报告。本年度发展报告各个专题的内容简述如下。

专题一　福建自贸区三片区产业发展研究

在"一带一路"高质量发展和建设 21 世纪海上丝绸之路核心区的背景下，福建自贸试验区内部福州、厦门、平潭三个片区应该遵循"特色、差异、协调发展"的原则，实现有序分工、优势互补和品牌效应，形成福建自贸试验区的整体合力。福州片区的产业发展要立足于建设先进制造业基地，建成 21 世纪海上丝绸之路沿线国家和地区交流合作的重要平台，成为两岸服务贸易与金融创新合作示范区，要在国际商贸业、航运物流业、金融服务业、新兴服务业及先进制造业等领域进行重点布局。厦门片区的产业升级目标是成为两岸区域性金融服务中心、两岸贸易中心和东南国际航运中心，并成为两岸新兴产业与现代服务业合作示范区。厦门片区的产业升级，要以第三产业的升级为核心，重点发展航运物流业、贸易业、旅游会展业和金融服务业。平潭片区产业发展的方向是建设海峡两岸共同家园和国际旅游岛，在投资贸易和资金人员往来方面实施更加自由便利的措施。平潭片区重点发展的产业包括旅游业、文化康体业和物流贸易业，并积极打造总部经济。

专题二　RCEP 对福建省经贸发展的影响分析及对策研究

2020 年 11 月 15 日，亚太地区规模最大、覆盖范围最广泛的自贸协定《区域全面经济伙伴关系协定》（RCEP）正式签署完成。福建省作为我国与东南亚地区经济联系最紧密的省份之一，其经贸发展格局必将受到广泛而深远的影响。本文运用文献研究和数据分析方法，系统梳理了 RCEP 的签署背景、内容概述以及对我国和东亚区域的重要意义，从贸易结构与产业结构两个方面对福建省与 RCEP 其他成员国之间的经贸现状进行评估，研究发现福建省与 RCEP 成员国之间的贸易较为均衡，出口产品也在逐渐向产业链上游转移。进一步研究发现，RCEP 给福建省经贸发展带来的机遇与挑战并存：一方面，RCEP 有利于福建省内产业升级，加速价值链重构，另一方面RCEP 成员国之间经济发展不均衡，给产业结构调整带来一定风险。在此基础上，本文从促进产品升级、加速供应链现代化以及深化产业结构三个方面提出对策建议。

专题三　"十四五"时期福建省发展数字经济的路径探索

"十四五"规划明确要"打造数字经济新优势"，将数字经济发展和数字化转型的目标与作用提高到了国民经济的高度。作为数字中国这一思想的实践起点，在过去 20 年间，福建省在数字经济建设发展方面取得了长足的进步。本文从国内外以及海峡两岸的数字经济发展背景出发，以最新发布的2021 年中国城市数字经济指数为依托，分别从数据及信息化基础、城市服务、城市治理和产业融合四个方面对福建省各地市的数字经济发展现状进行评估，并在此基础上发现福建省发展数字经济主要面临政策法规不完善、基础设施建设薄弱、缺乏数字领域头部企业、数字转型升级成本高等问题和挑战，继而从政策法规、基础设施建设、产业结构、要素保障等方面提出相应的路径优化建议。

专题四　数字经济背景下福建省文化产业的发展

数字化转型是当前传统经济面临的一项重大变革任务，随着全球经济逐渐步入以数字化为主要标志的新阶段，如何快速融入数字经济浪潮成为以文化产业为代表的传统经济的一大课题。本专题全面分析了数字经济背景下福建省文化产业发展的新特点、数字化转型过程中的机遇和挑战，并基于福建省文化产业的发展现状和前景，提出：政府层面应增强政策引导、加快数字基建、加大财政投资力度、加强数字化文化产业人才队伍建设，企业方面应当在供给端提质扩容、优化消费体验、聚焦融合发展、培育文化产业新业态，使得福建省文化产业搭乘数字经济浪潮的"便车"实现高质量发展。

专题五　低碳经济发展与金融支持路径研究——以福建省为例

金融作为现代经济的核心和资源配置枢纽，在生态文明建设中具有举足轻重的作用，从金融的角度探索新的低碳经济发展模式是一项重要的课题。福建省的能源资源匮乏，环境压力较大，在发展低碳经济方面刻不容缓。所以，本文以福建省为研究对象，探究了福建省的低碳经济发展与金融支持路径，为金融在助力福建省低碳经济发展方面提供了新视角。

本文梳理了与低碳经济相关的概念以及低碳经济发展和金融支持低碳经济发展的相关理论，分析了金融支持低碳经济发展的机理。在此基础上，结合福建省低碳经济发展的现状和存在的问题，进一步从主体、工具、产业、新型城镇化、区域等多角度提出了金融支持低碳经济发展的路径。最后，针对目前福建省金融支持低碳经济发展路径存在的不足，分别从五个角度提出了具体的对策建议。

专题六　金融支持低碳经济发展的影响机制研究——基于福建省的经验分析

近年来，温室效应呈现出愈演愈烈的态势，低碳经济、碳中和、碳达峰等从经济领域发展成为全社会的热门话题。2016 年底，福建碳市场就建成并启动交易，成为国内第八个试点区域碳市场之一，但对于还处于加快向重化工业发展的转型时期的福建省来说，发展低碳经济依然任重道远。

本文先对国内外学者们的研究成果进行了梳理，回顾了金融支持低碳经济发展的相关理论，探讨了金融支持低碳经济影响机制，以及金融影响低碳经济发展的主要路径。根据福建省当前金融支持低碳经济的发展现状，反思了福建省当前发展低碳经济所面临的问题和机遇。以 1997～2017 年福建省金融支持低碳经济影响机制的经济数据为样本，本文建立多元线性回归模型，实证分析了金融支持、政府干预下的金融支持对福建省低碳经济发展的影响，并提出相应的政策建议。

专题七　"十四五"期间福建积极融入粤港澳大湾区的成因与对策

"十四五"是开启全面建设社会主义现代化国家新征程的第一个五年。编制"十四五"规划，福建省应认真研究本省在中国区域经济发展版图新格局中所面临的各种机遇和挑战，以更高站位、更大格局、更实举措进行谋划布局。福建与粤港澳历史渊源关系深厚，对接后者具备一定的现实基础，"十四五"期间，福建融入粤港澳大湾区更显其必要性和紧迫性。目前，桂湘赣琼四省份已纷纷把全面对接大湾区建设作为推进高质量发展、加快构建全方位开放发展新格局的重大战略举措，作为毗邻广东的福建，也要抢抓粤港澳大湾区带来的发展机遇，厘清对接融入的基本思路，在若干主要领域加快与大湾区对接，为此，应充分调动各方面的积极因素，开创区域协同发展新局面。

专题八　厦门市建设金砖国家新工业革命伙伴关系创新基地研究

厦门金砖创新基地是金砖国家经济合作框架下的国际技术创新合作的平台和载体。建设金砖国家新工业革命伙伴关系及其平台和载体——厦门金砖国家创新基地都必须立足于金砖国家间的贸易、投资、金融合作机制，通过建设厦门金砖国家贸易投资中心，形成更为紧密的贸易投资关系，推动金砖国家产业合作与技术进步；通过加强金砖国家金融合作以及建设金融支持体系，以金融支持推进厦门金砖国家创新基地建设；通过厦门创新基地作为平台和载体，成为国内国际创新资源汇聚合作的纽带，推进金砖国家国际技术合作和国际技术联盟的发展。

专题九　第一家园建设中的海峡两岸税收差异研究

在积极探索海峡两岸融合发展，把福建建成台胞台企登陆的第一家园的背景下，在落实台胞台企同等待遇、进一步促进闽台交流合作、积极推动福建对台先行先试的各项政策中，税收政策具有重要地位。本文主要着眼于分析闽台产业对接中台企来闽投资重点行业的经营及其税收负担情况，并将其与在台湾地区的企业税负进行比较，以此从财税角度分析制约在闽台企发展的原因；并基于两岸税收制度差异与协调的角度，分析两岸税费制度协调中存在的困难，针对性地给出相应的财税政策建议，从而为进一步吸引台胞台企来闽投资创业，促进两岸深度融合发展，将福建省建设成为台胞台企登陆的第一家园提供相应的决策参考。

专题十　厦门经济特区成立四十年来的经验研究

厦门经济特区成立四十年来取得了巨大进步：经济持续增长，产业结构优化升级，科技创新成效显著，实现了高水平的开放发展，创意兴城成为新亮点，社会事业发展不断完善，生态文明建设走在国内前列。厦门经济特区改革发展经验在于，紧抓经济特区政策优势，以市场经济引领经济发展，不断优化经济结构，坚持科技创新，以战略规划引领地区发展，利用"五缘"优势加强对台合作，坚持高水平的开放发展，坚持经济与民生协调发展，促进经济与生态协调发展，以城市创意促进城市发展，促进跨岛一体化发展等。进一步推进厦门高质量发展的对策研究有：进一步发挥厦门经济特区先行先试功能；大力发展战略性新兴产业；把科技创新发展放在重中之重的地位；进一步促进厦门跨岛发展；进一步加强生态文明建设；进一步加强城市设计，发展创意之都；推进以制度型开放为特征的开放发展；进一步转变政府职能，提升营商环境质量。

专题十一　厦门打造总部经济集聚区的挑战、优势与实施策略研究

总部经济是指某区域由于特有的资源优势吸引企业将总部在该区域集群布局。2006 年至今，厦门大力倡导发展总部经济。本文分析了厦门发展总部经济存在的 10 大挑战和 10 大优势，最后，提出厦门打造总部经济集聚区的 6 条具体实施策略。

目　　录

板块一　贸易与开放

专题一　福建自贸区三片区产业发展研究 …………………… 3

　　一、福州片区产业发展方向 …………………………………… 3

　　二、厦门片区产业发展方向 …………………………………… 11

　　三、平潭片区产业发展方向分析 ……………………………… 20

专题二　**RCEP 对福建省经贸发展的影响分析**

　　　　及对策研究 ……………………………………………… 29

　　一、RCEP 签署背景及协议概述 ……………………………… 29

　　二、福建省与 RCEP 成员国的经贸发展现状 ……………… 34

　　三、RCEP 对福建省经贸发展的影响分析 ………………… 43

　　四、RCEP 背景下促进福建省经贸发展的对策建议 ……… 47

板块二　数字经济

专题三　"十四五"时期福建省发展数字经济的路径探索 …… 57

　　一、数字经济的发展背景 …………………………………… 57

　　二、福建省数字经济发展的现状评估 ……………………… 60

　　三、福建省发展数字经济的问题与挑战 …………………… 70

四、福建省发展数字经济的路径探索 ………………………… 75

专题四　数字经济背景下福建省文化产业的发展 ………… 82

一、数字经济与福建省文化产业 ……………………… 82

二、数字经济背景下福建省文化产业发展新特点 ……… 86

三、福建省文化产业在数字化转型中的机遇与挑战 …… 90

四、加快福建省文化产业数字化转型升级 …………… 98

板块三　低碳经济

专题五　低碳经济发展与金融支持路径研究

——以福建省为例 ………………………… 107

一、绪论 ……………………………………… 107

二、理论基础 ………………………………… 112

三、福建省低碳经济发展的现状与金融支持路径研究 … 117

四、金融支持福建省低碳经济发展路径存在的不足

及对策建议 ……………………………… 125

五、结论与展望 ……………………………… 130

专题六　金融支持低碳经济发展的影响机制研究

——基于福建省的经验分析 ………………… 134

一、绪论 ……………………………………… 134

二、核心概念和理论基础 …………………… 139

三、金融支持低碳经济影响机制研究 ……… 144

四、福建省金融支持低碳经济发展状况 …… 151

五、福建省金融支持低碳经济影响机制的经济数据分析 … 154

六、政策建议 ………………………………… 162

板块四　区域发展

专题七　"十四五"期间福建积极融入粤港澳大湾区的

成因与对策 ……………………………………………… 169

一、福建与粤港澳的历史渊源关系 ………………………… 169

二、福建对接粤港澳具备一定的现实基础 ………………… 173

三、"十四五"期间福建为何需要主动对接粤港澳大湾区 …… 175

四、他山之石：桂湘赣琼四省主动对接融入粤港澳

大湾区的启示 ………………………………………… 179

五、"十四五"期间福建如何融入粤港澳大湾区的

若干建议 ……………………………………………… 181

专题八　厦门市建设金砖国家新工业革命伙伴关系

创新基地研究 ………………………………………… 189

一、厦门金砖创新基地的内涵及主要任务 ………………… 189

二、我国与金砖国家贸易投资现状 ………………………… 190

三、金砖国家金融合作及金融支持技术创新现状 ………… 195

四、金砖国家国际技术合作现状 …………………………… 202

五、加快厦门金砖国家创新基地建设的政策建议 ………… 206

专题九　第一家园建设中的海峡两岸税收差异研究 ……… 214

一、引言 ……………………………………………………… 214

二、福建省台企基本情况 …………………………………… 215

三、闽台对接产业税负分析 ………………………………… 219

四、制约福建省台企发展的因素分析 ……………………… 225

五、推进福建成为台胞台企登陆的第一家园的建议 ……… 232

专题十　厦门经济特区成立四十年来的经验研究 ················ 237

　　一、厦门经济特区成立四十年来取得的成就 ············· 237

　　二、厦门经济特区成立四十年来的发展经验 ············· 246

　　三、进一步推进厦门高质量发展的对策研究 ············· 254

专题十一　厦门打造总部经济集聚区的挑战、优势与实施

　　　　　策略研究 ··································· 266

　　一、厦门打造总部经济集聚区的挑战 ··············· 267

　　二、厦门打造总部经济集聚区的优势 ··············· 276

　　三、厦门打造总部经济集聚区发展路径与实施策略 ········ 283

后记 ··· 291

海峡西岸繁荣带发展
研究报告2021

板块一　贸易与开放

专题一　福建自贸区三片区产业发展研究

一、福州片区产业发展方向

福州片区的产业发展要立足于建设先进制造业基地，建成 21 世纪海上丝绸之路沿线国家和地区交流合作的重要平台，成为两岸服务贸易与金融创新合作示范区，要在国际商贸业、航运物流业、金融服务业、新兴服务业及先进制造业等领域均进行重点布局。

根据福州片区产业发展所面临的机遇与挑战，结合福州片区在产业发展方面的优势与劣势，我们提出福州片区产业发展 SWOT 分析矩阵（见图 1），在不同的现实条件下给出不同的产业发展战略建议。

（一）物联网

物联网产业是福州片区重点发展的产业，也是福州自贸区为实现产业转型升级而集中力量主攻的一大新兴产业。福州自贸区是福建省目前唯一的国家级物联网产业基地，也是全国第四个拥有国家级物联网产业基地的片区。新冠肺炎疫情期间，福州自贸区内的企业不仅积极为武汉医疗系统提供可远程监控、数字化管理的先进医疗设备与管理平台，还为包括福州企业在内的各地企业提供疫情防控必需的扫描器、红外测温设备等智能化先进仪器，极大提高了疫情防控工作的效率。新冠肺炎疫情还催生了对物联网产业的巨大需求，除了以上所列举的远程控制、智能化装备等需求，居家办公、远程会议等新兴办公方式的兴起还离不开物联网产业的支持，尤其是疫情期间对于

	优势（S） S1 工业基础扎实，规上工业总产值破万亿 S2 依托省会金融中心优势，集中省内大量金融资源 S3 产业集聚效应明显，新兴技术产业呈现交叉融合发展趋势 S4 坐拥优质旅游与港口资源	劣势（W） W1 相比于上海、南京等地，本土教育科研实力薄弱 W2 金融行业整体规模较小，产融结合仍需加强 W3 物联网等先进制造业仍缺乏相关科研人才 W4 跨境电商、航运等行业产业链建设相对粗放
机遇（O） O1 "21 世纪海上丝绸之路"重点建设区域 O2 连接东盟与东南亚地区的核心门户，对外合作广阔 O3 海峡两岸交流前沿阵地，对台经贸合作密切 O4 双循环战略实现经济发展新格局	SO 策略 依托福州市"海上丝绸之路"核心区和东南亚开放门户的区位优势，加强同"一带一路"沿线国家在跨境电商、物流航运等产业的交流合作，推动两岸在物联网、芯片半导体等先进制造业层面的合作。积极引进台地区优质人才，打造福州特有的旅游文化，吸引海内外游客来福州观光旅游，形成旅游产业同相关文娱产业相互协调，共同促进的局面	WO 策略 有效利用国家"对外开放""走出去""双循环"等政策产生的红利，以及各级政府对于自贸区建设的政策倾斜，进一步加速产融结合，推动先进制造业产业结构优化升级、扩大产业规模；为航运物流业提升供应链运行效率与质量提供资金支持，为海内外科研机构与人才落户片区开展研究创造良好的政策环境
挑战（T） T1 中美贸易摩擦增加片区产业发展的不稳定性 T2 全国范围内自贸区发展竞争激烈 T3 疫情冲击下全球经济增速放缓	ST 政策 依托省会金融中心的优势，加大招商引资力度，吸引海内外优秀金融企业来福州设立分支结构，壮大片区金融行业整体规模与实力。促进先进制造业、战略新兴产业的进一步集聚发展，增强产业协同融合效应，增强片区制造业产业的整体竞争力，同时积极学习国内其他自贸区的建设经验，提升自贸区对抗来自外部环境不确定性的实力	WT 策略 有计划、有步骤地展开对于相关弱势产业的发展计划，参考国内其他地区相关产业发展的脉络，实现具有地区特色的产业发展、人才引进和招商引资战略，疫情期间加快跨境电商及其上下游产业的建设，利用疫情期间海外工厂停摆、需求增加的供需失衡契机，运用电商直播等新媒体宣传手段，推动国产品牌出海，在中美经贸争端的背景下保持出口的稳步增长

图 1　福州片区产业发展 SWOT 分析矩阵

无接触式办公的需求剧增，各类企业对此均有诉求，给物联网产业的发展提供了巨大空间。

在福州市人民政府 2018 年 7 月印发的《关于贯彻〈进一步深化中国（福建）自由贸易试验区改革开放方案〉的实施方案》中，明确提出要推动建设物联网产业基地，主要包括物联网产业创新发展中心、物联网产业促进中心、物联网开放实验室三大载体。在与企业对接方面，福州片区已经与华为就窄带物联网（NB-IoT）商用规模化展开了合作，并扩大招商范围，先后吸引多家物联网龙头企业入驻福州，力求打造一个可以提供智能交通、智能水务、智能支付等多种智能化服务的特色平台。

福州作为数字中国建设峰会的举办地，拥有国家级物联网产业基地品牌，在数字经济、电子信息、智慧城市建设方面具有优势，福州全市软件企业产值接近全省产值的一半，在 2018 年共有 8 家企业入选中国软件百强企业。福州片区内坐落着中国东南大数据产业中心，涵盖了健康医疗、国土资源、旅游等行业大数据中心，在大数据方面有着坚实的发展基础。在智慧城市建设方面，福州拥有着全球最大规模的智慧水务商用项目。作为福州发展物联网产业的重要载体，福州物联网产业创新发展中心已经于在 2019 年 4 月 18 日正式揭牌启用，落户企业包含了众多行业先进企业。福州物联网产业已经初具雏形，产业集聚的规模和质量都有了巨大提升。

然而，相较于无锡与重庆等地区的物联网产业发展，福州片区物联网的发展仍处于较为初级的阶段，目前引入的企业数量、产业核心产值相较于无锡等地的物联网产业园仍较少，物联网企业创业存在融资难、融资贵等问题。且现有企业所涉及的产业链环节有限，尚未形成完整的产业链生态系统。虽然福州自贸片区现有的物联网企业中不乏细分领域的龙头，但是产业关联度依旧不高，产业链生态还处于有待完善的阶段。尽管目前福州自贸区内已经建立起了实验室、产业促进中心、产业创新产业发展中心，二期产业园也正在加紧建设，在空间上提升物联网产业的集聚度，但是企业之间的业务关联度仍是有待提升。

因此，笔者建议福州片区从以下角度发展物联网产业。针对物联网作为新兴产业存在的不确定性大、产业基础有待夯实、市场发育较为缓慢的问题，依靠政策引导与扶持，加快通过创新及市场开拓来寻找出适合物联网企业的盈利模式。以核心产业为着力点构建上下游贯通的产业链，将数字经济、智慧城市建设与物联网有机结合，聚焦智能家居、智能交通、智能管网、车联网等物联网应用服务领域，推动物联网产业与大数据的联动。积极布局系统集成、运营服务、推广应用及硬件制造等多个产业链环节，通过引入或者培育本地龙头企业，吸引国内更多优质企业落户，带动大中小企业参与建设，着力完善片区内的产业链布局，支持企业开展实施工业互联网平台研究与试点应用，推动产业优化升级。同时，依托福州马尾基金小镇建立产融对接长效机制，强化产融对接、促进物联网产业同资本的深度融合，支持物联网产业进一步做大做强，增强行业整体实力和竞争力。

在招商引资方面，我们建议福州片区综合考量现有的缺失环节，吸引产业内龙头企业在福州片区设立分公司、研发中心或是生产基地，完善片区内的业务种类，打造出品牌知名度，具体的企业及业务方向包括如下几点。

（1）积极引进设计及生产芯片的物联网企业。伴随着物联网的迅速布局，产业内各企业对多种多样芯片的需求陡增，尤其是智能装备的发展、实时信息的采集都离不开芯片的作用。福州片区可重点引入专注研发和生产MCU、ASIC 等芯片的物联网企业，如乐鑫科技、北京君正等，在马尾物联网产业园投资建厂或设立研发中心，带动片区内芯片设计与制造的发展。

（2）引入专攻射频识别技术、光电感知等代表性信息识别基础技术的高新技术企业，例如，深圳远望谷信息技术股份有限公司等，可引入该类企业的仓储物流、智慧零售及模具工装等业务，与福州智慧城市建设与数字经济发展相结合，满足福州片区内各生产企业及服务企业对于射频识别相关技术的需求。

（3）有选择地引入物联网平台。例如，在互联网领域与阿里云 Link 物联网平台、腾讯 QQ 物联、百度智能云天工等智能物联网平台开展合作，并进一步深化与华为在通信平台构建领域的合作。根据 GSMA 发布的《2020年移动经济报告》，物联网行业的收入大都来自应用程序、平台和服务所取得的收入，份额约占全行业收入的 67%，因而要抓住机遇构建有效的物联网应用平台，培育能为片区内企业客户提供物联网整合平台服务的公司。

（4）促进物联网产业与先进制造业交叉融合发展，鼓励片区内企业利用好物联网开放实验室等技术机构，制定物联网行业技术标准，推进运营商规划 5G 基础设施建设。以 5G 技术建设为基础，进一步拓宽至软件检测、雷达波测试和无心射频通信检测等服务功能，服务于片区内新能源汽车、工业应用软件等先进制造业的发展。

（二）跨境电商与航运物流

跨境电商是福州片区发展国际商贸业的一大突破口，福州跨境电商综合试验区已经于 2019 年 12 月获批设立。福建省的鞋服箱包、家具家居、机电电机等产品一直在国际市场上受到欢迎，成为福建省出口产品的主流。借助跨境电商业务的开展，来自福建省的传统工业制品可以快速高效地销往世界各地，而国外的优质商品也可以经由跨境电商送达国内消费者的手中。福州的出口加工区已成为跨境电商集聚的重要阵地，入驻企业包括菜鸟网络、网易考拉等知名跨境电商企业，形成了"一平台、五中心、一园区"的发展格局。2019 年 9 月 10 日，京东物流首家保税协同仓项目在福州自贸区内正式启用，计划服务华南及华东两大区域。在吸引外资方面，eBay 在福州利嘉国际商贸城设立了跨境电商产业园，该产业园是 eBay 在全球首个专属产业园；eBay 福建分公司也随之成立，这是 eBay 公司第一个与政府合作搭建的示范性政企合作平台。

跨境电商的蓬勃发展需要物流的保障。尤其是在世界公共卫生事件爆发期间，物流的重要性愈发凸显。福州、平潭与厦门三地均有大力发展航运物流的计划，其中平潭侧重于对台物流与国际快件建设，厦门市作为国家物流枢纽将实现陆港、空港、铁路物流并进的发展势头。福州片区最大的优势及特色在于依托天然水深良港江阴港区，发展冷链物流等物流业务，发展面向"一带一路"沿线国家尤其是东南亚地区的航运物流，福州已初步形成以江阴港为核心，连接内陆省份、台湾地区和东南亚国家的"一带一路"物流新通道。

除跨境电商外，落户福州马尾的中国－东盟海产品交易所也为福州发展冷链物流提供了契机。马尾港自古以来就是全国远洋渔业自捕鱼的主要集散地，拥有全国单体规模最大的 15 万吨冷库及较为完备的冷链物流体系。福州片区也汇集了东南亚面积最大的海峡水产品交易中心，初步形成了集近海养殖、远洋捕捞、水产加工、批发销售、冷链物流、海洋生物技术开发于一体的全产业链。

结合福州片区内跨境电商、物流和供应链等行业的现状，我们建议福州片区从以下几个方面加快产业转型升级。

（1）凭借其独特的地理优势，通过深化与海上丝绸之路沿线国家与地区的贸易往来与电子商务合作，鼓励福州片区的跨境电商企业在海上丝绸之路沿线设立海外仓、中转仓，在海外建立物流分销基地，拓展外销渠道，扩展在"一带一路"沿线的电商与物流合作。鼓励片区企业开通跨境电商洲际货运包机业务，打造高效率的跨境物流枢纽。

（2）吸引"一带一路"沿线国家和地区来福州片区开拓市场，形成良性互动与贸易往来，进一步扩大福州口岸的业务量，引进国际知名跨境电商、进出口商贸及上下游产业项目。随着中欧班列的运营进入正轨，福州片区可寻求与厦门片区进行合作协调，开拓陆路渠道，借鉴厦门海运与陆运相结合的方式，扩展跨境电商辐射范围。

（3）福州的海运通道及陆路通道通畅，具有发展海铁联运的条件。片区可出台海铁联运扶持政策，鼓励企业通过江阴港海铁联运将货物出口至"一带一路"沿线国家和地区，依托江阴港仓储资源，打造玉米、棉花等大宗商品物流分拨中心，进一步提升海铁联运货物运载量。

（4）在发展冷链物流方面，依托中国－东盟海产品交易交易所，引入海内外的大型物流企业，实现优势互补，做大做强福州的冷链物流与海产品交易，依托片区内东南亚面积最大的海峡水产品交易中心，做大做强片区内特色优势水产品和主流远洋水产品贸易规模，延伸开展包括鱼粉和鱼油在内的大宗商品原料的国际采购、进口与销售。

（5）在政策扶持方面，进一步简化跨境电商企业出口的行政审批环节，落实"简化归类、清单申报、归类统计"等举措，为跨境电商企业发展提供良好的政策环境。

（三）金融业

在福州自贸区片区成立之后，福州便积极吸引各大金融机构进驻自贸区，在跨境金融业务方面进行了多项有益尝试，包括跨境人民币结算业务、跨境借款业务、外汇体制改革等，鼓励自贸区内的银行等金融机构为企业量身定制方案。在此过程中，福州片区重视对台开放，给予台胞台企政策优惠，实行台资企业资本项目管理便利化试点白名单制度，试行人民币两岸现钞调运及收付业务，允许金融机构与台湾地区银行之间开立新台币同业往来账户办理多种形式结算业务。目前，福州片区在与台资企业合作过程中逐步探索，在推动人民币资产跨境转让、跨境人民币同业借款等创新业务上均有进展，跨境人民币结算业务也在中国－东盟海产品交易所顺利开展，为企业带来了跨境结算的巨大便利。

作为福州市发展金融产业的亮点，福州片区吸引了众多融资租赁企业落户福州自贸区，为福州的实体经济带来了新支持。在 2019 年 6 月 25 日，福州发布了《中国（福建）自由贸易试验区福州片区工作领导小组办公室关于进一步加快福建自贸试验区福州片区融资租赁业发展的实施意见》，提出要重点支持马尾地区发展融资租赁业，让融资租赁业助力自贸区及福州其他地区的先进制造业、现代服务业的发展，为基础设施建设提供支持，尤其要结合福州福清区块、马尾区块、仓山区块当地的企业需求，发展相关的支持租赁业务。该意见还鼓励业务创新，支持符合条件的融资租赁企业兼营商业保理业务，并鼓励银行对区域内的融资租赁企业进行单独授信。2019 年 4 月开始，自贸区将企业在自贸区内办理的基本存款账户、临时存款账户由核准制改为备案制，大大提升了企业开户的方便程度，提升了招商引资效率，吸引了大批有实力的融资租赁业企业纷纷落户福州，代表性企业有中融盛世国际融资租赁有限公司、中投华吉国际融资租赁有限公司等，且这些企业中不乏来自香港的诸多集团，例如香港中瑞金集团、香港易鑫金融集团、香港中建控股集团等。同时，福州片区在现有融资租赁模式的基础上，又创新推出了"设备与材料异地租赁""新三板快易租""工程设备快易租""民营融资租赁资产证券化"等全国首创的创新举措。

在扩大资本市场开放方面，福州片区支持境内外合伙人在福州片区内设立跨境人民币股权投资基金。福州在 2017 年 1 月 25 日出台《关于促进股权投资和证券投资基金加快发展的暂行办法》，明确落户企业可以使用"基金""资产管理"等字样进行公司注册，还提出对落户企业提供一次性落户奖励，并配套一系列购房、租金补贴及风险补助。马尾基金小镇的快速发展，得益于福州自贸区在企业登记注册方面的优惠待遇，尤其是可为非金融机构及不从事金融活动的企业出具意见，在核准通过后，相关股权投资基金公司可以在注册名称及经营范围中使用与公司性质及业务一致的"资产管理""基金"等字样，为企业提供了方便，也防止出现"一刀切"的弊端。

结合对福州片区金融行业发展现状的分析，我们建议福州片区从以下四方面对金融业进行优化升级。

（1）强化金融行业对于实体经济的扶持作用，在吸引投资机构开户的同时，通过政策引导、优惠辅助的方式鼓励投资机构将资金投向自贸区内的其他实体企业，建立起投资机构与实体经济的良性互动，确保金融业与实体经济之间沟通畅通、高效互动。继续推动建设海峡基金业综合服务平台，形成"一中心，多平台"的功能体系，以平台为中间桥梁对接自贸区政府和片区内部基金集群的体系结构。并引导金融机构加大对自贸试验区福州片区内跨境电商、物联网、冷链物流等重点产业的资金支持，并为中小企业融资难提供创造性的解决方案，每年举行固定数量的投融资对接会议，减少投融资双方的信息不对称性，提高产融合作资源的利用效率。

（2）加强对于中小企业的融资力度，福州片区需要与银行等金融机构探讨扶持中小企业的创新方式，并与片区内的股权投资基金协调，引导股权投资基金向有前景、高成长性的中小企业提供投资，助力小企业渡过难关、发展壮大。

（3）着眼于供应链金融与金融科技，依托福州的数字经济优势，将区块链技术应用到金融场景中，以区块链技术助力企业降低交易成本、保护资金安全。区块链技术作为一种新兴技术，发展前景及应用范围广阔，福州片区需要在这一轮建设高潮中抢占先机，可重点探索基于区块链的供应链金融服务、跨境支付等多样化应用场景，让区块链技术助力福州自贸区的金融服务提升与金融体系建设，创新运用金融科技打造服务于私募基金的"估值系统""资本智库"等特色科技金融产品，通过"技术＋资本"服务投融资项目。

（4）建设良好的基金投融资氛围，引导片区内基金、融资租赁等金融产业高质量发展。对于基金行业，依托海峡基金业综合服务平台，做好基金奖励和补贴措施，对于基金募投的全流程进行扶持、支持片区内整体基金产业做大做强。落实《关于进一步加快福建自贸试验区福州片区融资租赁业发展的实施意见》等政策文件，鼓励重大基础设施建设、装备制造等行业积极开展融资租赁业务，拓宽融资租赁业务的市场空间；发挥政府的桥梁作用，搭建融资租赁和银行、保理等资金融出机构的对接平台。强化风险管理，严格管控片区内金融企业的各项经营活动，及时公开透明地披露基金募投项目的运营情况，依托"融资租赁企业信息管理系统"，严查"空壳"公司等违法违规经营活动，严防系统性金融风险的出现。

二、厦门片区产业发展方向

厦门片区的产业升级目标是成为两岸区域性金融服务中心、两岸贸易中心和东南国际航运中心，并成为两岸新兴产业与现代服务业合作示范区。厦门片区的产业升级，要以第三产业的升级为核心，重点发展航运物流业、贸易业、旅游会展业和金融服务业。

根据厦门片区发展面临的机遇与挑战，结合厦门片区在产业发展方面的优势与劣势，本文提出厦门片区产业发展 SWOT 分析矩阵（见图 2），在不同的现实条件下给出不同的产业发展战略建议。

（一）航运物流业

厦门片区的厦门港是中国沿海主要港口、中国对外开放一类口岸，也是福建省主要出海口之一。厦门片区在海运及港口经济方面具有雄厚实力，其定位之一是"东南国际航运中心"。在厦门自贸区片区成立后，厦门片区从海陆空三个维度发展航运物流产业，取得巨大进展。在海运方面，由福建省交通运输集团有限责任公司、厦门港务控股集团有限公司等共同倡议成立了"丝路海运"联盟，力图建设以航运为主题的"一带一路"国际综合物流服务平台。其中，多条通往"一带一路"沿线国家及地区的航线从厦门出发，福建丝路海运运营有限公司也落户厦门片区。

在陆路运输方面，中欧班列（厦门）的开行为厦门接通了欧洲大陆的诸多商机。相较于海运而言，铁路运输具有速度快、成本相对较低的优势，且运量也较大，能够提高物流速度。以厦门发往德国的班列为例，从厦门开往德国杜伊斯堡仅需要 15 天，而传统海运则至少需要约一个月。同时，厦门市将海路运输与铁路运输有机地结合起来，开创了海铁联运模式，将通过海运送达厦门港的货物装上铁路班列，直达欧洲，大大提升了运输速度及物流效率，形成了海运与陆运互相促进的物流航运系统，受到"一带一路"沿线国家及地区的青睐，越来越多的国家及地区开始通过厦门港中转货物，也有越来越多的企业加入厦门"丝路海运"的联盟中。

	优势（S） S1 第三产业整体实力较强、外资、台资引进成效明显 S2 大型国际会议、文娱活动的举办和落户增强口岸辐射能力 S3 对标国际先进水平，拥有海内外一流的营商环境 S4 对外交流频繁，外贸航线和中欧班列覆盖广泛 S5 教育科研资源丰富	劣势（W） W1 第二产业相对薄弱 W2 缺乏行业龙头对于产业的引领带动作用 W3 金融行业缺乏较为明确的前景规划 W4 厦门市整体生活成本较高，对人才吸引力较弱
机遇（O） O1 国内大循环活力强劲，国内市场规模巨大 O2 海上、陆上丝绸之路双向政策扶持 O3 壮大第三产业成为宏观经济提质增速主要方向之一 O4 自贸片区发展享受各级政策优惠	SO 策略 依托国内外重大会议与文娱活动，提升厦门在海内外的知名度与影响力，吸引海内外金融、文娱等第三产业龙头企业来厦落户，促进服务业，尤其是生产性服务业在整体经济结构中所占的比重。通过优质的营商环境和良好的科研氛围吸引海内外人才来厦落户创业，在国家"一带一路"政策的支持下，扩大对外开放的范围，增强片区产业对外的辐射能力	WO 策略 借助各级政府对于自贸区和"一带一路"的扶持政策，加快厦门片区同"一带一路"沿线国家和我国台湾在产业合作等方面的交流合作，积极引进以物联网为代表的高新技术产业，实现厦门片区第二和第三产业的均衡发展，更好地发挥片区内金融企业对于实体经济的支持作用。通过扩大对外开放，加快优质人才引进工作
挑战（T） T1 疫情影响第三产业，消费拉动经济增长乏力 T2 中美贸易摩擦抑制相关行业出口业务的增长 T3 自贸区之间存在人才、招商等方面的竞争 T4 高技术人才培养周期较长，资源稀缺	ST 政策 创新消费促进与拉动政策，凭借片区内实力较强的第三产业，在文娱、旅游和电商等行业为消费增长提供新的引擎。利用好海陆丝绸之路无缝对接枢纽城市这一优势地位，进一步扩大对外经贸交流，缓解中美贸易争端对于相关行业出口业务产生的负面影响。充分发掘厦门市较为丰富的科研资源，创新人才培养机制，提高人才竞争力	WT 策略 整合本地产业相关优势资源，明确厦门片区金融、跨境电商等产业的未来发展方向。形成具有厦门特色的产业发展道路，通过本地优势产业形成的辐射与带动效应拉动本地弱势产业的协同发展，对于疫情造成的消费能力减弱和本地生活成本较高之间的矛盾，政府适当采取补贴政策，解决人才来厦工作的后顾之忧

图 2　厦门片区产业发展 SWOT 分析矩阵

在航空运输方面，2020 年厦门机场旅客年吞吐量居全国前 15 名①，已经开辟了遍布全国的多条航线，还加大力度开辟国际直飞与中转航线。厦门统计局的数据显示，2019 年厦门高崎机场旅客吞吐量 27413363 人，货邮吞吐量 330511.6 吨，起降架次 192929 次，2019 年厦门空港现开通运营城市航线 174 条，含国际（地区）航线 35 条，其中洲际航线 7 条②。然而，厦门高崎国际机场位于厦门岛内，占地面积有限，随着航空吞吐量的增大，可能无法有效满足货邮航运的需求，将来需要将大部分业务转移至新建的翔安国际机场。在位于两岸贸易中心核心区的临空产业集聚区，需要进一步规划发展航空物流、航空运输和飞机维修服务，建设物流配送、商务餐饮等基础配套服务。

尽管厦门片区在海路、陆路及航空运输与物流体系构建方面均卓有成效，但综合而言，厦门片区目前开辟的丝路航运路线密度依旧不足，中欧班列开行的频率也较低，新机场落成之前临空产业的发展也会受到一定制约。同时，尽管在新冠肺炎疫情期间，欧洲各国对于防疫物资需求猛增带来了中欧班列货运量的逆势增长，但也要考虑到疫情趋于平缓后，如何进一步扩大中欧班列的辐射范围及合作对象，拓展与"一带一路"沿线港口的合作。厦门片区可考虑在以下方面进行产业完善。

（1）大力发展海铁联运，加快多式联运基础设施建设，将海港码头与铁路、公路连接起来，提高一体化转运衔接能力，加强与中欧班列沿线各地海关部门及物流企业沟通协作，提升口岸通关服务水平；加快远海全自动化集装箱码头的建设，构建自动化铁路专用线，推动实现数字化、智能化的转型，借助 5G 通信、区块链技术、人工智能、大数据等最前沿的技术，提升厦门片区海铁联运的效率，加快建设首个 5G 信号全覆盖港口，以新技术提升港口效率与中转效率。

（2）发挥航空维修业比较优势，集中力量建设产业链完备、功能齐全的航空产业集聚地，形成包括零部件及航材供应、航空维修、飞机资产处置、航空培训等业务的航空服务产业链，引进物流配送、商务餐饮等基础配套服

---

① 我市交通发展持续回稳向好 [EB/OL]. http：//www. xm. gov. cn/zwgk/zwxx/202101/t2021 0125_2514675. htm.

② 资料来自《厦门经济特区年鉴 2020》。

务供应商。同时，针对航空机载设备生产及深度维修等薄弱环节，加大对维修经验丰富、技术能力强的专业技术人才和管理人才的招聘力度，尽快建设一支专业的研发人才队伍，鼓励相关人员到海外交流学习，缩小与国际先进水平的差距。

（3）持续增强厦门口岸的国际辐射能力。发挥区位优势，突出对台融合，继续推动厦台海运快件业务发展，为台湾果蔬、水产品等有快速需求的货物开通直航通道；提高资金扶持力度，降低企业物流成本，增强厦门港向周边揽货的竞争能力，吸纳周边地区货源；构建国际贸易领域"横向联通、纵向贯通"的"单一窗口"，提高通关效率和便利化水平的同时给予费用减免优惠，压缩物流中转费用，吸引我国台湾、东南亚地区的国际中转货物经由厦门港转运，提升厦门港的核心竞争力。

（二）跨境电商与对外贸易

贸易产业是厦门市的主导产业之一，得益于优越的地理位置和良好的营商环境，厦门市的对内与对外贸易均呈现良好的增长态势。根据厦门统计局公布的数据，厦门市 2019 年的地区生产总值达到 5995.04 亿元，按可比价格计算同比增长 7.9%；对外贸易方面，全年实现外贸进出口总值 6412.89亿元，其中出口 3528.71 亿元，进口 2884.14 亿元。自贸区成立以来，厦门市积极发展跨境电商及保税物流，打造"互联网＋外贸"模式，吸引了一批龙头企业布局厦门。其中，京东物流厦门自营保税仓已经于 2019 年 10 月启用；亚马逊也与厦门市政府合作，落成跨境电商园，将为厦门企业提供包括全球开店账户注册、店铺运营、物流仓储、营销推广等多元化专业支持方案，助力厦门优质企业借助跨境电商拓展全球业务。

福州、平潭及厦门片区均大力支持跨境电商与对外贸易产业，其中福州重在开拓"海丝"沿线市场，平潭注重国际快件业务与对台电商贸易，与厦门市的发展方向存在部分重合。厦门片区的定位为"两岸贸易中心"，重在发展两岸投资贸易，且已经于 2018 年 7 月获批国家跨境电子商务综合试验区，率先推动"保税跨境贸易电子商务"和"跨境电商出口无票免税"等政策的落地实施，在跨境电商及对外贸易上拥有更为坚实的基础和建设经验。在对外贸易方面，厦门片区相对于其余两个片区的一大优势在于服务贸易。厦门市服务业发达，服务贸易及服务外包产业发展居全省前列，厦门市还是全国首批 21 个服务外包示范城市之一。在产业升级的背景下，服务贸易是实现对外贸易转型升级的重要手段之一。在下一步的发展中，厦门片区应与福州、平潭互相协调，协同推进跨境电商，加深两岸贸易合作，可以从如下几个方面进行转型升级。

（1）跨境电商方面，完善跨境电商公共服务平台建设，整合电子商务产业链各类服务资源，实现进出口货物备案、信息申报、预审、实物管理、通关、结汇退税的全过程作业服务；推动跨境电商双创平台和产业园区建设，健全招商机制，吸引一批跨境电商龙头企业及配套服务商，拓展跨境电商服务链条，带动本地智能物流产业发展；与"一带一路"沿线国家及我国台湾地区等企业积极对接，开展跨境产业嵌入式合作，按照产业链生态布局线下园区建设，畅通国内国际供需循环；对接亚马逊、eBay 等跨境电商出口平台，并与菜鸟网络、小红书等跨境电商进口平台展开合作，吸引此类企业落户园区。

（2）对外贸易方面，加快进口酒品、黄金珠宝、海产、燕窝等贸易平台的建设，搭建完善的产业服务链条，融合"互联网＋""金融＋"等技术应用，创新平台发展模式，加强平台与港口、铁路、金融机构等的对接，为企业提供便利；支持建设相关产品的国家级重点研发实验室，鼓励企业联合举办各类产品发布会、交易会、展销会等，开拓国内销售渠道，推动相关商品的贸易额实现进一步的增长；发挥对台优势，立足"两岸贸易中心"建设，积极拓展对台服务贸易和投资贸易，为台商在大陆经营提供便利；寻求为国际知名电商及传统零售品牌提供服务贸易，依托厦门软件园的软件和信息服务技术基础，为国内外企业提供软件和信息系统运营维护外包、业务流程外包等技术含量高的服务。

（三）旅游、会展与文创产业

旅游会展业作为厦门市千亿产业之一，具有良好的发展态势。根据厦门市统计局的数据，2019 年厦门全市接待国内外游客达到 10012.90 万人次，旅游总收入达到 1655.9 亿元，同比增长 18.1%。相较于入境游客及旅游创汇的增长速度，国内游客及国内旅游收入的体量更大，增速也更为显著，但入境旅游创汇占旅游总收入的比例却不足 3%，显示出厦门市在发展入境旅游方面仍有巨大提升空间。厦门市提出打造国际滨海花园旅游城市，但目前厦门市入境旅客数量仍然较少。同时，厦门市作为以旅游业闻名的城市，在旅游从业人员监管、旅游服务质量提升方面还需要借助大数据进行细化。

在会展行业方面，厦门拥有优美的环境、便利的航运物流条件及良好的基础设施，已吸引一批重大展会落户厦门，包括中国国际投资贸易洽谈会、厦门国际石材展、厦门国际海洋周等。金砖国家领导人第九次会晤在厦门举行以及金鸡电影节落户厦门后，厦门的城市形象及对外影响力进一步提升，为厦门市大力发展旅游会展业提供了新的契机。

作为与旅游会展业相辅相成的部分，厦门市的文创产业也是特色产业之一，文化贸易具有附加值、高价值链带动面广的优点。近年来，厦门市携手台湾的影视行业，基于文化产业园区打造影视产业基地，积极推动两岸的文创合作，积累了影视文创的发展经验，具备发展影视文创的基础。

笔者建议，厦门市旅游、会展与文创产业等可考虑从如下几个方面实现产业转型升级。

1. 旅游产业方面

针对厦门境外游客较少、对旅游从业人员监管不完善、服务质量参差不齐等问题，建议采取的解决路径如下。

（1）聚焦高端化、国际化、定制化旅游服务以吸引境内外游客，增加厦门旅游业的吸引力及竞争力。加大对高素质的旅游经营和从业人员的招聘力度，通过集中培训、统一标准等方式提升服务人员的服务质量，并针对境内外游客需求设计定制化服务方案，提升游客的满意度；在发展入境游方面，与台湾进行深度合作，依托 2019 年 6 月成立的两岸四岛旅游联盟，与东山、金门、澎湖联合打造特色旅游品牌，立足两岸文化历史渊源，进一步推进四岛在旅游景点开发、文创产业、对外推介等方面的合作，发掘两岸旅游商机，建立品牌化、国际化的旅游商圈。同时，凭借厦门市优越的港口条件，集中力量发展邮轮旅游、游艇自由行等旅游项目，寻求与台湾在游艇旅游及邮轮旅游方面进行合作，开拓国际客源。厦门自贸区的两岸贸易中心核心区中规划有邮轮母港配套区，可将邮轮航线的起点及终点设置在该区域，进一步开拓辐射我国台湾及东南亚地区的邮轮路线，并建设交通、购物、餐饮、文创广场等配套设施，将岛内旅游与自贸区邮轮旅游路线联通起来。

（2）继续推动发展全域旅游，让旅游路线延伸到自贸区内，将旅游场景同厦门的文创、农业、商贸、工业等有机结合起来，充分利用旅游业的关联带动作用，将旅游业所带来的大量人流及机遇转化为促进其他产业发展的力量，让厦门在跨境电商、航运物流、游戏动漫、文化创意方面的优势转变成丰富游客旅行体验的一大亮点。

（3）借助数字经济实现业态创新和产业转型，推出智慧旅游项目。借助大数据完善全域旅游基础信息数据库，建设旅游公共服务网络平台，及时在平台上公布厦门旅游最新动态与政策，为游客提供贴心指导；收集游客旅游信息，借助大数据、云计算研究游客旅游行为偏好，更好地了解游客需求，提升旅游服务体验；针对游客在旅行过程中碰到的强制购物、讹诈顾客、服务欠缺等问题，开通专门的投诉与建议渠道，通过网上旅游服务平台进行反映和收集，构建商户智慧监测数据库，提升旅游监管的质量和效率。

2. 会展产业方面

着力扩展会展产业链，凭借厦门构建东南海航运中心的优势，积极辐射东南亚地区等海丝沿线国家及地区，实现会展产业的国际化发展，在建设大型会展综合体时注重专业化发展；打造和培育会展行业的本土品牌，全力开展招商引资，引入龙头企业，给予相关企业配套完善的资金和政策扶持，鼓励会展企业落户厦门，举办具有连续性的专业展会；借助厦门片区软件与信息服务业的基础，可寻求与福州片区在会展数字化方向达成合作，以物联网、人工智能等技术改进厦门的会展基础设施，构建更加智能化的先进展馆。

3. 文创产业方面

依托游戏动漫及影视文创的优势，将厦门旅游的名片和会展业、文创业结合，通过旅游会展业带动文创业，打造特色文化品牌；借助金鸡百花电影节落户厦门，积极与影视产业公司签署战略协议，推动影视产业发展；大力发展文化贸易，吸引两岸文化企业集聚厦门，培育具有优质内容与竞争力的文化贸易出口企业，支持文化企业赴境外参加文化活动，扩大文化领域的交流与开放；打造线上艺术品公共服务平台和线下展销平台，支持举办厦门国际博览会等艺术交流活动，扩大国际市场影响力。

4. 总的建议

综上所述，厦门市在软件及信息服务业、文创行业及航空维修、跨境电商方面的综合实力较为雄厚，可以重点依托以上行业发展对外服务贸易，实现厦门市对外贸易结构的转型升级。具体而言，厦门片区需要重点引入智慧旅游行业的前沿企业及会展行业的龙头企业，并探索开辟定制化路线，推动旅游、会展与文创业协同发展、互相促进，可从品牌影响力、技术需求及业务需求方面引入以下企业及业务。

（1）加强与知名网络旅游公司的合作，通过平台牵线与有实力的旅行社达成定制化旅游服务合作，或与上述公司的自营业务部门达成共同开发高端定制服务的方案，并在平台上进行厦门旅游高端化、定制化、品质化服务推介工作，打造厦门旅游的新形象。

（2）与前沿智慧旅游公司展开合作，以优惠政策条件吸引它们在自贸区内设立分公司，就大数据智慧旅游、营销方案及全域旅游展开合作，设计适合厦门旅游业发展的定制化方案，并基于此设计具有厦门特色的智慧文创产品。

（3）鼓励大型会展公司落户厦门自贸区，依靠龙头企业的专业能力及产业协同能力，带动厦门片区会展业的多元布局与品牌培育。

（四）金融业

金融业一直是厦门地区的主导产业之一，从 2015 年开始金融业的营收已经突破了千亿元的大关。[①] 厦门地区的金融机构类别丰富，包含银行、证券、保险、信托、私募股权投资等多种类型的金融机构，其中银行、证券以及保险占据主要位置。厦门金融业的一大特色在于积极吸引外资金融机构落户，包括渣打银行、东亚银行、美国建东银行等都在厦门设立分行。同时，拥有台资背景的统一证券、君龙人寿、富邦财险等金融机构也落户厦门。

在多层次资本市场建设方面，福州重在促进私募股权基金产业的集聚，

---

① 资料来源：《厦门市统计年鉴 2016 年》。

而厦门不仅培育私募投资产业体系，在自贸区发展过程中还十分重视发挥建设两岸股权交易中心的作用。在融资租赁方面，福州融资租赁业主要鼓励企业发展基础设施融资租赁，引导融资租赁企业拓展在智能装备制造、信息技术等产业的布局，但仍处于较为初期的阶段；厦门的融资租赁业的特色在于立足航空业，由于厦门的航空维修业与航运物流业较为发达，因而片区内的企业主攻飞机融资租赁，厦门已经成为全国主要的飞机融资租赁集聚区之一。然而，厦门作为定位"东南国家航运中心"的片区，现有飞机船舶融资租赁业务体量仍较小，航运金融服务的发展也处于较为初级的探索阶段，需要继续加大力度发展飞机及船舶融资租赁业。

厦门市的经济体量居全省第三位，但金融机构密度却远高于全省平均水平，有限的经济体量将会制约区域内金融业的拓展，尤其是像银行、证券等需要不断线下拓展客源的传统金融企业，面临着客源瓶颈和激烈竞争下的成本压力。同时，厦门片区内虽然聚集着多种类金融企业，但是整体而言缺少明确的规划，重点发展的方向尚未明确。而随着厦门自贸区的建立，厦门片区被定位为"两岸区域性金融服务中心"，旨在发展面向台湾的区域性金融中心，这就需要厦门片区继续立足推动两岸金融开放合作，扩展金融市场，让金融业与两岸实体产业形成良性互动，并形成对东南亚等"一带一路"沿线地区的有效辐射。

综上所述，厦门片区在吸引台资、扩大对台金融开放这一层面一直走在全国前列，而在金融科技、普惠金融及财富管理、融资租赁等方面则稍显不足。因此，一要继续扩大金融业对外开放，立足建设"两岸区域性金融服务中心"，深化厦台经贸合作，同时加强与"一带一路"沿线国家和地区的金融交往，为厦门企业在海外发展提供低成本融资服务，支持企业"走出去"，形成对东南亚等地区的有效辐射。二是积极引进金融科技，加快金融科技布局，鼓励区域内的金融企业以金融科技创立新业态，将目前先进的区块链、云计算、大数据等新技术应用在多维金融场景中，积极推动互联网金融发展与金融创新，提升片区内金融机构的竞争与服务能力。三是要进一步引导区域内的金融机构立足实体经济的需求，实现产融协调发展。尤其是针对小微企业融资难的痛点，积极发展普惠金融，以金融科技赋能服务变革。同时，继续打造厦门两岸股权交易中心，以更好地扶持小微企业的发展。四是凸显厦门特色，重点培育多元化的财富管理业务，吸引高净值人士及高端金融人才，打造创新财富管理的新名片。

招商引资方面，可以从品牌影响力、补足短板、业务需求等角度考虑，积极引入下列企业或是进一步深化与该类企业的合作。

（1）在金融科技方面，国内相关大数据与金融科技公司拥有最为前沿的大数据风控技术，并且已经推出许多基于大数据的小额贷款产品，是建设普惠金融的有效手段。除此之外，国内相关大数据与金融科技公司积极布局区块链及云计算，尤其是重在以区块链技术布局供应链金融，为普惠金融的创新发展提供了新的技术手段。我们建议鼓励区域内的金融企业与国内相关大数据与金融科技公司展开技术合作，并重点引入前沿金融科技公司在厦门片区设立研发中心或分支机构，带动厦门金融业的金融科技创新，并以金融科技创新推动普惠金融创新，以互联网金融寻求为小微企业的融资难困境解围的方法。

（2）在财富管理方面，打造财富管理新特色。可重点引入银行的财富管理业务与体系，鼓励银行总部给予厦门片区分支机构在私人银行管理业务上更多自由。同时，可考虑进一步引入财富管理机构高净值客户及机构投资者服务方面的业务，鼓励它们在厦门地区设立级别更高的区域分支机构，就创新财富管理与高净值财富管理与这些机构达成合作。

（3）为加快飞机及船舶融资租赁业的发展，考虑引入涉及航空、基础设施等领域的金融公司。

三、平潭片区产业发展方向分析

平潭片区产业发展的方向是建设海峡两岸共同家园和国际旅游岛，在投资贸易和资金人员往来方面实施更加自由便利的措施。平潭片区重点发展的产业包括旅游业、文化康体业和物流贸易业，并积极打造总部经济。

根据平潭片区发展面临的机遇与挑战，结合平潭片区在产业发展方面的优势与劣势，本文提出平潭片区产业发展SWOT分析矩阵（见图3），在不同的现实条件下给出不同的产业发展战略建议。

	优势（S） S1 与台湾地区联系紧密 S2 旅游资源丰富 S3 地理位置优越 S4 产业政策扶持力度大 S5 创新创业环境优良	劣势（W） W1 相关产业起步较晚 W2 平台建设不完善 W3 缺少国际性龙头企业 W4 经济体量偏小，对产业发展支撑力较弱
机遇（O） O1 国家层面打造国内外双循环新发展格局 O2 "一岛两窗三区"政策叠加支持 O3 "一带一路"带来经济发展引擎	SO 策略 实现更高水平的对外开放，依托对台区位优势，大力发展与台湾在农渔贸易、集成电路、文化影视、医疗健康等产业的交流合作，完善两岸"三创"基地建设，吸引更多台湾青年来岚创业发展；推动航运物流与跨境电商发展，增强对东南亚等"一带一路"沿线地区的辐射效应，开拓海外市场	WO 策略 借助当前多重政策叠加优势，优化营商环境，完善公共服务体系建设，降低企业营业成本；加大招商引资力度，吸引国内外优质企业落户平潭，补全产业链条的同时带动本地企业发展；把握"双循环"发展机遇，开辟内需市场，创造就业岗位，吸纳多层次人才
挑战（T） T1 中美贸易摩擦导致外部环境不确定性提高，外部需求疲软 T2 疫情冲击下全球产业链与供应链"失序" T3 周边地区相似的发展定位形成产业竞争 T4 高层次人才紧缺 T5 招商引资难度大	ST 政策 加大对重点项目的资金支持，以项目培育人才，以人才引领创新发展，构建人才培育与产业发展的双向推动体系，更好地聚集全球高端要素；相关产业转向台湾企业进行招商，避免与周边城市的恶性竞争；针对疫情形势下的海外订单不足，积极开展多种形式的线上业务，强化直播赋能特色产业发展，促进货物进出口的同时严格把控疫情风险	WT 策略 扬长避短，集中力量发展本地优势产业，打造区域品牌效应，对于自身弱势产业，寻求差异化发展和错位竞争，从而在人才汇聚、平台构建、市场开拓等方面避开与其他产业成熟地区的资源争夺；对在此次疫情冲击下产业链布局暴露的薄弱环节有针对性地加强，补齐短板

图 3 平潭片区产业发展 SWOT 分析矩阵

（一）物流贸易业

平潭作为对台投资贸易先行区，在物流贸易产业上与台湾地区联系紧密，跨境电商、海运快件及对台贸易是平潭物流贸易业的亮点。目前，物流贸易产业链条已经初步形成，构建起了"平潭—台湾—全球"海陆空联运通道。2018 年，平潭对台集装箱运量达到 27193 标箱，同比增长 58.7%，经平潭口岸出入境台胞总数达 91333 人次，同比增长 84.75%①。2019 年，平潭进出口总额也首次突破 100 亿元，同比增长 70.3%②。

在海运路线上，平潭是全国唯一一个实现对台湾北、中、南部港口货运直航全覆盖的地区。便捷的海运为平潭片区开辟对台贸易提供了便利，尤其是对于生鲜类产品及小额贸易而言，便捷的两岸海运能保证贸易的快速与高效进行，让优质且新鲜的货物快速送达消费者手中。平潭地区正在加快打造对台小额商品市场及台湾农渔产品交易中心，其交易额目前虽然有限，但是增长迅速，商机巨大，是联通两岸贸易的重要组成部分。

平潭地区的跨境电商起步虽然晚于福州与厦门，但发展势头强劲，呈现爆发式增长态势，2019 年全年保税进口入区货值达到 8.3 亿元，同比增长 37%；出区货值达到 9.3 亿元，同比增长 63%；国际快件进出口达 358.3 万件，货值 11.14 亿元，增长 115%③。进出口快速增长背景下，平潭口岸的通关效率也显著提高，口岸进口、出口整体通关时间分别下降到 5.08 小时、0.29 小时，在福州关区中位居前列④。得益于平潭两岸快件中心的启用及全国首个在台仓储公司的设立，平潭与台湾之间的货物中转愈加频繁。福州、厦门、平潭三个片区均重点发展跨境电商，其中福州片区引入了 eBay，厦门片区有亚马逊，而平潭片区则缺少国际性跨境电商龙头企业，同时，平潭目前虽已建立起了电商产业链，但链上连接企业数量有限，经济体量偏小，需要继续引进电商平台企业、物流企业、支付企业及报关企业，以完善产业链布局。

综合而言，平潭凭借着对台优势，物流贸易业发展迅速，但是由于起步较晚，产业链体系初设，仍需要继续扩大招商力度，完善产业链结构，可考

---

① 资料来源自《平潭综合实验区 2018 年国民经济和社会发展统计公报》。
② 福建自贸区平潭片区成立五周年述评：岚岛奔腾势如虹 不负时代新机遇［EB/OL］.［2020 - 04 - 22］. http：//fj. people. com. cn/n2/2020/0422/c181466 - 33966651 - 7. html.
③ 平潭自贸片区积极推动高质量发展［EB/OL］. http：//www. china - fjftz. gov. cn/article/index/aid/14530. html.
④ 平潭自贸片区：自贸试验的探索与实践［EB/OL］. http：//www. china - fjftz. gov. cn/article/index/aid/14623. html.

虑从品牌影响力及业务环节等方面引入企业及开展下列业务。

（1）农渔贸易方面，继续寻求扩大对外开放，尤其是扩大对台开放，增加对台小额商品农渔产品的进出口额，将平潭片区打造成对台农渔贸易的前沿阵地，打造平潭对台农渔产品交易的品牌；完善"两岸农渔产品交易平台"建设，打造集信息发布、价格指导、交易结算、售后物流、融资担保、统计监管等功能为一体的两岸农产品交易服务系统，鼓励台湾地区农户、农渔业协会及两岸贸易企业开展线上业务，扩大交易规模，促进线上线下联动发展；建立科学、系统的产销运作体系，构筑双向绿色通道，推动台湾果蔬和水产入境检验检疫证明电子化。

（2）货运物流方面，完善航线物流配套，尝试建设以货运为设计导向的货运枢纽机场，保证快递包裹优先、货机航线和起降优先，为物流业发展增效提速；打造"平潭—台湾—全球"的海空便捷物流通道，整合仓储、物流、通关等"一站式"联运服务，着力打造平潭海运枢纽，增强平潭口岸辐射能力，支持企业设立海外仓，开展对台"逆物流"试点；发挥财政资金的示范带动作用，引导各类社会资本加大对联运转运衔接设施的投入力度，为企业提供高质量的基础设施支撑，鼓励企业积极引进现代物流的先进技术和管理经验。同时，加快构建冷链物流体系，为海产品提供冷链保鲜、存储及运送等服务，通过与福州、厦门、漳州、泉州等地市合作，建立一定规模的冷链物流园，以满足进出口农渔产品对冷链运输与仓储的需求。招商引资方面，培育和引入平台型、创新型、智慧型物流企业，可与境内外冷链物流的龙头企业开展合作。

（3）跨境电商方面，强化平台载体建设，构建跨境电商线上交易、监管、风险防控平台，推动线上"综合服务"和线下"综合园区"联动发展；拓展跨境电商融资渠道，支持各类社会资本为跨境电商交易提供多样化金融服务，优化供应链金融；鼓励跨境电商与重点产业融合发展，借助跨境电商平台带动本地产业品牌"出海"，开拓海外市场，实现"品牌＋产业"双轮驱动；培育跨境电商品牌，在加快金井湾跨境电商物流园区建设的同时继续加大招商力度，引进国际性的龙头跨境电商企业，提升金井湾跨境电商物流园区的使用效率。要吸引优质企业落户跨境电商物流园，或是在片区内建立专属产业园，集合物流服务、运营服务、支付服务、培训服务、展示服务，完善上述产业链环节，构建平潭片区的跨境电商生态圈。

（二）旅游业与文化康体

平潭片区力图打造海岛生态旅游示范区，建设国际知名旅游目的地。立足国际旅游岛的定位，平潭的旅游业还处在规划与建设的阶段，基础设施初步完善，自然环境优美。平潭海岸线总长 408.7 公里[①]，拥有仙人井、坛南湾、石牌洋等 9 个国家一级景区，"蓝眼泪"奇观全国闻名，具备打造生态旅游的优越条件。尽管平潭在旅游人数上尚无法与厦门的千亿旅游产业相比，但是其增长速度可观，2019 年平潭旅游人数年均增长 36.72%，旅游收入年均增长 63.09%[②]，展现了平潭作为旅游岛的巨大潜力。下一步，平潭旅游业需要继续加快基础设施建设及生态旅游路线开发，并从文化、体育、健康、医疗等服务业等层面丰富平潭旅游的内容，实现文化康体与平潭生态游并行融合发展。

在基础设施建设方面，加大在公共交通、文体设施、公共卫生等领域的人力、物力和资金投入，尤其是在对台航运、陆上交通、航空运输方面继续进行规划协调，将平潭的知名旅游景点高效连接起来，建立联通全境的旅游驿站，提升旅客的舒适度与便利度。同时，借鉴厦门市的经验，构建数字化旅客网络服务平台及旅游基础信息数据库，联通各大旅游场景，为游客提供贴心的智慧旅游体验。

在医疗健康方面，发挥平潭对台开放优势，发展两岸高端医疗养生。与福建医科大学附属协和医院、福建医科大学附属第一医院等三甲医院开展合作，在平潭片区建立医疗分院、体检中心等医疗机构，加快推进平潭协和医院二期的建设。同时，与福建中医药大学就中医药养生开展合作，打造两岸国医馆，吸引台湾地区的医疗行业从业人员前来平潭工作，鼓励台湾地区部分有实力的民营医疗集团、民间资金来平潭片区开拓业务，通过大力发展高端医疗与医疗器械制造来打造具备两岸特色的医疗养生品牌。

在文化交流方面，推进两岸文化高度融合，探索开发基于南岛语族文化

---

① 资料来自《2020 年平潭综合实验区统计公报》。

② 福建自贸区平潭片区成立五周年述评：岚岛奔腾势如虹 不负时代新机遇 ［EB/OL］. http：//fj. people. com. cn/n2/2020/0422/c181466 – 33966651 – 7. html.

的一条龙文旅路线，吸引台湾及东南亚等地区的游客前来体验特色历史文化，举办两岸旅游文化节、民俗文化节、嘻哈文化节等品牌节庆文化活动，逐步扩大影响力；鼓励文创公司落户平潭，积极吸收台湾文创青年来岚创业发展，为平潭旅游设计有历史底蕴又有现代特色的文创产品，邀请台湾文化工作者来岚交流考察；与厦门的文创企业进行合作交流，探索生产具有平潭特色的手信产品，借鉴厦门市沙坡尾文创园的建设经验，在平潭片区建立起集文创、餐饮及观光为一体的文创园基地，提升平潭片区文创行业的集聚水平。

在影视方面，加大对影视行业投资的扶持力度，主打两岸影视品牌，通过试点两岸影视后期制作、共建合资影视公司等方式探索两岸影视合作的新路径，加强两岸影视作品创作交流。在建设平潭影视基地的同时，积极与两岸知名影视娱乐公司展开合作，利用平潭片区的优惠发展政策、优美自然环境吸引影视公司在平潭取景拍摄，吸引具有影视投资及制作经验的台湾企业及上海、北京的知名企业落户平潭开展业务，并与横店影视城洽谈合作，形成从设计、拍摄到制作、发行的一条龙服务产业。

在体育运动方面，进一步发展公共体育设施，构建市民广场、休闲栈道、多功能运动场等运动健身场所，鼓励平潭居民参与公共体育活动。利用平潭的靠海优势，打造以海滩运动为特色的运动场所与配套设施，发展沙滩排球、帆船、风筝冲浪、自行车运动等运动体验项目，并积极申办全国性体育赛事活动，吸引来自两岸的运动爱好者前来参赛体验，带动平潭体育产业的发展，为构建时尚运动基地打下基础。

归纳而言，平潭旅游业下一步的规划可从推动旅游基础设施建设及促进文化康体与旅游业融合发展为方向，重点引入行业龙头企业弥补业务空白，从品牌影响力、业务需求等角度可考虑引入下列企业。

（1）除与福州片区的三甲医院展开合作外，建议平潭片区可与两岸知名医疗集团或企业开展合作，吸引台资在平潭片区设立健康管理中心、高端医疗中心、中医药医疗机构等多元化医疗服务机构，提升平潭片区的医疗服务水平，打造高端养生医疗品牌。

（2）在文旅开发与投资方面，建议平潭片区与大型文旅开发商合作，加快平潭地区的文旅项目开发，结合平潭的海滨风光与南岛语族文化，打造主题公园、文旅小镇、海滨、田园综合体等新型项目。

（3）在文创发展方面，积极与前沿文创企业开展合作，尤其是面向厦门市的文创企业进行招商，在平潭片区建立起集文创、餐饮及观光为一体的文创园基地，打造数字化智慧旅游项目，提升平潭片区文创行业的集聚水平。

（4）在打造平潭特色体育赛事方面，可与国内专业体育赛事投资运营的龙头企业开展合作，可重点引入它们在体育赛事方面的专业运作，并通过它们牵线搭桥，吸引更多有影响力的体育赛事落户平潭。

（三）总部经济

总部经济是平潭片区首个破百亿的产业，2019 年总部企业营收达271.48 亿元，[①] 展现了平潭片区在发展总部经济方面的巨大潜力。总部经济具有领航产业发展、辐射周边区域的显著作用，其所带来的产业集聚效应、就业带动效应及税收效应对于培育平潭片区的产业竞争力大有裨益。在全国范围内，不同的城市都开始重视建设总部经济，不仅仅是北上广深等传统一线城市，南京、成都、武汉等新一线城市也纷纷出台政策吸引企业在该地区设立总部、第二总部或者具有专门功能的区域总部、运营总部等。在北上广深地区，企业总部的界定十分严格，例如深圳地区要求新迁入的企业需要达到 50 亿元的产值规模且在该市实缴注册资本不低于 5 亿元等条件，才有资格申请企业总部认证。[②] 而在武汉等新一线城市，企业总部认定的硬性标准也只有少数企业才可以达到，例如武汉地区要求制造业企业为地方贡献不低于 3000 万元的财政收入且上年度纳入武汉统一核算的营业收入不低于 20 亿元等。[③] 相较于这些经济发达地区，平潭的企业总部认证条件更为灵活宽松，对于大中型的企业来说更有吸引力。

根据平潭综合实验区招商局于 2019 年 12 月 27 日公布的《关于进一步完善扶持总部经济发展的若干举措》的通知文件，在平潭设立注册总部的企业需要满足年度缴纳入库税收总额达 2000 万元，在本地区设立实际办公场所或者工位，配备 1 名以上常驻工作人员。对于设立实体型总部的企业来

---

① 福建自贸区平潭片区成立五周年述评：岚岛奔腾势如虹 不负时代新机遇 ［EB/OL］. http：//fj. people. com. cn/n2/2020/0422/c181466 – 33966651 – 7. html.

② 资料来源：深圳市政府颁布的《深圳市鼓励总部企业发展实施办法》。

③ 资料来源：武汉市政府颁布的《关于支持总部经济发展的政策措施》。

说，条件进一步放宽，年度缴纳入库税仅需 1000 万元以上，部分服务企业仅需缴纳 500 万元以上，但是需要将一项以上的总部职能中心设立在平潭内，且有 10 人及以上常驻办公人员。关于平台型总部企业的设立，平潭要求其满足年度缴纳入库税收总额不低于 500 万元、商户数量不低于 100 家、通过平台运营取得的营业收入占企业营业总收入 50% 以上等硬性条件。在吸引 500 强企业、上市公司等实力雄厚、业绩突出、行业前沿的企业时，平潭进一步放宽要求，在平潭设立的全资子公司或者直接控股企业可以直接认定为注册型企业总部，若还具有实际办公场所及常驻办公人员 10 人以上的企业可以申请认定为实体型总部企业。在享受优惠政策方面，注册型总部企业可以享受经营贡献奖励、个税奖励、上市奖励、税收优惠及完善的公共服务。实体型总部企业除可享受注册型总部企业的所列优惠政策外，还有额外的大额度个税奖励、常驻人员生活补助、办公用房支持及户籍、人才方面的支持，在投资实体项目时还可获得补助。

平潭地区虽鼓励注册型总部企业、实体型总部企业和平台型总部企业入驻，但是注册型及实体型企业的入驻数量依旧较少，平台型总部是入驻主力，这得益于平潭大力发展跨境电商及对外贸易，并坚持监管创新，试点平台型总部经济个体户集群登记、平台型总部经济区块链电子发票等创新尝试。与新一线城市相比，平潭在制造业及软件、信息技术等服务业方面实力依旧较弱，但是平潭在平台型总部发展方面具有优势，下一步可依托初步构建的平台经济链，吸引更多平台型总部入驻，形成集聚效应。

（1）加快规划建设总部经济集聚区，吸引更多企业总部入驻，以优惠的政策、完善的公共服务设施及环境宜人的城市商业体吸引企业。借鉴厦门建设"海上世界"智慧办公集群的经验，单独规划总部经济区，并寻求与知名开发商及物业公司合作，打造集港口、航运、贸易、商务、休闲于一体的综合城市商业体，以优惠的落户政策、美丽的自然环境、智能化办公场景及优质的服务吸引企业总部入驻。

（2）开展与省内现有存量企业总部的合作，通过加强对总部企业在工商注册、行政审批、人才引进、项目建设、海关通关等方面的保障，鼓励该类企业在平潭片区设立注册型或平台型总部，或是在平潭地区投资设厂，建立营运或研发中心等具有实体型企业总部特征的中心机构。由于福州及厦门片区也有发展总部经济的计划，为避免出现恶性竞争，平潭片区可重点向台湾企业进行招商，吸引实力雄厚的公司，加强同台湾企业的联系，并推出有针对性的扶持台湾企业来平潭发展的落户政策。

参考文献

［1］陈淑梅，陈梅．中国特色贸易调整援助机制建设研究［J］．国际贸易，2019（4）：52－59．

［2］邓富华，张永山，姜玉梅，霍伟东．自由贸易试验区的多维审视与深化路径［J］．国际贸易，2019（7）：51－59．

［3］福建社会科学院课题组，李鸿阶．深化福建自由贸易试验区与台湾自由经济示范区对接合作研究［J］．亚太经济，2016（3）：130－136．

［4］黄启才．自由贸易试验区政策溢出效应的个案研究［J］．经济纵横，2017（5）：92－98．

［5］黎绍凯，李露一．自贸区对产业结构升级的政策效应研究——基于上海自由贸易试验区的准自然实验［J］．经济经纬，2019，36（5）：79－86．

［6］李乐，周林毅，李新光．自贸试验区背景下闽台互联网金融合作与创新［J］．福建金融，2017（5）：22－26．

［7］李世杰，赵婷茹．自贸试验区促进产业结构升级了吗？——基于中国（上海）自贸试验区的实证分析［J］．中央财经大学学报，2019（8）：118－128．

［8］任春杨，张佳睿，毛艳华．推动自贸试验区升级为自由贸易港的对策研究［J］．经济纵横，2019（3）：114－121．

［9］王丙莉，桑睿，韩冰．离岸人民币回流途径、影响及对策［J］．经济视角（上旬刊），2014（8）：28－30．

［10］王晓东．建立在港人民币回流机制探讨［J］．对外经贸实务，2014（5）：94－96．

［11］王晓玲．国际经验视角下的中国特色自由贸易港建设路径研究［J］．经济学家，2019（3）：60－70．

［12］伍长南．福建省推动自贸试验区产业创新发展研究［J］．亚太经济，2019（3）：129－134．

［13］武剑，谢伟．中国自由贸易试验区政策的经济效应评估——基于 HCW 法对上海、广东、福建和天津自由贸易试验区的比较分析［J］．经济学家，2019（8）：75－89．

［14］张奇斌，陈雄，郭锬力．福建省跨境人民币发展平台期的特点、原因及展望［J］．福建金融，2018（4）：11－17．

［15］庄伟卿．福建省自由贸易试验区的金融审计制度构建与创新［J］．经济问题，2018（5）：94－98＋104．

专题二　RCEP 对福建省经贸发展的影响分析及对策研究

一、RCEP 签署背景及协议概述

2020 年 11 月 15 日，历经 8 年共计 31 轮谈判的《区域全面经济伙伴关系协定》（RCEP）正式落地。在新冠肺炎病毒全球肆虐、世界经济下行压力增大、全球单边主义与贸易保护主义势力抬头的背景下，RCEP 的成功签署体现了签订协议的各方坚定维护多边主义和自由贸易，坚定支持公平、自由与非歧视性的多边贸易体制，坚持团结合作、应对逆全球化等挑战的决心。

（一）RCEP 的签署背景

1. RCEP 的发展历史

RCEP 的构想雏形源自"东盟 10 + 3"（东盟 + 中国、日本、韩国）的"东亚经济组织"。1990 年 12 月，时任马来西亚首相的马哈蒂尔首先提出建立"东亚经济组织"这一概念，以期提升东亚地区区域经贸合作，然而该设想因美国的掣肘未能得以推进。1997 年，亚洲爆发金融危机，面对企业倒闭、政局动荡的危险局面，亚洲各国纷纷寻求区域经济贸易合作共渡难关。同年 12 月，由东盟 10 国发起，并联合中日韩三国领导人开启了东亚地区的"10 + 3"对话。进入 21 世纪，各国深化区域经贸合作的意愿愈发强烈，合作各方在话语权上的争夺也愈加激烈。由于担心中国的影响力会不断上升，日本于 2006 年提出了包括印度、澳大利亚和新西兰在内的"10 + 6"模式，这项提案因东盟认为其超出了"东亚"区域而未能达成一致。2008 年国际金融危机后,全球范围内掀起了区域经济一体化的浪潮。2012 年,在东盟 10 国的主导下,整合现有的 5 个"10+1"自贸协定建立 RCEP,同年 11 月"东盟 10+6"领导人共同发布了《启动〈区域全面经济伙伴关系协定〉谈判的联合声明》,标志着 RCEP 谈判正式启动。2019 年底,除印度以外的 15 个成员国家完成了所有文本内容的谈判,2020 年 11 月 15 日 RCEP 协定正式签署。

2. 世界贸易组织谈判受阻,全球巨型自贸协定不断涌现

2008 年 7 月 29 日,多哈回合谈判因美国拒绝在农业产品上让步而陷入僵局,这项历经 7 年之久的多边贸易谈判最后以失败告终。多哈回合谈判的搁浅使得各国对开放贸易和促进发展的期望落空,多边贸易体系受损严重。后危机时代,部分国家推行贸易壁垒和片面性产业回流政策,使得全球经贸体系面临的不确定性大幅上升。全球性贸易投资自由化进程放缓,世界各国转而寻求区域性自由经贸合作。在奥巴马政府执政时期,美国先后主导发起了《跨太平洋伙伴关系协定》(TPP)和《跨大西洋贸易与投资伙伴协定》(TTIP)谈判,试图同时与日本和欧洲打造"面向 21 世纪的高水平自贸协定"。2018 年,在美国单方面退出 TPP 后,日本联合其余的 TPP 成员国签署了《全面与进步跨太平洋伙伴关系协定》(CPTPP)。2020 年 12 月 30 日,中欧领导人共同宣布如期完成中欧投资协定谈判。与此同时,中日韩自贸协定也正在积极推进之中。

3. 东亚区域价值链整合度提升,全球价值链分工格局内卷化

2019 年统计数据显示,RCEP 的 15 个成员国人口总数占全球近三成,GDP 占比 29.3%,区域内贸易额占全球贸易总额 27.4%[①],东亚区域价值链整合趋势显著提升。与此同时,全球形成了以美国为首的北美区域价值链和以德国为首的欧洲区域价值链,全球价值链正逐步由扁平化和分散化向区域化和集中化方向演变,未来全球价值链的效率优先原则将转向兼顾效率和安全双原则。全球价值链分工格局内卷化反映了各国技术水平和产业升级的动态演进趋势。

---

① 诸竹君,陈丽芳. RCEP 签署的现实背景、政策特点与经济效应分析 [EB/OL]. https://rbrf. xnai. edu. cn/info/1010/1305. htm.

4. 逆全球化趋势日益显著，中美经贸摩擦呈现长期性趋势

2018 年 3 月 22 日，美国政府单方面基于"232 调查"对中国进口钢铁和铝实施惩罚性关税措施，拉开了中美经贸摩擦的序幕。三年多来，中美经贸摩擦逐步由贸易领域转向高科技领域，进一步转向更深层次的全方位竞争。2018 年和 2019 年全球贸易增速分别为 3.0%①和 - 0.4%②，显著低于中美经贸摩擦之前的预期值，逆全球化趋势下东亚经济体与欧美经济体双向互动、深度分工和价值链整合格局遭遇重创。中美竞争角力的背景下，中国高科技产业"缺芯少魂"和制造业"卡脖子"问题日益凸显，东亚地区成为优化产业链创新链双向开放的优先选择。

（二）RCEP 内容概述

RCEP 是目前全球最大的自贸协定，RCEP 的成功落地意味着占全球 1/3 体量的经济主体将形成一个综合化的大市场，这将极大地促进东亚地区的经济活动，以及区域经济体之间的互动，并给世界经济复苏注入新的强劲动力。

RCEP 的主要内容包括框架、货物贸易、原产地累积规则、服务贸易等 10 个方面。货物贸易方面，中方承诺对 86% ~ 90% 的产品实现零关税，对不同的伙伴采取的关税减让略有差异。虽然零关税的达成最长具有 30 年的缓冲期，但与其他自由贸易协定相比，RCEP 中关税即刻降至零的产品比例相对较高。例如，我国对东盟各国当即实施零关税的产品占比为 68%，对澳大利亚、新西兰的占比为 65%，对韩国的占比 38%，对日本的占比 25%。③而其他成员国对我国立刻降为零关税的比例也十分可观。

原产地累积规则方面，RCEP 与现有大多数自由贸易协定采用的双边原产地规则不同，允许商品在生产过程中采用的原材料来自多个不同的成员

---

① 2018 年全球贸易量增速放缓至 3.0% ［EB/OL］. http：//www. mofcom. gov. cn/article/i/dxfw/cj/201904/20190402849551. shtml.

② 2019 年全球贸易增速现金融危机后首次下滑 ［EB/OL］. http：//www. mofcom. gov. cn/article/i/jyjl/m/202003/20200302942335. shtml.

③《区域全面经济伙伴关系协定》（RCEP）各章内容概览 ［EB/OL］. http：//www. gov. cn/xinwen/2020 - 11/17/content_5562000. htm.

国。也就是说，商品从 A 国进入另一自贸伙伴 B 国，可以用协定中多个缔约方的中间品，来达到所要求的增值标准或生产要求，这样 A 国享受 B 国零关税的门槛可明显降低。

服务贸易方面，RCEP 下各国服务贸易开放水平显著高于各自"10＋1"协定，中方开放承诺达到了已有自贸协定的最高水平，承诺服务部门数量在加入世界贸易组织时列入开放的约 100 个部门的基础上新增开放 22 个部门，同时提高金融、法律、建筑、海运等 37 个部门的开放水平。

整体来看，RCEP 是一个全面、现代、高质量和互惠的大型区域自贸协定。RCEP 既涵盖了传统商品贸易领域，又囊括了竞争政策和贸易救济等更加现代化的内容。RCEP 的签署顺应了当今全球产业链发展区域化的潮流，也形成了欧洲、北美和东亚"三足鼎立"的发展格局。

（三）RCEP 的重大意义

1. RCEP 对我国的影响

RCEP 的建成是我国在习近平新时代中国特色社会主义思想指引下实施自由贸易区战略取得的重大进展，将为我国在新时期构建开放型经济新体制，形成以国内大循环为主体、国内国际双循环相互促进新发展格局提供巨大助力。

RCEP 将成为新时期我国扩大对外开放的重要平台。我国与 RCEP 成员贸易总额约占我国对外贸易总额的1/3，来自 RCEP 成员的实际投资占我国实际吸引外资总额的比重超过 10％。[①] RCEP 一体化大市场的形成将释放巨大的市场潜力，进一步促进区域内贸易和投资往来，这将有助于我国通过更全面、更深入、更多元的对外开放，进一步优化对外贸易和投资布局，不断与国际高标准贸易投资规则接轨，构建更高水平的开放型经济新体制。

RCEP 将助力我国形成国内国际双循环新发展格局。RCEP 将促进我国各产业更充分地参与市场竞争，提升在国际国内两个市场配置资源的能力。这将有利于我国以扩大开放带动国内创新、推动改革、促进发展，不断实现

---

① 商务部国际司解读《区域全面经济伙伴关系协定》（RCEP）之一［EB/OL］. http：//www. gov. cn/xinwen/2020－11/15/content_5561731. htm.

产业转型升级，巩固我国在区域产业链供应链中的地位，为国民经济良性循环提供有效支撑，加快形成国际经济竞争合作新优势，推动经济高质量发展。

RCEP 将显著提升我国自由贸易区的网络"含金量"。加快实施自由贸易区战略是我国新一轮对外开放的重要内容。RCEP 签署后，我国对外签署的自贸协定将达到 19 个，自由贸易伙伴将达到 26 个，与自由贸易伙伴的贸易覆盖率增加至 35% 左右。通过 RCEP，我国与日本建立了自由贸易关系，这是我国首次与世界排名前十的经济体签署自贸协定，也是我国实施自由贸易区战略取得的重大突破。

2. RCEP 对东亚区域经济的影响

对于东亚区域经济发展而言，RCEP 的签署有望通过包容性的制度弥合碎片化的地区架构，有力提升东亚经济发展整体水平。2019 年开始生效的 CPTPP 涵盖部分东亚国家，由于 CPTPP 采取高标准的贸易规则，东盟只有部分国家符合标准，其余的东盟国家则被排除在门外。由于 RCEP 规则设定的包容性，其成员结构也具有更强的差异性和互补性。具体来说，15 个 RCEP 成员国的发展水平和资源禀赋存在着显著的差异，但各国的产业结构又可以通过区域经贸合作实现互补。例如，韩国、日本等发达国家在技术密集型的产业上有着比较优势，东盟等国的劳动力成本较低，在劳动密集型产业上有很大的优势，而中国则有庞大的消费市场和齐全的产业链优势。RCEP 能够在总体上加强东亚地区各成员国之间的经济往来。其中，税收和成本的降低会使各个国家之间的商品贸易更加便利，原产地累积原则会使 RCEP 成员国在吸引国外投资上产生"虹吸效应"，引进境外优质企业落地东亚地区。这将极大地提升区域整体经济发展水平，增强东亚地区在国际经济发展中的话语权。

对于区域经济合作而言，RCEP 的签署有望延伸和重构区域产业链和价值链，优化东亚区域合作经济结构的布局。2020 年至今，新冠肺炎疫情的爆发及蔓延已数次引发全球性的产品生产中断，对全球产业供应链产生了极大的破坏，部分国家出现了产业回流趋势，优先保障本国产品的生产及供应，加速制造业生产线的本土化生产。东亚地区是全球最大、种类最齐全的商品生产地，RCEP 的签署将以往分散、零碎的产业链纳入同一制度的框架下，有利于维护全球经济产业链稳定，合理优化地区产业结构，重振全球经济信心。

二、福建省与 RCEP 成员国的经贸发展现状

（一）贸易结构现状

1. 各国经济发展水平差异

RCEP 各成员国的总体经济发展水平不尽相同。如表 1 所示，截至 2019 年底，中国的 GDP 总量和人口数量均位居 RCEP 成员国第一，但人均 GDP 与 RCEP 成员国相比不高，处于中游水平，与新加坡的人均 GDP 相差 5 倍以上。缅甸和柬埔寨的人均 GDP 水平在 RCEP 成员国中最低，均在 2000 美元以下。根据 2015～2019 年 GDP 增速均值来看，GDP 增速最快的是柬埔寨，增速高达 10.15%。只有澳大利亚和文莱的近五年 GDP 增速均值为负值，分别为 −0.99% 和 −4.66%。总体来看，RCEP 成员国人均 GDP 差异巨大，大多属于发展中国家，经济发展水平较低，但经济增长速度较高，具有较大的发展潜力。

表 1 　　　　2019 年 RCEP 成员国的 GDP、人均 GDP 对比

国家	GDP（亿美元）	人口（百万）	人均 GDP（千美元）	2015～2019 年 GDP 增速均值（%）
澳大利亚	13965.67	25.36	55.06	−0.99
文莱	134.69	0.43	31.09	−4.66
中国	142799.37	1397.72	10.22	6.39
印度尼西亚	11191.91	270.63	4.14	4.67
日本	50817.70	126.26	40.25	0.94
柬埔寨	270.89	16.49	1.64	10.15
韩国	16467.39	51.71	31.85	2.10
老挝	181.74	7.17	2.53	6.49
缅甸	760.86	54.05	1.41	3.06
马来西亚	3646.81	31.95	11.41	1.53
新西兰	2069.29	4.92	42.08	0.59
菲律宾	3767.96	108.12	3.49	4.84

续表

国家	GDP （亿美元）	人口 （百万）	人均 GDP （千美元）	2015~2019 年 GDP 增速均值（%）
新加坡	3720.63	5.70	65.23	3.40
泰国	5435.49	69.63	7.81	5.94
越南	2619.21	96.46	2.72	7.06

资料来源：世界银行官方网站，https：//www.shihang.org/zh/home。

RCEP 各成员国的贸易便利化程度存在较大差异。如表 2 所示，从贸易便利化整体情况来看，新加坡、新西兰、日本等发达国家的贸易便利化排名靠前，贸易交易成本较低，贸易环境更宽松，更有利于与其他国家开展贸易。中国处于中游水平，而东盟中的大多数国家贸易便利水平普遍相对较低，意味着相对高昂的贸易成本和复杂的贸易环境。

表 2　　　　　　　　　　2019 年 RCEP 国家贸易便利化水平值排名

国家	贸易便利化水平值	排名
新加坡	0.867	1
新西兰	0.803	2
日本	0.788	3
马来西亚	0.735	4
澳大利亚	0.730	5
韩国	0.693	6
中国	0.640	7
文莱	0.610	8
柬埔寨	0.610	9
印度尼西亚	0.596	10
泰国	0.596	11
老挝	0.538	12
越南	0.530	13
菲律宾	0.525	14
缅甸	0.380	15

资料来源：根据项义军和赵辉（2021）整理。

具体而言，贸易便利化涵盖了政府规制环境、海关环境、交通基础设施质量和金融与电子商务环境等方面的指标。如表 3 所示，在政府规制环境方面，如知识产权保护、司法独立性、政府管制负担、政府解决争端效率、政府制定政策透明度、犯罪与暴力造成商业成本和法规执行可靠性等，新加坡的得分处于一流水平，贸易较为开放，营商环境优异。而菲律宾和缅甸的政府规制环境的得分大概只有新加坡的一半，营商环境具有很大的优化空间，亟须完善其政府管理体制，简化政府机构，提高职能部门之间的合作效率。

表 3　　　　　　　　2019 年 RCEP 国家贸易便利化的影响因素

国家	政府规制环境	交通基础设施	海关环境	金融与电子商务环境
新加坡	0.317	0.164	0.190	0.196
新西兰	0.305	0.124	0.182	0.193
日本	0.283	0.152	0.156	0.198
马来西亚	0.269	0.136	0.147	0.184
澳大利亚	0.261	0.126	0.162	0.180
韩国	0.236	0.149	0.131	0.177
中国	0.234	0.122	0.137	0.147
文莱	0.221	0.112	0.127	0.150
柬埔寨	0.228	0.118	0.127	0.137
印度尼西亚	0.222	0.108	0.124	0.142
泰国	0.209	0.105	0.124	0.159
老挝	0.212	0.083	0.120	0.123
越南	0.199	0.090	0.107	0.134
菲律宾	0.167	0.089	0.116	0.152
缅甸	0.150	0.060	0.091	0.079

资料来源：根据项义军和赵辉（2021）整理。

在交通基础设施方面，从公路、铁路、口岸和航空基础设施质量来看，大多数国家表现良好，缅甸、菲律宾、越南以及老挝较为落后，仍然需要加大对交通基础设施建设的投资，完善交通网络建设，以降低货物的运输成本。

在海关环境方面，如进出口中的额外支付、政府官员徇私舞弊、贸易非关税壁垒程度和海关程序负担等，RCEP 各成员国的发展阶段不同，相应的贸易政策也并非一致，并且这种贸易政策会受到经济发展水平、国际环境的影响，同时经济全球化加剧了贸易竞争，因而各国还制定了不同的贸易保护政策，对货物顺利通关产生了一定的负面影响。

在金融与电子商务环境方面，如金融服务成本、金融服务便利性、新技术可获得性、企业对技术的吸收程度以及互联网使用人数等，RECP 各成员国都发展了跨境电商业务，但各成员国之间的业务水平存在较大差异，特别是部分东盟国家，例如缅甸的电子商务环境较差，电子商务的规则并不完善，配套的金融业务发展缓慢。

表 4 报告了 2019 年世界主要自贸协定的贸易情况。可以看出，2019 年东盟的贸易额为 1.42 万亿美元，占世界比重为 7.49%，而东盟加中国、日本、韩国的贸易额为 5.17 万亿美元，占世界比重为 27.20%，与欧盟 30.63% 的占比十分接近。在外商直接投资方面，东盟的 FDI 额为 0.06 万亿美元，占世界比重为 4.27%，而东盟加中国、日本、韩国的 FDI 额为 0.44 万亿美元，占世界比重为 33.14%，略超过欧盟 32.26% 的占比。由此可以推断出 RCEP 协定的贸易额和外商直接投资规模在世界主要自贸协定中，处于比较领先的地位。

表 4 **2019 年世界主要自贸协定的贸易情况**

地区	贸易额		FDI	
	贸易额 （万亿美元）	占世界比重 （%）	FDI 额 （万亿美元）	占世界比重 （%）
世界	19.01	100.00	1.31	100.00
APEC	9.41	49.48	0.75	57.33
东盟	1.42	7.49	0.06	4.27
10＋3	5.17	27.20	0.44	33.14
欧盟	5.82	30.63	0.42	32.26
NAFTA	2.55	13.41	0.21	16.12
TPP	2.94	15.47	0.37	27.98

资料来源：UNCTAD 数据库。

2. 福建与 RCEP 成员国的贸易情况

图 1 报告了 2015～2019 年福建省与 RCEP 成员国的商品贸易情况。2015～2019 年,福建省与 RCEP 成员国的商品贸易总额占比逐年上升,截至 2019 年,福建省与 RCEP 成员国的商品贸易额占福建省对外商品贸易总额的近三分之一。东盟与福建省对外商品贸易额远远超过其他 RCEP 成员国,截至 2019 年,已经高达 2485.72 亿元。此外,澳大利亚与福建省的商品贸易往来越来越密切,商品贸易额从 2015 年的 273.18 亿元上升到 2019 年的 698.58 亿元,这五年间一直的稳步增长,并逐渐超过日本和韩国,成为 RCEP 成员国中与福建省商品贸易往来的第二大贸易国。

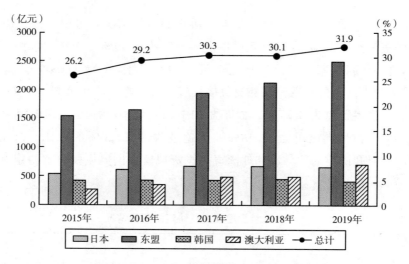

图 1　2015～2019 年福建省与 RCEP 成员国商品贸易额

资料来源:福建省统计局官方网站,http://tjj.fujian.gov.cn/。

如表 5 所示,在出口商品贸易额方面,福建省对外出口商品贸易额除 2016 年略有下降外,始终处于逐年攀升的趋势,截至 2019 年,已经高达 8277.86 亿元。在 RCEP 成员国中,除了对韩国的出口商品贸易额 2016 年和 2017 年有所下降以外,福建省与 RCEP 其他成员国的出口商品贸易额从 2015～2019 年的五年间一直稳步地上升,但福建省对韩国的出口商品贸易额依然领先于对澳大利亚的出口商品贸易额。另外,福建省对东盟的出口商品贸易额远远超过对 RCEP 其他成员国的出口商品总贸易额。

表5　　　　　　　　**2015～2019 年福建省对外出口商品贸易额**　　　　单位：亿元

地区	2015 年	2016 年	2017 年	2018 年	2019 年
日本	362.70	371.34	388.12	427.90	439.94
东盟	1051.44	1128.17	1209.52	1296.70	1651.21
韩国	229.29	220.64	204.48	222.20	230.92
澳大利亚	109.81	111.85	122.59	133.59	140.61
对外贸易总计	7013.24	6838.87	7114.08	7615.60	8277.86

资料来源：福建省统计局官方网站，网址：http：//tjj. fujian. gov. cn/。

如表 6 所示，在进口商品贸易额方面，福建省对外进口商品贸易额一直处于快速上涨的趋势，截至 2019 年，已经高达 5028.83 亿元。在 RCEP 成员国中。福建省与东盟的进口商品贸易额 2015～2019 年这五年间一直稳步上升，与澳大利亚的进口商品贸易处于迅速上涨的趋势。然而，福建省对日本和韩国的进口商品贸易额近年来有缓慢下降的趋势。

表6　　　　　　　　**2015～2019 年福建省对外进口商品贸易额**　　　　单位：亿元

地区	2015 年	2016 年	2017 年	2018 年	2019 年
日本	170.46	235.27	277.32	237.90	212.53
东盟	478.03	507.16	715.97	819.70	834.51
韩国	192.59	207.38	224.75	228.70	182.17
澳大利亚	163.36	242.68	363.32	356.66	557.97
对外贸易总计	3497.76	3512.69	4476.70	4738.70	5028.83

资料来源：福建省统计局官方网站，http：//tjj. fujian. gov. cn/。

对比表 5 和表 6 可以发现，福建省对外商品贸易出口额远远大于进口商品贸易额，处于强势的贸易顺差状态。这一结果表明，福建省对外贸易结构以出口贸易为主，而进口市场仍然有很大的提升空间，可以继续推进未来进口贸易业务高质量发展。

福建省与多数 RCEP 成员国的商品贸易状态基本与整体状态保持一致，而福建省对澳大利亚的商品贸易则一直处于贸易逆差状态，且贸易逆差有逐年扩大的趋势。因为澳大利亚是一个自然资源出口型大国，而福建省相当一部分进口的能源与原材料都来自澳大利亚，其中，资源类商品如铁矿砂、煤炭以及原木等大宗商品是福建省进口自澳大利亚的最主要商品。

（二）产业结构现状

1. 福建省进出口贸易的产品结构分析

表 7 报告了 2015～2019 年福建省进出口贸易的产品结构。福建省出口的产品结构主要以工业制品为主，出口的工业制品总额是初级产品的 10 倍左右；进口商品中的工业制品与初级产品的比例相当，进口的初级产品总额逐年增高，截至 2019 年，已经超过 400 亿美元，比进口工业制品总额超过近 90 亿美元。

表 7　　　　　　　　　　　福建省进出口贸易的产品结构　　　　　　　单位：亿美元

项目	2015 年	2016 年	2017 年	2018 年	2019 年
出口商品总额	1126.80	1036.73	1049.32	1156.85	1201.83
初级产品	91.21	95.98	95.93	108.78	99.24
工业制品	1035.59	940.74	953.39	1048.08	1102.59
进口商品总额	561.66	531.47	661.03	718.90	729.03
初级产品	228.05	225.47	306.96	334.38	409.09
工业制品	333.60	306.00	354.07	384.52	319.88

资料来源：福建省统计局官方网站，http://tjj.fujian.gov.cn/。

表 8 报告了福建省 2019 年进出口贸易的细分产品结构。2019 年，福建省出口的初级产品主要是食品及活动物，所占比例高达 87% 以上；进口的初级产品主要是非食用原料、矿物燃料、润滑油及有关原料，所占比例高达 85% 以上。出口的工业制品主要是按原料分类的制成品、机械及运输设备及杂项制品，所占比例高达 95% 以上；进口的工业制品主要是机械及运输设备，所占比例约为 38%。

表 8　　　　　　　　福建省 2019 年进出口贸易的细分产品结构　　　　　单位：亿美元

项目	出口	进口
一、初级产品	99.24	409.09
食品及活动物	87.07	51.30

续表

项目	出口	进口
饮料及烟类	1.08	4.85
非食用原料	7.35	226.09
矿物燃料、润滑油及有关原料	3.36	123.25
动植物油、脂及蜡	0.37	3.60
二、工业制品	1102.59	319.88
化学成品及有关产品	45.41	64.79
按原料分类的制成品	246.39	65.55
机械及运输设备	297.06	122.70
杂项制品	506.56	41.14
未分类的商品及交易品	7.17	25.69

资料来源：福建省统计局官方网站，http：//tjj. fujian. gov. cn/。

通过上述分析可知，福建省在进口方面主要是以初级产品为主，这是因为福建省处于经济对外开放的第一线，拥有着政府赋予的政策红利，同时国内经济的迅速发展使得对自然资源类商品的进口需求居高不下；在进口方面主要是以传统工业制品为主，因为传统的劳动密集型产品是福建省的主要出口产品，其出口值占福建省出口总值近四成，不仅是福建省出口的主力，更是福建省出口能够稳健地增长的内在动力。

2. 福建省与 RCEP 成员国的产业链分析

根据钱进和王文玺（2019）的研究，福建省出口的工业制品与我国的优势产业保持一致，这意味着福建省与澳大利亚、新西兰、东盟等 RCEP 成员国的优势产业能够形成产业互补，有利于发挥经济效益的最大化，实现合作共赢。

表9报告了福建省 2015～2019 年按主要贸易方式划分的进出口商品贸易情况。从贸易方式来看，福建省主要是以一般贸易方式进行进出口商品贸易，一般贸易进出口总额在这五年期间基本保持了稳定增长的趋势，截至2019 年，已经超过 1400 亿美元。其中，一般贸易进出口的上涨主要是因为进口稳定的大幅增长。加工贸易进出口总额 2015～2019 年的五年间呈现出波动下行的趋势，其占进出口商品贸易总额的比例从 2015 年的 23% 下降到

2019 年的 16%。

表 9 福建省按主要贸易方式划分的进出口商品贸易额 单位：亿美元

项目	2015 年	2016 年	2017 年	2018 年	2019 年
一般贸易进出口	1195.03	1129.58	1236.06	1356.64	1408.48
出口总额	823.32	763.19	757.33	837.69	860.58
进口总额	371.70	366.39	478.73	518.95	547.90
加工贸易进出口	392.36	337.18	354.83	375.82	316.36
出口总额	255.67	223.50	239.92	251.09	208.45
进口总额	136.69	113.69	114.91	124.73	107.91
其他进出口	101.08	101.43	119.46	143.29	206.02
出口总额	47.81	50.04	52.07	68.07	132.79
进口总额	53.26	51.39	67.39	75.22	73.22

资料来源：福建省统计局官方网站，http://tjj.fujian.gov.cn/。

20 世纪 90 年代以来，随着东亚区域分工的深化，分工结构呈复杂化和多样化，形成了刘洪钟在《新时期东亚区域分工的重构与中国角色》中称之为"区域生产网络"的分工形态，呈现垂直分工和水平分工并存的格局。分工结构从产业层演变为以产业链为基础的产品流程化分工体系，产品的产地变得模糊，分工模式表现为产品价值链不同环节的划分和附加值高低之间的划分。在推进东亚区域分工结构转变的过程中，中国扮演着重要的角色。中国通过与东盟开展次区域合作和双边合作，以直接投资的方式将部分正丧失比较优势的产业向东盟欠发达国家转移，并向东盟国家进口零部件、中间品原材料和资源，推动了中国和东盟间垂直分工的发展。同时，也促使中国国内产业升级，向产业上游环节发展。通过多个国家的协作，进一步推动东亚各经济体间的广泛合作。

结合上述分析可得，福建省也在逐渐趋向产业链的上游环节，大力发展以资本或技术密集型为主的制成品产业。同时，RCEP 协定的签署不仅有助于促进福建省加速产业升级，而且也有利于提升亚洲产业链的完善程度与自生能力。

三、RCEP 对福建省经贸发展的影响分析

（一）机遇

1. 贸易方面的影响分析

从贸易发展的角度来看，RCEP 的签订将带来各成员国间的关税壁垒和非关税壁垒的减少，以及成员国贸易条件的改善。这必然推动福建省与 RCEP 成员国之间的贸易往来，进而加强贸易合作。RCEP 协定能够在区域贸易投资方面提供持续的增长率，并有助于在一定程度上增强福建省经济增长的长期动能。随着各成员国推动 RCEP 协定逐步生效实施，福建省与各成员国的贸易额将持续增加。就供给端而言，成员国通过较低的关税优势挤占 RCEP 外部来源国的市场份额，有利于提升福建省的供应链安全性，并降低福建省对美国的直接出口依赖，缓解中美贸易冲突带来的消极作用，稳定福建省的出口贸易链，事实上从东盟逐步取代美国和欧盟成为中国第一大贸易伙伴就可以看出这种动态的变化。就需求端而言，关税减让带来的产品价格下行将进一步刺激中国国内需求扩张，提振中国经济。福建省也会从中受到积极影响，刺激经济快速增长。此外，RCEP 协定也将进一步充分发挥福建省自贸区的功能，加强巩固自贸区建设取得的贸易投资成果，增强自贸区创新协同发展，提升贸易便利化水平，推进区域经济一体化进程。

2. 产业方面的影响分析

从产业发展的角度来看，RCEP 将通过大市场带来的竞争效应倒逼福建省内产业转型升级，推动福建省内经济高质量发展。第一，需求对供给提出了更高的要求。RCEP 推动福建省消费升级的同时，需要从供给端提升福建省内商品和服务的质量。满足福建省内需求的同时，还要打造优质国际品牌满足海外市场需求。RCEP 将福建省内企业放置于更具挑战性的竞争环境中，倒逼福建省内产业摆脱庞大的劳动力供给和资源优势，取而代之的是高质量产出的发展。第二，RCEP 的关税减让降低了成员国之间的贸易成本，将提振福建省进出口规模，有助于稳定外需、提升宏观经济抗风险能力。一方面，RCEP 实施后将提高区域生产要素流动性和优化资源配置，利于福建省

顺差行业优势扩大，产业的国际竞争力进一步提升，增强福建省企业的生命力和比较优势。另一方面，RCEP 带来的产业转移推动福建省内产业向中高端迈进，区域经济合作进一步释放东盟国家人口红利，相比之下，福建省高质量发展提高劳动力成本导致人口红利竞争力下降，这推动了福建省将低端制造业向东盟转移，倒逼福建省内高端制造业和战略新兴产业加速发展，促进福建省产业在整体水平上的提升。

（1）RCEP 有利于福建省价值链重构。随着中国经济的崛起和中美差距的日益缩小，美国对于中国向全球价值链高端攀升的趋势越来越恐惧，开始采取种种措施来抑制中国价值链升级，其对于华为的制裁和对中国引进人才的干预就是明证。在中国受到美国制裁的大环境下，福建省也应认清中美贸易摩擦带来的挑战，调整自身的发展战略，将注意力从参与全球价值链升级转向参与区域价值链重构，而 RCEP 的签署无疑为福建省参与区域价值链重构提供了前所未有的契机。首先，就供给侧而言，RCEP 的成立使得全球范围内的生产网络形成"美国—欧盟—东亚"三足鼎立的态势，而 RCEP 凭借低廉的生产成本、环境成本和资源成本将成为全世界最有潜力的生产中心，从而为福建省参与区域价值链的重构奠定了供给侧基础。其次，就需求侧而言，无论是中间品贸易还是最终产品贸易，RCEP 成员国都呈现出越来越明显的内向化趋势。据相关统计，截至 2019 年底，RCEP 内部各国制造业增加值中只有不到 30% 来自欧洲和美洲等国家和地区，其余超过 70% 均来自亚洲，从而为福建省参与区域价值链重构提供了需求侧基础。最后，随着 RCEP 成员国之间在生产和市场方面联系的不断加强，福建省与其他 RCEP 成员国之间在生产和市场方面的联系也逐渐得以增强。对福建省来说，RCEP 成员国的影响正在稳步上升，意味着在基于 RCEP 重构区域价值链的过程中，福建省的边际贡献也能提到很大的提高。

（2）RCEP 有利于福建省践行双循环战略。双循环战略既是中国经济实现高质量发展的必由之路，也是中国应对贸易保护主义和逆全球化的必然选择，但是以国内大循环为主不是闭关锁国，而是要在更高层次上扩大对外开放。毫无疑问，中国坚定地推进 RCEP 正是对这一战略的最好诠释，而 RCEP 协议的正式签署无疑将为双循环战略提质升级铺平道路。首先，RCEP 致力于构建的高质量自由贸易区会从根本上降低福建省企业的出口成本，进一步凸显福建省出口竞争优势，有利于缓解贸易保护主义和逆全球化对福建省经济的不利冲击。同时，福建省还可以以更低的成本进口中间产品，从而降低全球流动性泛滥给省内带来的通货膨胀压力，有利于维持省内较低的物价水平，促进居民生活质量稳步提高。其次，RCEP 关于服务业开放和投资营商环境改善的条款倒逼省内经济体制改革，打破行业进入壁垒，完善市场竞争，从而促进省内服务业高质量发展。同时，营商环境的改善有利于省内流通成本降低和交易成本削减，促进省内大循环的高质量运行。最后，RCEP 对于贸易新议题的规范可以在相当程度上减少政策不确定性及其对企业的负面影响，有利于创新资源的流动和省内创新能力提升。更重要的是，RCEP 的正式签署能够推动人民币国际化的进程，促进中国扩大金融开放，改善中国的经济金融政策环境，进而为福建省未来经济的高质量发展提供持续动力。

（3）RCEP 有利于福建省供给侧改革和需求侧管理高水平动态平衡。2020 年 12 月 16～18 日召开的中央经济工作会议首次提出需求侧管理的概念，其与供给侧改革一起构成了我国"十四五"期间宏观调控的主线。从2015 年习近平总书记提出供给侧结构性改革这一重大战略之后，我国在供给侧结构性改革所涉及的诸多领域都发生了翻天覆地的变化。随着改革的深入和国内外形势的变化，我国需求侧的问题也逐渐暴露出来。一方面，外贸和投资持续下滑，内需增长乏力；另一方面，虚拟经济过快增长，大量线下实体店快速消亡，国外奢侈品消费却逆势快速增长。因此，只有对需求侧进行有效管理，才能使供给侧结构性改革的成果真正显现出来，否则实际经济增长率就会大大低于潜在增长率，不利于经济的高质量发展。RCEP 的签署对推进福建省的需求侧管理、实现供给侧改革和需求侧管理的高水平动态平衡具有显著的积极影响。首先，围绕 RCEP 形成的生产网络有利于充分发挥福建省的制造业优势，实现价值链地位的攀升，对供给侧结构性改革具有积极促进作用。其次，RCEP 所关注的竞争政策规范性有利于福建省构建起更加良性的竞争环境，打破平台垄断，促进实体经济复兴，并逐步缩小贫富差距，提高普通居民的收入和消费，从而有利于需求侧管理的实现。最后，RCEP 对服务业开放以及投资自由化和便利化的强调，能够将供给侧改革与需求侧管理有机结合，促进二者在更高的水平上实现动态平衡。

（二）挑战

由于 RCEP 本身存在一定的问题，在该框架下中国经济的高质量发展也面临一系列不可忽视的风险和挑战。

1. 对福建省对外贸易的挑战

RCEP 存在不够紧密和易受外界因素影响的问题，这些问题会导致中国经济高质量发展面临较大的外部竞争性风险，并给福建省的对外贸易带来风险与挑战。具体来说，虽然目前 RCEP 成员国之间在经济利益方面存在较大的一致性和互补性，但是各国在制度和意识形态方面的差异不容小觑，而且这种差异在特定阶段会成为决定 RCEP 成员国之间关系的决定性因素。具体来说，虽然美国没有加入 RCEP，但是其对东盟 10 国和日本、韩国、澳大利亚、新西兰的影响力是显而易见的，一旦中国经济高质量发展威胁到美国的经济利益和全球霸权地位时，其就会利用这种影响力破坏 RCEP 的贸易协定，福建省也会受到相应的影响。与此同时，虽然美国目前并未参与 CPT-PP，但是随着 RCEP 协议的正式签署，尤其是中国在东亚影响力的不断提高，不排除美国重返并主导 CPTPP 的可能。

2. 对福建省产业升级的挑战

首先，RCEP 协定的签署可能会带来内部结构性风险。虽然 RCEP 内部成员之间在经济发展水平和产业布局方面存在较大的互补性，但也正是由于这种互补性，使中国经济的高质量发展面临一定的结构性风险。正如上文所述，福建省可以利用 RCEP 协定参与区域价值链重构与升级，并逐渐向价值链高端攀升，但这种攀升与韩国、日本的产业发展存在冲突。日本和韩国作为 RCEP 协定中的发达国家，已经处在价值链高端，一旦中国的价值链攀升威胁到日本和韩国的产业利益，势必引起 RCEP 内部冲突，日本和韩国也会采取种种措施对中国区域价值链重构行为进行抵制，从而不利于中国经济高质量发展，也不利于福建省参与区域价值链重构，阻碍福建省经济的高质量发展。与此同时，东南亚各国的价值链攀升行为也会损害中国的产业发展，并在中低端产业方面与中国发生冲突。更重要的是，RCEP 内部成员之间在制度环境和意识形态方面存在显著差异，这些差异会把产业发展和经济利益方面的竞争扩大化，从而使 RCEP 内部的结构性冲突不断加剧，进而对中区域价值链重构和经济高质量发展产生不利影响，从而影响福建省的经济稳定发展。

其次，RCEP 协定也会对福建省技术创新和产业结构调整带来挑战。RCEP 内部成员国之间缺乏深入合作的基础，给福建省经济高质量发展带来技术创新和产业结构调整上的挑战。具体来说，随着福建省经济向价值链高端攀升，对于技术创新的需求越来越强烈。同时，RCEP 内部一些成员国以及其他发达国家出于自身利益考虑对技术和人才的管控也将越来越严格，这就意味着中国在很大程度上只能依靠自主创新来实现"卡脖子"技术的突破，也给福建省的技术更新带来了阻力。更重要的是，在技术创新无法在短期内实现、中高端产业难以快速发展的条件下，RCEP 的投资自由化和便利化又会驱使逐利的资本将中低端制造业从中国转向成本更加低廉的东南亚国家，这就意味着中国产业结构可能出现"空心化"趋势，福建省也会受到这种趋势的影响，从而给经济高质量发展带来严重威胁。此外，中国对 RCEP 成员国的依赖性在逐渐减弱，尤其是在光电设备、交通运输业和机械设备制造业等中高端制造业领域，中国如何对自身产业进行调整以更好地融入 RCEP 也是对国内经济高质量发展的重要挑战。

四、RCEP 背景下促进福建省经贸发展的对策建议

RCEP 的签订给福建省经济发展带来了机遇和挑战：一方面，RCEP 有利于福建省内产业升级，加速价值链重构；另一方面，RCEP 成员国之间经济发展不均衡，给产业结构调整带来一定风险。当前福建省产业链中不仅存在高端的产品，也有许多低竞争力的企业，在与区域内其他国家的贸易上存在互补性，也有着一定的竞争性。为了抓住 RCEP 发展的浪潮，必须强弱项、补短板、激活力，推动外贸改革创新发展，加快部署实施中央自由贸易区战略，紧紧围绕构建新发展格局，以供给侧结构性改革为主线，深化科技创新、制度创新、业态和模式创新，加快提升开放型经济质量。

（一）促进产品升级，形成国际竞争力

结合福建省产业新体系[①]，围绕所划定的重点领域孵化培养一批优质的外资项目，争取一批外资龙头企业，力争在现代服务业和先进制造业等领域有更多外资项目率先落地福建。突出日、韩、澳、新等国知名跨国企业的投资布局和投资动向，加强省市县三级联动，用好"9·8"投洽会、进博会等重大招商活动平台，力争洽谈对接一批外资大项目、好项目。

要坚持创新引领经济发展，重视并加强高端人才的培养与引进。加速培育科技创新型企业，促进产业转型升级，促进企业向中高端价值链攀升，产品向中高端市场进军，进一步培育福建省出口的国际竞争优势。尤其要大力发展高新技术产业、战略性新兴产业和高端装备制造业，抵消劳动密集型产业转移带来的出口下降。

（二）提升产业链供应链现代化水平

福建省要加大力度推动"两国双园"[②] 和境外经贸合作区建设，为省内企业走出去集聚发展打造更多载体平台。加强国际产能合作和资源开发利用合作；鼓励支持全省具有产能优势的资源开发企业加大对相关国家投资布局，构建"以我为核心"的跨境产业链和资源供应链；鼓励支持本省高新技术行业企业及传统优势行业企业开展跨境并购，助力省内产业和品牌升级。

进一步推动电子商务合作，促进跨境电商发展。鼓励各大跨境链条端布局分拨仓，形成"商家直邮—国内仓发—海外仓发"三位一体的立体跨境物

---

① 根据福建省人民政府于 2021 年 6 月 29 日印发的《福建省"十四五"制造业高质量发展专项规划》，围绕推动"六四五"产业新体系的要求，分行业提出制造业发展重点和优化路径。包括：提升发展能级，做强电子信息和数字产业、先进装备制造、石油化工、现代纺织服装等 4 个万亿主导产业；提速转型升级，提升食品加工、冶金、建材、特色轻工等 4 个传统优势产业；提前统筹布局，培育新材料、新能源、新能源汽车、生物与新医药、节能环保、海洋高新等 6 个前沿新兴产业。

② "两国双园"是我国近年来深化国际合作的一项新模式，主要是指两个主权国家在对方互设产业园区、联袂发展。首对以"两国双园"模式设立的姊妹产业园区为中国—马来西亚钦州产业园区和马来西亚—中国关丹产业园区。近年来，福建省为打造 RCEP 合作示范区，积极支持并推动完善中国—印度尼西亚"两国双园"的规划和合作机制。

流网络。联合商会协会组织、高校、专业机构，共同组建电子跨境电商生态链，加快聚集，形成产业集群优势，推动跨境电商生态圈良性发展。推动国际贸易数字化，培育数字贸易新模式新业态。搭建数字化出口供应链服务平台，建设 B2B2C 出口供应链综合服务平台，为中小外贸企业提供跨境全链条服务。搭建 RCEP 国际供应链服务与结算平台，利用区块链、大数据、云计算、物联网等技术，实现政府管理、货物流、资金流的数据化、链条化、可视化，为海关、税务、金融、口岸管理创新和贸易便利化提供服务。

把握历史性突破，加强中日经贸合作。中日在 RCEP 下首次达成双边关税减让安排，这将推动中日双边贸易"质"和"量"提升。福建省要充分把握这一机遇，促进对日本出口机电、音像产品、食品、饮料、酒、鞋等福建优质产品，推动福建进口日本有机化学品、塑料及其制品、车辆及其零件等。此外，日本在高端制造业领域在国际市场占有一席之地，福建省要在电子制造、汽车及零配件等相关领域引进日本的资金、技术、设备、产品，推动相关产业高质量发展。

通过扩大出口信用保险的覆盖面和降低中小企业保费，加大福建省企业 RCEP 市场开拓力度，尤其是日本、韩国市场。向企业提供政策和市场信息，为企业走向市场提供支撑平台。推进展会模式创新，探索线上线下同步互动、有机融合的办展新模式，支持企业积极开拓 RCEP 市场。

赋予自由贸易试验区更大改革自主权，加强顶层设计与制度建设。与 20 世纪依靠"政策洼地"吸引要素集聚的早期开放模式不同，自贸试验区的成败在于打造"创新高地"，为此自由贸易试验区必须加快制度创新步伐，通过负面清单的制度化、常态化，优化内部功能布局，加速形成产业集聚，完善自由贸易试验区产业链，筑牢自由贸易试验区长远发展的根基；同时还要积极营造安全稳定的自由贸易试验区运行环境，构建周密完善的自由贸易试验区法律体系，及时推出适应自由贸易试验区发展的相关立法以及一揽子原创性解决方案。

推进自由贸易试验区流通体制改革，构建现代化流通消费市场体系。包括推动供应链创新与应用，提高各流通环节的衔接程度；简化行政审批流程，加快数字自由贸易试验区建设，促进"数字经济"与自由贸易试验区深度融合，以更高效的流通体系和更高的贸易便利化水平，促进自由贸易试验区运行效率的提升，进而打通流通领域到消费终点的"最后一公里"。

继续推广自贸试验区各项进口试点业务。在形成监管高效的新机制下，对标新兴消费市场，协调推进货物商品与服务性消费供给，满足居民的多元消费需求；主动对接国际市场规则，以自由贸易试验区为窗口推动国内消费市场完善，预先培育国内消费增长点，通过引入国际竞争助推国内消费市场良性竞争进而提质增效，为自由贸易试验区与经济整体的良性互动与可持续发展奠定基础。

近年来，福建省产业结构日趋优化，离不开国家和相关政策的支持和保障。2012 年 RCEP 谈判启动以来，对第三产业发展起到明显促进作用，但对第一产业和第二产业的作用不显著。因此，应依托 RCEP，立足于自身产业特色，在继续促进第三产业发展的同时，发掘 RCEP 对第一产业和第二产业的潜在作用，RCEP 落成后将会吸引一部分传统劳动密集型产业流向东盟等国家，省内自贸区应率先抓住此次发展机遇，实现经济转型的"腾笼换鸟"，持续优化产业结构，"调高、调轻、调优、调强"产业结构，促进产业结构由全球产业链的中低端迈向中高端。

实体经济是福建省经济的根基所在。振兴实体经济，重点、难点、出路都在制造业。实现制造大省向制造强省转变，应倚靠 RCEP 大市场发挥本地市场的规模效应和结构效应。充分利用本土市场效应具有非线性的特点，即本土市场效应对于市场规模特别大和特别小的国家比对于中等市场规模的国家而言更加显著，有效发挥好 RCEP 成员不同的市场规模效应。

RCEP 谈判显著促进了服务业发展，但这一作用没有得到充分发挥。生产性服务业依托和服务于制造业，对产业融合和结构调整以及经贸发展起到关键作用，但当前生产性服务业占服务业比重偏低，且创新不足，供给能力仍难以满足其旺盛的市场需求。而 RCEP 强调金融服务、电子商务等领域的合作与发展，对福建省而言，区域内服务贸易合作会在一定程度上增强生产性服务业供给能力，带动生产性服务业乃至整个服务业创新发展，补足服务业的短板。应以 RCEP 建设为契机，引领和加快生产性服务业发展，提升服务业整体水平。

以 RCEP 为代表的货物贸易自由化水平显著促进了我国服务业发展，但这一作用对福建省而言并不显著。这说明货物贸易特别是第二产业的制造业与服务业之间相互协同发展存在一定的欠缺，货物贸易对服务业并未充分发挥其应有的作用。在今后的产业发展中，应借助 RCEP 这一平台，利用

RCEP 中货物、服务、投资和经济合作等相关条款，依托快速发展的互联网，立足实体经济，加大相互联系与合作，增强人力资本、价值链等方面的融合程度，缩小经济落差，推动制造业服务化，发展服务业制造化，从而促进协同发展，以合力带动经贸发展。

（三）深化产业结构改革，增强经济活力

充分发挥自贸试验区的优势，对新规则内容先试先行。加强自贸协定与国内改革的良性互动，发挥好自贸试验区压力测试作用，将国际高标准自贸协定的变革和发展作为自贸试验区提高开放水平、推进制度创新的重要动力和来源。积极争取医疗、教育、金融、电信等服务业领域率先在自贸试验区试点开放。深入实施重点平台提升行动方案，将功能培育与制度创新相结合，持续推进贸易平台建设，打造具有国际竞争力的产业高地。

加快建设国家数字经济创新发展试验区，深化新时代数字福建建设。2001 年福建省"两会"上提出要加快"数字福建"建设，20 年来数字福建建设昂首向前硕果累累，数字福建建设理念深入人心，发展引擎更加强劲，创新活力更加激发。虽然福建率先提出的发展数字经济走在了全国的前列，但互联网世界发展迅速，数字经济迅速崛起，各省区市都在加速发展力争弯道超车，在追赶时代的浪潮中稍有松懈就会错过发展机遇、浪费良好时机。在对省内的相关企业调研中发现，当前创建国家数字经济创新发展实验区存在以下几个主要问题：一是科技创新能力比较薄弱，主要表现在高水平的科研机构不足和研发投入强度偏低；二是龙头企业偏小偏少，截至 2020 年，福建省高新企业、年营业收入超百亿元的企业、上市企业数量分别是江苏省的 18.7%、31.7%、32.7%，[①] 具有全国影响力竞争力的大型龙头企业少，为此提出以下建议。

（1）对发展的关键节点应足够重视，增强促进经济发展的使命感与紧迫感。一要加强机遇意识，RCEP 带来新的区域贸易规则，深入理解并合理运用制度，及时根据 RCEP 规章制度调整省内经济结构，这将会给福建省带来

---

① 深化数字福建建设　打造国家数字经济创新发展试验区 省政协副主席薛卫民代表课题组发言［J］. 政协天地，2020（6）：22－23.

新的构建竞争优势的战略期。二要树立危机意识，福建省在技术创新发展、人才培养、产业结构与规模、优质企业数量等方面，都与先进地区差距较大。如果不加强创新发展战略，抢占经济发展高地，将难以在数字经济发展浪潮中赢得先机。

（2）紧跟形势，顺势而为。加大 RCEP 协定的宣传和培训。举办 RCEP 培训班，开展相关条款讲解，加强相关政策宣传，帮助企业充分利用相关规则发展对外贸易和对外投资。加强 RCEP 研究，建立预警机制。积极研究符合 RCEP 规则的外经贸增促机制。研究现行外经贸政策法规中违反 RCEP 协定的相关规则和政策，找到合法合规促进外经贸发展的对策，建立预警平台和相关机制，加强福建省对 RCEP 国家贸易投资风险的防范。

（3）福建自由贸易试验区的制度体系需要建立完善的法律框架，营造公平、公正、透明的市场环境。具体而言，一是分阶段建立和完善"一负三正"清单，及时根据时代发展和福建省事实调整清单内容，扩大"零关税"覆盖范围，释放"零关税"政策红利。二是明确政府采购中"福建原产"比例，在"一负三正"清单基础之上，建立包含敏感行业、幼稚行业等的保护清单，适当予以政策倾斜。三是完善监管法规，出台市场条例和附属条例，使每项经济活动都能够"有法可依、有法必依"，以适应开放新要求。四是完善公共服务制度，确保人才、教育、医疗、卫生等政策及时落地。制度建设为自由贸易试验区发展提供的现实基础，通过完善立法、加强监管，创建良好的营商环境，打造海南制度创新高地，加快形成自贸区制度集成创新的"聚变效应"。

（4）加强数字思维，首先要进一步深化政府数字治理改革，将与时俱进的大数据、区块链、人工智能等纳入省委及地方党委中心组学习内容。其次要提高政府数字化办公效率，在网络空间打造组织扁平化、业务协同化、服务智能化且高效、透明、公开的数字政府。

（5）在国际新形势下，区域贸易合作是世界经济复苏的主要动力之一。作为"人类命运共同体"的践行者，福建省要坚持"一带一路"倡议，利用高标准自贸区网络，加强福建自贸区与伙伴国的合作与交流，深化双边资金、技术、港口、贸易、金融、人才等的全面合作机制。同时，建议港口与自贸伙伴港口和营运商达成报关、通关以及手续程序互认安排，便捷区域贸易合作。以 RCEP 为先行试点，在声明中强调福建自贸区的重要作用，之后可将互认安排逐步扩大至其他自贸网络,并纳入自贸协定升级谈判议题之中。通过国际合作倒逼福建自贸区进行改革创新,有助于福建省吸收先进的管理模式和管理体制,为自贸区建设积累经验,加快建设高水平的中国特色自由贸易区。

参考文献

[1] 陈大波."区域全面经济伙伴关系协定"对中国经济的影响及对策研究[J].长江论坛,2013(4):37-41.

[2] 梁一新.中美贸易摩擦背景下加入 RCEP 对中国经济及相关产业影响分析[J].国际贸易,2020(8):38-47.

[3] 林发勤,刘梦珣,吕雨桐.双循环新发展格局下区域经济一体化策略——兼论 RCEP 潜在影响[J].长安大学学报(社会科学版),2021,23(1):80-92.

[4] 刘艺卓,曹晋丽,高雅.RCEP 对台湾经济的影响[J].国际经济合作,2021(2):50-55.

[5] 钱进.《区域全面经济伙伴关系协定》的经济效应及产业产出分析[J].国际商务研究,2021,42(1):86-96.

[6] 申雅洁.RCEP 签署对中国在东亚区域经济合作中的影响[J].现代营销(经营版),2021(1):74-77.

[7] 田原.《区域全面经济伙伴关系协定》强化中国—东盟合作前景[J].世界知识,2020(16):58-59.

[8] 王莉莉.RCEP 释放巨大市场潜力惠及各国工商界[J].中国对外贸易,2021(1):14-15.

[9] 吴静静.RCEP 对宁波外经贸的影响与对策研究[J].宁波经济(三江论坛),2021(1):13-16.

[10] 项义军,赵辉.中国与 RCEP 国家的贸易潜力研究[J].对外经贸,2021(2):11-14.

[11] 谢福泉.福建省食用菌产业发展变化研究与对策建议[J].北方园艺,2021(1):143-152.

[12] 杨晓猛.《区域全面经济伙伴关系协定》(RCEP)带来的机遇与挑战[N].大连日报,2020-12-21(10).

[13] 姚丽娜,林泽宇.《区域全面经济伙伴关系协定》的前景及宁波策略[J].宁波经济(三江论坛),2021(1):17-19.

[14] 周密.RCEP 对中国企业意味着什么?造福更多中小企业[J].进出口经理人,2021(1):14-15.

板块二　数字经济

专题三 "十四五"时期福建省发展数字经济的路径探索

一、数字经济的发展背景

数字经济，是以数字化知识运用为关键生产要素、以现代信息网络为载体、以现代信息通信技术为效率提升及结构优化融合而成的经济活动。根据Wind公开数据显示，2020年，我国数字经济规模已达39.2万亿元，占GDP比重为38.6%，位居世界第二。数字化制造、数字化消费、数字化阅读、数字化医疗等已深入国民生活并悄然改变经济社会各领域。数字经济具有速度快、效率高、渗透性强等显著特征，既能革新传统的信息搜集与处理模式，用最快的速度完成信息的加工使用，又能跨越一系列中间商，实现供给与需求的直接对接，还能模糊产业边界，为第一产业、第二产业和第三产业带来融合趋势。

（一）国际发展背景

工业革命以前，地理上的相隔使得商品的生产地和使用地相距遥远。随着经济社会的发展，国际贸易自由化的扩大，各国纷纷实行宽松的关税政策，加之通信技术的发展促进信息低成本、高效率地传播，众多跨国公司应运而生，形成生产与主体的分离。近年来，云计算与人工智能等核心科技获得广泛应用，极大地推动了数字经济的发展。经济全球化正在经历从"国际贸易"驱动到"国际金融"驱动，再到"数据要素"驱动的模式转换，而数据流就是其中的重要纽带。

当前全球数字经济发展尚未发育成型，缺乏准确的、规模化的数据来支撑数字经济全球化的发展理论，但各国均认识到数字经济是未来全球经济发展的必然趋势，纷纷制定相关政策法规，确定数字经济的战略规划和重点发展区域，力争在新一轮的数字经济全球化中抓住机遇。英国于 2009 年发布《数字英国》计划，这是数字化首次以国家顶层设计的形式出现。德国积极践行"工业 4.0"，不断提升数字经济带来的科技创新水平。日本相继出台《日本物流网国家战略》《ICT 成长战略》等国家政策，从 2013 年开始致力于建设"超智能社会"，力图全面发展数字经济。

（二）国内发展背景

我国在"十四五"规划纲要中，明确提出了"打造数字经济新优势，壮大经济发展新引擎"的目标，将数字经济发展和数字化转型提到了国民经济的高度。"十四五"规划将云计算、大数据、物联网、工业互联网、区块链、人工智能、虚拟现实等列为七大重点产业，并提出智慧交通、智慧能源、智能制造等十种数字化应用场景。

总体来看，我国数字经济发展战略规划正在经历从重点推进信息通信技术的快速发展到向经济社会各领域深度融合发展的转变。2013 年出台的《国务院关于促进信息消费扩大内需的若干意见》从增强信息产品供给能力和培育信息消费需求入手，致力于发展信息领域的新产品、新服务和新业态。2016 年出台的《国务院关于深化制造业与互联网融合发展的指导意见》从推动制造企业和互联网企业在发展理念、产业体系、生产模式、业务模式等方面融合出发，致力于促进尖端要素资源整合，加快新旧动能转换。2019 年出台的《数字乡村发展战略纲要》将发展农村数字经济作为重点任务，致力于推动农村信息基础设施建设，发掘信息化在乡村振兴中的巨大潜力。2020 年出台的《中共中央、国务院关于构建更加完善的要素市场化配置体制机制的意见》明确将数据作为一种新型生产要素，提出推进政府数据开放共享、提升社会数据资源价值、加强数据资源整合和安全保护等重要举措。

（三）福建省发展背景

"数字福建"源于 2000 年时任福建省委书记的习近平提出的前瞻性战略

构想。2018 年，福建省人民政府办公厅出台《福建省人民政府办公厅关于加快全省工业数字经济创新发展的意见》，计划到 2020 年初步建立以数字技术创新为主要动能的工业新生态，到 2025 年工业数字经济生态更加完善，产业规模与创新能力走在全国前列。同年出台的《福建省发改委关于印发福建省数字经济发展专项资金管理办法的通知》，针对具体问题，规定各项实施细则，以期提高专项资金使用效率。2020 年 10 月，在第三届数字中国建设峰会福建省数字经济重大项目集中签约仪式上，50 个与央企、龙头企业、独角兽企业、科研院所合作的项目集中签约，总投资 1100 亿元。[①] 2021 年出台的《福建省人民政府关于印发国家数字经济创新发展试验区（福建）工作方案的通知》，从指导思想、总体目标、实施保障等方面对专项工作进行指导，并详细提出工作重点任务。

经过多年深耕，福建省已逐步跻身全国数字经济发展前列。根据 Wind 公开数据显示，2019 年，福建省数字经济总量达 1.73 万亿元，占地区生产总值的 40%，增速居全国第二，同时福建省数字政府服务指数也居全国首位。福建省作为数字经济的先头兵、马前卒，充分拓展了数字经济的应用场景，开创了更多的数字经济发展新格局，共建了各种前沿阵地，为全国的数字经济发展做出了先进示范。

（四）两岸发展背景

台湾地区于近年先后推出"数字台湾——创新经济发展方案：2017 – 2025（DIGI）""台湾信息通信发展方案""e-Tai-wan 计划""云计算发展方案"等数字经济发展方案，以期找寻创新经济增长点，促进数字化融合发展。然而，前瞻产业研究院数据表明，台湾地区的数字经济发展规模增速并不显著，直到 2015 年台湾地区数字经济占台湾生产总值的比重才始超 20%，与福建省的数字经济发展水平存在较大差距。

海峡两岸有着交流互补、深度合作、协同发展的美好愿景。两岸数字经济合作的切入点部分源于海峡两岸 5G 相关产业合作，及由此带动的信息服

---

① 资料来源：福建省数字经济重大项目集中签约仪式在福州举行 [EB/OL]. [2020 – 10 – 13]. fujian. gov. cn/xxgk/gzdt/bwdt/202010/t20201014_5415280. htm.

务业等产业合作。2016 年"两岸四地涉税服务论坛"在香港举办，不仅解决涉税问题，而且就数字经济所带来的"阿喀琉斯之踵"进行了深入探讨。

二、福建省数字经济发展的现状评估

作为数字中国这一思想的实践起点，在过去 20 年间，福建省在数字经济建设方面取得了长足进步：发展数字经济所必须的基础信息设施建设不断完善，政府助力数字经济发展的政策文件不断完备，数字化城市治理水平不断提升，产业数字化和数字产业化发展不断深化。整体来看，福建省数字经济发展形式整体向好，但各地市的发展也呈现出不同的增速。

2021 年中国城市数字经济指数①评估结果显示，福建省各地市的数字经济指数平均得分为 58.9 分，高于全国平均得分 53.4 分，说明福建省数字经济发展情况，在全国范围内处于中部偏上水平。如表 1 所示，福州、厦门和泉州等经济较发达城市的数字经济发展情况较好，在全国范围内处于较高水平；而南平、宁德等经济欠发达城市，其数字经济发展情况也依然处于全国中等水平。由此可以看出，福建省数字经济发展形势良好，且具有较为强烈的发展意愿和较为良好的发展基础。

表 1　　　　2021 年福建省各地市数字经济指数总体情况评估

城市	得分	全国排名
福州	73.6	18
莆田	50.8	120
泉州	68.6	33
厦门	72.6	22
漳州	62.9	62
龙岩	51.6	115

---

① 中国城市数字经济指数是由新华三集团数字经济研究院与中国信息通信研究院联合发布，根据"数字产业化 + 产业数字化"模型框架核算全国 242 个城市的数字经济规模。

城市	得分	全国排名
三明	51.0	118
南平	49.1	132
宁德	49.9	125

资料来源：中国城市数字经济指数，https：//deindex.h3c.com/。

（一）数据及信息化基础

数据及信息化基础，是指支撑城市民生服务、城市治理和产业融合等数字经济发展所必须的数字化基础设施，一般由信息基础设施、数据基础和运营基础三部分构成。其中，信息基础设施领域主要考察固网宽带应用渗透率、移动网络应用渗透率、城市云平台应用情况和信息安全水平；数据基础领域主要考察城市大数据平台应用、政务数据共享交换平台应用和开放数据平台应用情况；运营基础领域则主要考察运营体制构建和运营机制情况。2021年中国城市数字经济指数评估结果显示，福建省数据及信息化基础的平均得分为67.0分，高于全国平均标准63.5分，说明福建省具有发展数字经济所必需的良好的数字化基础，这与福建省所处东南沿海这一地理区位优势相关。

1. 信息基础设施

信息基础设施是支撑数字经济的基础之一，为实现高效的交互传播、推动产业转型升级提供了强有力的支撑。如表2所示，福建省内各地市信息基础设施建设相对于全国而言，均具有良好的表现。各沿海城市信息基础化水平在全国处于前列，各内陆城市的信息基础化水平也处于中等偏上水平。因此，福建省内各地市的信息基础设施应用情况整体较好，具有发展数字经济所必需的设施支撑，为快速实现数字经济化转型提供了良好的辅助性支持。同时，福建省内各地市均拥有完善的移动网络建设，5G建设不断推进，各方面信息技术支持项目也在快速建设当中。这与福建省近年来，不断加大信息基础设施建设的事实相一致。

表 2 **2021 年福建省各地市信息基础设施指标评估**

城市	得分	全国排名
福州	79.5	42
莆田	71.0	83
泉州	81.0	31
厦门	78.0	47
漳州	78.0	47
龙岩	65.0	110
三明	69.0	90
南平	68.0	96
宁德	71.0	84

资料来源：中国城市数字经济指数，https：//deindex. h3c. com/。

2. 数据基础

随着智慧城市建设的加速，数据已经成为数字经济时代最为关键的生产要素之一，同时也是驱动数字化转型的最核心要素。如表 3 所示，福建省内除福州外，其余各地市的数据基础运用能力均显现不足，尤其对于经济欠发达地市而言，其数据基础建设相对更为薄弱，部分地区远低于全国平均水平。在新冠肺炎疫情的大背景之下，推动建设大数据共享平台的需求已愈发迫切，省内各地市在推动数据汇集和共享领域，依然具有较大发展空间。

表 3 **2021 年福建省各地市数据基础指标评估**

城市	得分	全国排名
福州	81.0	25
莆田	56.0	134
泉州	70.0	70
厦门	72.5	63
漳州	69.0	73
龙岩	53.0	167
三明	56.0	133
南平	53.0	165
宁德	53.0	165

资料来源：中国城市数字经济指数，https：//deindex. h3c. com/。

3. 运营基础

如表4所示,在发展数字经济、推动"新基建"等政策利好的引导之下,福建省内各地市的运营基础评分呈现出两极分化的趋势,厦门、漳州两地排名全国前列,且经济较为发达的福州和泉州排名也较为靠前,相比之下,宁德和南平两地的运营基础评分低于全国平均水平,造成这种现象的原因可能与数据基础建设的完善程度有关。

表4 2021年福建省各地市运营基础指标评估

城市	得分	全国排名
福州	90.0	40
莆田	75.0	106
泉州	90.0	40
厦门	90.0	13
漳州	90.0	13
龙岩	70.0	113
三明	80.0	91
南平	60.0	141
宁德	50.0	171

资料来源:中国城市数字经济指数,https://deindex.h3c.com/。

(二) 城市服务

城市服务是城市社会民生管理职责的综合体现,具体包括政策规划、建设运营和运营成效三个方面。其中,政策规划主要考察覆盖民生领域的政策数量和民生领域的数字化政策项目;建设运营考察教育数字化水平、医疗数字化水平、交通服务数字化水平、民政服务数字化水平、人社服务数字化水平、扶贫数字化水平、营商环境数字化水平和生活环境数字化水平;运营成效则主要考察示范性工程应用和城市服务综合情况。2021年中国城市数字经济指数评估结果显示,福建省城市服务的平均得分为59.5,高于全国的平均得分54.2分,说明相较于全国平均水平而言,福建省拥有较为完备的城市服务支撑和应用。

1. 政策规划

数字经济的发展情况，很大程度上依赖于当地政府对待数字经济发展的态度和能力，故在政策规划的评估中，主要关注政府对推动数字经济与城市服务融合方面所体现出来的规划能力，包括数字经济的专项政策制定和针对具体领域的政策制定等。如表 5 所示，福建省内城市，除泉州、厦门和漳州外，包括福州在内的其他城市，在政策规划领域均处于全国中等偏下水平，说明各地政府的政策引领作用有待提升。泉州、厦门和漳州三地的政策规划评分排名也仅处于全国中等偏上水平，与其他城市的差距依然较大。由此可见，总体而言，福建省对于发展数字经济的政策支持依然有待提升。

表 5 　　　　　　　 2021 年福建省各地市城市服务政策规划指标评估

城市	得分	全国排名
福州	50.0	127
莆田	50.0	127
泉州	70.0	43
厦门	65.0	52
漳州	65.0	52
龙岩	45.0	153
三明	55.0	110
南平	40.0	173
宁德	50.0	128

资料来源：中国城市数字经济指数，https：//deindex.h3c.com/。

2. 建设运营

建设运营体现在数字化经济背景下包括教育、医疗、卫生和交通等关系到民生及城市服务的各个方面。如表 6 所示，福建省内福州、厦门和泉州的建设运营评分位于全国前列水平，说明这三地政府较为充分的利用到了数字经济的赋能作用，推动当地建设运营水平的提升。以厦门市为例，厦门市政务信息共享平台，通过"实时服务调用共享为主、分时数据交换共享为辅"的混合共享协同模式，推动了数字化政务治理和服务体系的建设。相较之下，福建省内其他地市的建设运营水平大多处于下游水平，说明省内各地市对于数字化经济的建设尚有很大的上升空间。

表 6　　　　　　　2021 年福建省各地市城市服务建设运营指标评估

城市	得分	全国排名
福州	83.0	11
莆田	50.3	169
泉州	77.0	23
厦门	85.0	10
漳州	53.5	127
龙岩	46.8	200
三明	48.5	188
南平	51.0	155
宁德	53.0	132

资料来源：中国城市数字经济指数，https：//deindex.h3c.com/。

3. 运营成效

目前我国在智慧城市服务领域的建设已经取得了积极成效，传统的政府服务模式正在不断转型升级，互联网基础上的政府服务新模式正在不断发展完善，政府服务效率正在不断提升。如表 7 所示，福建省内各地市运营成效评分均高于全国平均水平，其中漳州市的政府运营成效水平最高，这与漳州市在城市治理方面的努力密不可分，与此同时，福州市和厦门市等沿海城市的排名也位于全国中等偏上水平。

表 7　　　　　　　2021 年福建省各地市城市服务运营成效指标评估

城市	得分	全国排名
福州	60.0	34
莆田	40.0	118
泉州	55.0	42
厦门	55.0	42
漳州	65.0	14
龙岩	50.0	75
三明	40.0	117
南平	40.0	117
宁德	40.0	117

资料来源：中国城市数字经济指数，https：//deindex.h3c.com/。

（三）城市治理

城市治理维度主要包括公共安全治理、生态环境保护、自然资源应用和市政服务等领域，并重点关注公共应急事件处置能力、信用大数据一体化建设和数字警务系统建设等新兴领域。在新冠肺炎疫情大流行的背景之下，福建省内各地市的数字化治理水平不断提升，数字化应急处置能力提升明显。2021年中国城市数字经济指数评估结果显示，福建省城市治理的平均得分为67.32，远高于全国的平均得分54.2分，说明相较于全国平均水平而言，福建省内各地市的城市治理水平较为完备。同时注意到，福建省内数字经济指数排名相对靠前的福州和厦门，在政策规划和运营成效两方面，相比于漳州都处于落后局面。尤其在运营成效评分方面，漳州市位居全国首位。

1. 政策规划

政策规划对于城市治理具有极强的约束能力，是治理数字化的关键点之一，各地市的政策规划与全国统一的系统规划密切相连，但与此同时，在实际执行过程中，也会分别兼顾各自的地域特殊性。如表8所示，除漳州市外，福建省内各地市的政策规划评分大多处于中等或中等偏上水平。

表8　　　　　　2021年福建省各地市城市治理政策规划指标评估

城市	得分	全国排名
福州	65.0	60
莆田	45.0	144
泉州	65.0	60
厦门	60.0	73
漳州	80.0	6
龙岩	60.0	73
三明	60.0	74
南平	55.0	102
宁德	55.0	102

资料来源：中国城市数字经济指数，https://deindex.h3c.com/。

2. 建设运营

如表9所示，在疫情之下，通过针对性的建设健全疫情防控机制、提升重大卫生风险事件的反应能力等，福建省各地市的建设运营情况基本向好，经济发展整体平稳，面对疫情的冲击，各地市及时调整，加大政府投入，进一步推动了城市建设运营水平的提升。以建设运营评分位居省内首位的福州市为例，福州首推的"数字教育小镇"模式，在数字教育平台、应用和内容资源等方面均取得了显著成果，在疫情期间更是助力了"停课不停学"的顺利开展。

表9   2021 年福建省各地市城市治理建设运营指标评估

城市	得分	全国排名
福州	80.0	20
莆田	61.0	103
泉州	69.8	52
厦门	72.0	45
漳州	72.5	43
龙岩	54.5	166
三明	62.0	96
南平	64.8	80
宁德	64.8	80

资料来源：中国城市数字经济指数，https://deindex.h3c.com/。

3. 运营成效

如表 10 所示，福建省内各地市的运营成效水平差异性较大，其中数字经济发展排名相对较为靠后的漳州市和龙岩市，其运营成效评分却处于前列，说明这两地在示范性工程建设和城市综合治理方面取得了突出成效，其运营模式可以成为省内各地市的参考标准。

表10   2021 年福建省各地市城市治理运营成效指标评估

城市	得分	全国排名
福州	60.0	53
莆田	40.0	118
泉州	65.0	33
厦门	62.5	39
漳州	95.0	1

续表

城市	得分	全国排名
龙岩	70.0	24
三明	40.0	116
南平	45.0	95
宁德	45.0	95

资料来源：中国城市数字经济指数，https：//deindex. h3c. com/。

（四）产业融合

产业融合直接体现出数字经济对实体经济增长的推动作用，具体包括数字产业化、产业数字化和运营成效三方面。其中，数字产业化主要考察包括5G 建设、人工智能等数字化驱动产业，以及电子信息产业等数字化主体产业的发展情况；产业数字化主要考察农业、制造业、金融、能源、生活服务、科教文体、交通物流和医疗健康等八大核心产业的数字化发展情况；运营成效主要考察示范工程应用、产业生态和产业融合综合发展情况。2021 年中国城市数字经济指数评估结果显示，福建省产业融合指数的平均得分为50.74 分，高于全国平均水平，说明福建省内各地在产业数字化和数字产业化发展方面优于全国平均水平。

1. 数字产业化

由于数字产业化发展对于人才、资本、市场和基础设计等具有很高的要求，故全国数字产业化集群也主要分布在各经济发达地区。作为数字经济发展的先行区，福建省在数字经济发展初期便制定了诸如数字经济五年发展规划、数字经济发展重大工程和数字经济专项资金管理办法等一系列政策，为实现产业数字化发展提供了明确的制度保障。自 2020 年疫情爆发以来，全省各地的数字产业化又迎来新的一波发展高潮。如表 11 所示，福建省内各地市的数字产业化发展呈现出明显的两极分化水平，福州、厦门和漳州三地经济较为发达，其数字产业化水平也相对较高，其余地市的经济发展相对较为薄弱，其数字产业化发展水平也相对较差，这与全国数字产业化地域分级的情况相一致。

表 11 　　　　　　　**2021 年福建省各地市数字产业化指标评估**

城市	得分	全国排名
福州	65.0	20
莆田	23.0	132
泉州	58.0	28
厦门	65.0	17
漳州	24.0	98
龙岩	27.0	88
三明	24.0	109
南平	17.0	174
宁德	17.0	174

资料来源：中国城市数字经济指数，https://deindex.h3c.com/。

2. 产业数字化

作为新兴信息技术发展前沿的福建，在数字经济和实体经济的融合发展方面具有独到的先发优势。在新冠肺炎疫情防控常态化的大背景之下，随着产业数字化进程的不断推进，促进了产出的增加和效率的提升，催生出一批新的产业模式和产业结构，为数字经济的发展提供了赋能作用。根据 2021 年中国城市数字经济指数，福建省产业数字化增加值规模位居全国第七。如表 12 所示，福建省内各地市的产业数字化评分情况与整体数字经济发展排名相类似。其中，厦门市的产业数字化评分位居全省首位，这得力于厦门市已经建立的数字产业集中运营管理模式，依托大数据资源管控平台，实现了对公共资源数据的快速交互和共享，通过优化管理流程、挖掘潜在价值等方式，推动产业数字化进程。厦门市的产业数字化模式也为省内其他地市提供了一种可行的参考。

表 12 　　　　　　　**2021 年福建省各地市产业数字化指标评估**

城市	得分	全国排名
福州	70.1	20
莆田	44.4	110
泉州	58.1	48
厦门	71.5	15
漳州	50.8	76

续表

城市	得分	全国排名
龙岩	47.1	98
三明	41.9	118
南平	38.3	135
宁德	39.3	127

资料来源：中国城市数字经济指数，https：//deindex. h3c. com/。

3. 运营成效

如表 13 所示，当前福建省产业融合数字化发展势头较好，在抗疫过程中逐步实现了 5G 和大数据等前沿科技与医疗、教育和卫生等产业的融合发展，运营成效逐步提升。与此同时，福建省内各地市的运营成效排名均未达到全国前列水平，说明全省各地市在运营成效方面均有待提高。

表 13　　　　2021 年福建省各地市产业融合运营成效指标评估

城市	得分	全国排名
福州	55.5	42
莆田	37.0	115
泉州	50.0	62
厦门	54.0	46
漳州	50.0	60
龙岩	50.0	60
三明	38.5	108
南平	37.0	117
宁德	34.0	126

资料来源：中国城市数字经济指数，https：//deindex. h3c. com/。

三、福建省发展数字经济的问题与挑战

得益于人口基数大、人均收入和制造能力不断提升等众多因素的推动，国内数字经济相关产业的发展正处于快速上升通道。然而，数字经济繁荣发展的背后也出现了诸多急需解决的问题，例如政策法规不完善、相关基础设施建设仍处于较为薄弱阶段等。就福建省而言,数字经济发展的形式整体向好,但仍存在以下几方面的问题和挑战。

(一) 相关的政策法规不完善

"包容审慎"是监管者长期以来秉承的监管原则,这对促进数字经济在较为宽松的发展环境中快速成长具有积极影响,但不完善的政策法规也制约了数字经济的进一步发展。例如,对人工智能等新兴数字技术的不合理应用可能会造成破坏性后果,数据控制权相关法律法规的缺失可能导致数据交易难以推进。此外,法律制度的缺位还可能加大创新数字业务所带来的金融风险和社会风险。因此,如果在数字经济业务的长期发展中缺乏完善的制度保障,不仅无法保障产业链的安全稳定发展,更无法充分发挥由数字产业带动其他产业发展的协同效应。

数字化的新业态从萌发阶段走向成熟阶段,会面临诸多制约因素。首先,现行的执法尺度及监管制度使其遭遇行业发展痛点,各个地方政府对数字经济的监管的不统一,以及监管政策的不连贯,会增加企业的生产成本和交易成本;其次,当前监管架构是分行业、分部门的,各部门对涉足不同行业的同一平台分而治之,监管的割裂化和碎片化会大大降低行业监管效率;最后,安全治理缺乏系统化的建设框架,数据安全动态保护能力较弱,无法从事后处置转为事前预防,数据安全政策保障措施缺位,无法对数据窃取和篡改者构成足够的威慑。

在福建省出台的关于省内数字经济发展的相关政策中,尚未形成完善的数字经济发展监管体系。如福建省人民政府于 2021 年 3 月印发实施的《国家数字经济创新发展试验区(福建)工作方案》,重心聚焦于推动产业数字化、数字产业化等如何大力发展数字经济的问题,对于数字经济缺乏法律法规监管、数字安全等问题鲜有提到。由此可以看出,福建省数字经济发展监管的相关政策法规还处于空白阶段。

(二) 基础设施建设薄弱

根据国家发改委的划分标准,新型基础设施建设主要涵盖以下三个方面：一是信息基础设施，即基于新一代信息技术演化生成的基础设施，如算力基础设施等；二是融合基础设施，即支撑传统基础设施转型升级而形成的融合基础设施，如智慧能源基础设施等；三是创新基础设施，如产业技术创新基础设施等。具体如图 1 所示。

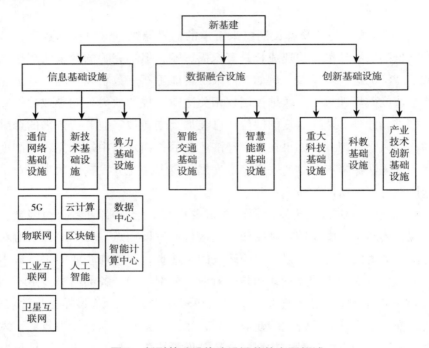

图 1　新型基础设施建设涵盖的主要领域

为了推动数字经济的发展，我国分别从数据中心、5G 基建、物联网、人工智能、工业互联网、新能源汽车充电桩以及云计算七个领域进行新基建建设布局。近年来，随着数字经济的高速发展及国家政策的大力扶持，信息基础设施建设得到不断完善，但仍无法充分满足企业信息化发展所需的信息网络环境，带宽不足、资费较高、无法自主定制等问题与日益提高的数字化建设需求无法匹配。5G 基站的建设和扩容、政务数字化的推进在一定程度上缓解了这些问题，但企业投资项目审批慢、城乡发展不均衡等问题依旧显著存在。

图 2 详细列示了我国 26 个省份新基建项目在重点基础设施建设中的比重。从图中可以看出，福建省的该指标为 17.60%，位于第 15 名，即处于整

体平均水平之下。同时，省内各地市发展不均衡的情况非常突出，根据2021年发布的中国城市数字经济指数，仅福州、厦门和泉州位于第一梯队，其余六市均处于中下游水平。

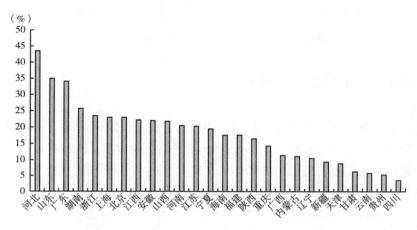

图2　我国26个省份新基建项目在重点基础设施建设中的占比情况

资料来源：前瞻产业研究院。

（三）缺乏数字领域头部企业

从国内关于数字经济产业的区域性分布情况来看，相关企业主要集中于北上广深等一线城市；从消费者使用情况看，数字经济的用户主要集中于城镇地区、年轻群体，农村地区及老年人的使用率较低；从企业的数字化转型情况看，既有世界一流水平的数字化企业，也存在诸多数字化投入少、数字化人才匮乏的企业。

由于地域分布的不均衡，福建省缺少在数字领域具有核心竞争力、在国际舞台具有广泛影响力的头部企业，产业带动性较弱。在全国电子信息百强排行榜中，2019年入围的福建省企业有4家，而2020年仅有2家。2019年国内互联网企业100强，福建省企业入围7家。虽然近几年省内不断涌现出一批又一批在云计算、区块链等领域的高新技术企业，但产业链仍不完善，尚未达到产业集群效应。例如电子信息制造业等领域，许多公司或平台的配套企业或上下游均在省外。同时，科技创新能力的提升也受到研发投入不足的严重制约。根据《福建省科学技术厅、福建省统计局关于 2019 年福建省科技发展主要指标情况的通知》显示，2019 年福建省全省研发经费投入占地区生产总值的比重为 1.78%，低于国内平均水平 0.45 个百分比；全省专利申请量为 15.31 万件（全国排名第 8），专利授权量为 98955 件（全国排名第 7），与广东、江苏、浙江等省份还存在较大差距。

（四）数字转型升级成本高

数字经济是传统产业转型升级的助燃剂，也是引领未来经济发展的新引擎。根据智研咨询发布的《2020—2026 年中国企业数字化转型产业运营现状及发展前景分析报告》，2019 年全国注册在案的中小微企业总数大约为 1.2 亿家左右，其中接入 O2O 平台的低于 10%，拥有智能设备的不足 5%，中小微企业整体数字化程度较低。高昂的技术成本、融资成本、人力资本成本、设备成本使很多中小企业无法顺利完成数字化转型升级。

数字化转型升级是一项复杂的系统工程，周期长、见效慢、投资大，需要在软硬件购买、人才培养等方面持续投入大量资金和时间，而大多数中小企业不具备这个条件。首先，中小企业存在较大的融资约束，迫于成本压力不愿意将有限的资金投入数字化建设；其次，中小企业自身技术水平难以满足企业数字化平台的开发、部署、运营和维护需求；最后，大部分中小企业尚未建立数字化人才培养体系，"招不来、用不起、留不住"，在生产、营销、运营、管理等环节都缺乏数字化人才的支撑，严重限制了数字化转型升级的效率。

（五）区域数字贸易壁垒

数字传输速度的提升，推动了数字服务贸易的快速发展，但同时也面临一定的管制壁垒。目前影响数字贸易发展壁垒主要是关税壁垒、非关税壁垒和数据限制。其中，非关税壁垒包括贸易限制、投资限制、财政限制、自然人流动限制和知识产权保护等；数据限制则包括数据政策、平台责任、内容访问等。近年来，区域间的数字贸易壁垒有强化的趋势。而在台湾与大陆之间，不仅存在关税、数据流动限制和服务被封锁等限制，还存在因政治因素、社会文化因素等方面造成的贸易壁垒，两岸在技术、数据流、数据信息等方面的共享机制受限，制约着福建省与台湾地区的数字经济合作。

四、福建省发展数字经济的路径探索

针对福建省发展数字经济主要面临的政策法规不完善、基础设施建设薄弱、缺乏数字领域头部企业、数字转型升级成本高等问题和挑战，下面将从政策法规、基础设施建设、产业结构和要素保障等方面进行路径探索。

（一）完善政策法规

数字经济作为相对新生的事物，其长期影响具有未知性，需要加强数字经济合作相关领域政策、法规和标准的对接，为福建省与其他地区深入交流与合作、释放数字经济活力奠定制度基础。

第一，强化顶层建筑设计。对于面向数字转型经济这样的新一代经济发展形态而言，加强顶层规划设计、从经济战略布局层面开始进行系统性的谋划战略布局显然是必需的。要充分发挥传统数字网络经济在推动新一轮全球经济周期发展中的协调引领带动作用，加强制定数字网络经济协调发展的总体战略规划，重点做好研究部署推动新城镇基建、产业化和数字化创新转型、智慧智造城市、科研技术创新、网络化和信息安全等各个方面的相关工作，进一步明确国家目标经济定位、主导产业和增长空间发展格局，推动新兴实体数字经济和传统数字网络经济深度融合协调发展。一方面，根据不同区域经济发展的内容和程度差异，提供具有样本意义的数字化"试验田"，形成有区域特色的数字化"试验区"。另一方面，加快培育试点主体，有序组织落实试点。试点成熟后在"试验区"加快推广和复制，并不断完善相关政策措施，最终推向全国。

第二，完善政府管理职能。一方面，加强政府部门之间统筹决策协调，从政策体制上和机制管理层面有效解决大数据管理碎片化、"信息孤岛"、"数据部门化"等突出问题，需要政府层面完善职能，加强管理。建立数字经济管理机构。借鉴参考外地成功经验，组建省级大数据管理局、大数据交易中心等部门，负责全省政府数据和社会数据采集、汇聚、共享、开放和管理。建设省、市两级一体化政府大数据中心，横向延伸打通市内各政府部门，纵向延伸打通连接中央、省、市政府数据资源共享信息交换服务平台及省级基层市府政务公共服务信息大厅的全生态链条。另一方面，加强城乡协同发展联动。有关金融职能部门等也可积极联合相关金融机构、研究开发机构、行业技术协会、试点示范区域地方政府、平台运营企业和其他试点区域企业运营单位等，形成一个数字化金融转型创新共同体，实现金融供给方、需求方以及金融产业链上下游等多方面的协同推动创新，共同推动转型。

（二） 加快基础设施建设

完善信息基础设施建设，实现数字化信息互联互通，是福建省不断提高数字经济的质量和发展的成熟度、顺利进行数字经济合作的必要条件。

第一，完善新型数字经济基础设施。新一代基建对我国支撑以推动数字时代经济发展为主要代表的新一代信息技术革命发展具有不可或缺的重要基础性推动作用。2020 年 4 月 20 日，国家发改委明确要求将"新基建"的适用范围重新界定调整为涵盖信息驱动基础技术设施、融合驱动基础技术设施、创新驱动基础技术设施三个基础方面。信息网络基础技术设施主要包括以 5G、物联网、工业移动互联网、卫星移动互联网为主要代表的信息通信化和网络信息基础技术设施；深度融合应用基础技术设施主要含义是指通过深度融合应用移动互联网、大数据、人工智能等信息技术，支撑我国传统产业基础技术设施产业转型改造升级。新基建的战略布局具有双重意义，既可以通过完善新型基础设施推动相应新经济部门快速发展，又可以利用其蕴含的巨大投资规模及其具有的外部性和产业协同效应，协助快速实现关键技术和产品的自主创新。因此，政府部门应抓紧抢抓今年国家完善基础配套设施和贴补经费短板的优惠政策实施窗口期，加大"新基建"的基础建设支持力度，提升数字经济基础支撑能力。在现代信息技术基础设施建设配套方面，全面规划布局 5G、物联网、工业移动互联网、人工智能、云计算等技术为主要代表的新型高技术信息基础配套设施；在科技创新产业基础配套设施研发方面，依托省内厦门大学、福州大学的研发支持能力，加大重大项目科技创新基础配套设施、科教创新基础配套设施、产业融合技术创新产业基础配套设施项目建设等；在智能融合产业基础配套设施研发方面，重点大力支持省内智能轨道交通产业基础设施、智慧清洁能源产业基础配套设施项目建设等。一方面，加大数字基础设施供给，提高数字技术研发强度。因地制宜研究构建国家数字通信中心基站、大数据信息服务管理中心、国家重点实验室，因情布局创新创业中心、创客基地与科技小镇，为数字经济的快速发展提供必要的硬件支撑，从而在全社会领域内扩充数字经济覆盖面积与惠及范围。各地政策制定部门应牵头成立政府数字发展投资基金，组建数字经济孵化器项目，以公共财政资源撬动更多的社会资金与民间资本，促进数字领域投资主体多元化，进而为公共数字基础设施供给保驾护航。另一方面，加强福建省大数据、云计算、工业移动互联网、人工智能等福建省基础性与公共适用性核心技术的综合研发应用强度，提高通用性强的数字经济技术的研发应用成功率与研究成果应用转化率，与此同时稳步深入推进福建省有关量子区块链、量子无线通信、柔性消费电子、类脑与云计算等产业核心技术的开展深入应用研究，对未来福建省数字经济领域中最具颠覆性的新技术与非对称性新技术发展进行逐项重点攻关，提高福建省发展数字时代经济综合软实力与产业综合核心竞争力，进而充分发挥培育数字时代经济新增长动能，助力社会主义高质量经济发展。

第二，充分发挥民营企业直接参与国家信息网络基础公共设施体系建设的主导作用。降低国家数字网络基础信息设施通信行业的市场准入资格门槛，既要充分发挥一家国有企业市场引领者的带头作用，也必须要充分利用福建省的行业优惠政策便利。该政策充分调动民营企业资本社会力量积极参与国家数字网络基础通信设施行业建设，充分调动民营企业资本参与的积极性，充分发挥民营企业在信息技术研发和推广引进国外先进信息技术及运用现代企业管理模式理念等各个方面的综合优势，发挥其技术研发优势，推进信息基础设施建设，尤其是要加大移动互联网络的速率和稳定性方面的投入，不断提升信息化水平的硬件基础，筑牢数字经济基础根基，为缩小"数字鸿沟"提供强有力的技术支撑。

（三）完善产业结构

第一，推动产业集群经济发展。推动新兴数字市场经济与新兴实体市场经济开展深度融合。当前数字经济仍处于发展初期，还未形成数字经济发展的"集聚效应"，对经济体系的变革作用、对其他行业的辐射作用、对融合发展的引导作用还未彻底显现。为赋能经济转型，必须由"单兵作战"转向"集群作战"，全面促进数字经济集聚发展。一是必须真正充分利用数字协同产业发展驱动战略实施机遇，构建流域数字传统产业融合集群协同发展的战略梯队协作体系，促进重大区域内部各产业资源优势要素自由整合流动，聚焦流域重点支柱产业、龙头企业，实现流域数字传统产业融合集群的战略实施整体落地和能效整体提升；二是要坚持走数字产业传统数字化和工业数字传统产业化的融合道路，加强工业数字和传统产业的相互深度联动融合，真正充分发挥数字产业融合集群的整体效益；三是要将文字数据技术转化成新的数字关键技术生产要素，让新的数字信息技术为文化创新产业驱动发展提供强大创新动力，充分调动各经营主体数字化转型的内生动力，全面实施企业智能化改造工程，梳理智能化改造项目、开展智能化指导服务、培育智能化示范工程，深入推进企业网络化、数字化、智能化升级改造。

第二，大力支持培育国内数字服务贸易领域龙头企业。数字经济龙头企业对于加快形成一个有利于本土强国的国际竞争力的游戏规则体系具有重要指导意义，支持中小企业转型发展，培育更多数字实体经济领域龙头企业。从 2020 年全球企业价值链技术分工情况来看，一些处于数字时代经济技术领域的大型跨国上市公司，凭借其强大的产业资金、技术和业务规模整合优势，在 2020 年全球企业价值链技术分工中牢牢占据最高附加值的企业生产技术分工关键环节。例如，亚马逊、eBay、Classifieds、StubHub、Etsy、Steam 等，这些"独角兽"企业是欧美发达国家提升本国数字经济全球竞争力及开拓数字经济国际市场的重要载体（徐金海和夏杰长，2020）。与之比较，目前中小企业仍是福建数字经济领域的"主力军"，这些企业与国际电商巨头相比，产业规模、企业实力、技术水平都还存在明显差距。在福建数字经济领域，至今还没有形成具有全球竞争力的龙头企业，这使得福建省在参与数字经济全球竞争时，缺乏足够的竞争力和话语权。因此，对于福建省来说，要积极充分利用自身省内独有的税收优惠减税便利金融政策，在与省内数字金融经济发展相关的领域税收、金融、监管、运输、价格等各个方面积极培育新的市场竞争力和优势，包括大幅降低与数字金融经济相关领域的金融行业资本进入省内门槛，对省内所有数字经济企业提供相关减税、免税、退税等其他税收相关优惠政策和其他便利金融服务措施等。除了继续加强对初具国际竞争力的典型数字企业支持外,还要通过提供财政资金支持和引进高端技术人才等手段,在制造业、服务业等行业细分领域加速形成一批具有发展潜力的数字化高新技术企业,以在福建率先形成世界级的数字产业集群,并且能够在不久的将来代表福建、代表中国参与数字经济国际竞争。

(四) 强化要素保障

第一,强化金融资本助力作用。金融机构可以充分利用自身的大数据分析资源优势,及时深入了解中小企业实际经营发展状况,主动帮助缓解中小企业"融资难"资金问题,减轻中小企业进行转型升级过程中可能出现的巨额资金流出压力。设立国家数字时代经济产业发展战略引导项目资金、投资基金发挥作用。例如,以政府部门引导、社会资本参与、市场化资本运作的主体方式,设立"大数据产业发展基金",吸引商业金融机构等国有资本和证券投资管理公司等各类社会市场资本共同主动参与,导入商业银行、证券、风投等各类金融机构资源,建立国家数字时代经济新兴产业战略投资基金,专项用于对省内本土数字经济企业进行扶持,重点支持省内在技术发展及产品、服务、应用创新等方面需要资金扶持的大数据企业。

第二,培育数字经济专业人才。在当前实现我国数字化企业转型的关键期,数字化企业人才培养显得尤其重要,既包括企业管理技术人才,也包括信息技术开发人才。首先,要继续加大推进数字专业人才培养和积极引进工作力度,重点教育培养和积极引进紧缺的各类数字高层次、高技能专业人才,逐步建设形成一支包括复合型专业人才、创新型专业人才、技能型专业人才等在内的各类多层次数字信息化专业人才队伍。探索企业牵头、高校参与、研发创新平台提供集成支撑的人才培养新模式。例如,省内科技骨干企业可以采取联合订单式人才培养教学模式,与省内高校企业联合合作培养一批数字现代经济领域专业型技术人才。举办首届数字时代经济优秀创业启动创新人才大赛,为"数字福建"项目建设工程提供有力优秀人才创业支撑。同时,引进清华、北大等多所高等院校,以及阿里、腾讯、华为等国内顶尖细分数字运营经济领域企业,整合优势人才资源,开办细分数字运营经济领域企业软件开发学院,培养一批细分经济领域企业应用软件开发型专业人才，为细分企业员工培育量身定制专业化的细分软件开发专业人才。其次，开展移动数字产业人才资源储备的规划培育和人才教育引导工作。以既充分具备先进数字化产业思维，又充分熟悉先进装备制造业未来发展的新模式要求为研究导向，选择国内多所重点高校，开展面向大数据、人工智能等重点新兴学科的定向试点，培养技术应用型和产业科研型两类专业人才，最终初步形成一套多层次、全方位的专业人才定向培育培养体系。

第三，构造推动数字时代经济快速发展的新生态系统。以促进产业技术融合驱动发展、行业人士跨界交流合作、科研机构联合推动创新发展为主要目的，打造推动数字时代经济持续发展的新生态环境体系。建立与发起产业间战略合作伙伴联盟，拓展产业合作交流渠道，鼓励跨境龙头企业共同构建完善跨境企业数字技术产业服务体系，建立跨境大数据技术融合与产业融合应用服务系统，培育跨境数字技术创新产业项目与中小企业建立合作创新机制，促进跨境数字产业科技成果迁移转化创新应用。搭建产学研应用一体化的创新互动平台，引导高校、科研院所、上下游民营企业、投资者等机构间创新融合互动发展，对新型数字产业经济创新孵化器和项目建设加大相关政策、资金、服务的支持引导力度。加强专业人才队伍体系建设，提升企业数字专项技术人才培养服务力度，与高校加强合作，共同搭建数字专业人才教育培训服务平台。加强高端技术人才创业引进，加大高端人才创业引进扶持力度，针对严重欠缺的一批数字时代经济高端人才放宽项目申请审批、资金使用监管、生活条件保障等多个方面的准入条件，给予最优厚的工资待遇。

参考文献

［1］陈咏梅，张姣．跨境数据流动国际规制新发展：困境与前路［J］．上海对外经贸大学学报，2017（6）：37－52．

［2］高太山，马源．中国数字经济发展的问题、机遇和建议［J］．中国经济报告，2020（2）：73－78．

［3］华杨杨．数字经济化与中国对策［J］．广西质量监督导报，2021（4）：176－177．

［4］李猛，史小今．海南自由贸易港数字经济创新发展的国际经验借鉴与路径探索［J］．中国经贸．2020（12）：58－74．

［5］李晓华．数字经济新特征与数字经济新动能的形成机制［J］．改革，2019（11）：40－51．

［6］王伟玲，王晶．我国数字经济发展的趋势与推动政策研究［J］．经济纵横，2019（1）：69－75．

［7］王小艳．中国推进共建"一带一路"数字经济：基础·困境·对策［J］．宏观经济，2020（9）：3－8．

［8］徐金海，夏杰长．全球价值链视角的数字贸易发展：战略定位与中国路径［J］．改革，2020（5）：58－67．

［9］越大志，高栓平．福建省数字贸易竞争力的构建与评价［J］．中国发展，2020（6）：73－80．

［10］张勋，万广华，张佳佳，何宗樾．数字经济、普惠金融与包容性增长［J］．经济研究，2019，54（8）：71－86．

［11］张志楠．我国数字经济的未来趋势［J］．张江科技评论，2021（2）：5．

［12］赵瑾．数字贸易壁垒与数字化转型的政策走势——基于欧洲和OECD数字贸易限制指数的分析［J］．国际商务，2021（2）：72－81．

［13］周念利，李玉昊．全球数字贸易治理体系构建过程中的美欧分歧［J］．理论视野，2017（9）：76－81．

专题四　数字经济背景下福建省文化产业的发展

一、数字经济与福建省文化产业

（一）数字经济发展背景

1996 年，唐·泰普斯科特（Don Tapscott）在《数字经济：智能网络时代的希望与隐忧》（*The Digital Economy：Promise and Peril in the Age of Net-worked Intelligence*）一书中提到"数字经济"一词，"数字经济"这一概念由此形成。但目前数字经济尚无公认的明确定义。逄建等（2013）认为，数字经济是以信息和通信技术为基础，通过互联网、移动通信网络、物联网等，实现交易、交流、合作的数字化，推动经济社会的发展与进步。2016 年在中国杭州举行的二十国集团（G20）峰会上，与会国领导人共同发起的《二十国集团数字经济发展与合作倡议》中说明，数字经济是指以使用数字化的知识和信息作为关键生产要素、以现代信息网络作为重要载体、以信息通信技术的有效使用作为效率提升和经济结构优化的重要推动力的一系列经济活动，是继农业经济、工业经济之后全新的社会经济发展形态，也是世界经济创新发展的主流模式。中国信息通信研究院则认为数字经济是加速重构经济发展与政府治理模式的新型经济形态。通过相关文献梳理及国家战略描述，可以看出数字经济是一个内涵比较宽泛的概念，凡是直接或间接利用数据来引导资源发挥作用，推动生产力发展的经济形态都可以纳入其范畴。

当前，全球经济越来越呈现数字化特征，人类社会正在进入以数字化生产力为主要标志的新阶段，我国也高度重视数字经济发展。习近平总书记多次强调，要构建以数据为关键要素的数字经济，在创新、协调、绿色、开放、共享的新发展理念指引下，推进数字产业化、产业数字化，引导数字经济和实体经济深度融合。2015 年 11 月，《中华人民共和国国民经济和社会发展第十三个五年规划纲要》提出要实施国家大数据战略，推进数据资源开放共享。此战略提出以后，推进数字经济发展和数字化转型的政策不断深化和落地。党的十九大对发展数字经济、建设数字中国等做出了战略部署。2019 年 11 月，国家数字经济创新发展试验区启动会发布了《国家数字经济创新发展试验区实施方案》，向浙江省、河北省（雄安新区）、福建省、广东省、重庆市、四川省等 6 个"国家数字经济创新发展试验区"授牌，正式启动试验区创建工作。2020 年政府工作报告中明确提出，要继续出台支持政策，全面推进"互联网 +"，打造数字经济新优势。十九届五中全会、"十四五"规划和 2035 远景目标纲要指出，要推动数字经济和实体经济深度融合，加快构建以国内大循环为主体、国内国际双循环相互促进的新发展格局。

与此同时，我国数字化转型改革效果显著，据工信部 2021 年 3 月 19 日发布的数据显示，"十三五"期间，中国数字经济年均增速超过 16.6%。国家互联网信息办公室发布的《数字中国发展报告（2020 年）》也表明，我国数字经济持续快速增长，质量效益明显提升，发展活力不断增强，到 2020 年底，数字经济核心产业增加值占 GDP 比重达到 7.8%。数字技术已作为新一轮技术革命和产业变革的重点方向，数字化转型为培育经济增长新动能提供了重要引擎，而数字经济也因此成为构建现代化经济体系的重要内容。

而福建省作为践行习近平总书记关于信息化建设重要理念和重要思想的先行省份，是数字中国建设的重要思想源头和实践起点。2000 年习近平总书记在福建工作时就高瞻远瞩地做出了建设"数字福建"的重大战略决策。21 年来，福建省委、省政府始终把"数字福建"建设作为一项重大战略工程持续推进，坚持统一领导、规划先行、先行先试、统建共享、服务为先、规范运作、社会参与、统一标准。2019 年以后，作为"国家数字经济创新发展试验区"，福建省在省委、省政府领导下，重点总结推广"数字福建"20 年建设经验，深化政务数据与社会数据融合应用，围绕"数字丝路"、智慧海洋、卫星应用等方面组织开展区域特色实验，加快实施数字经济领跑行动，大胆探索创新，勇于先行先试，大力推进数字产业化、产业数字化，着力打造创新驱动创新引擎，全面提升有效供给能力，健全完善服务体系激发新需求，积极营造发展保障新环境，努力将福建省建成数字经济发展高地和数字中国建设的样板区、示范区。

2021 年 4 月 22 日，福建省经济信息中心发布了《2020 年福建省数字经济发展指数评价报告》，结果显示，全省数字经济发展指数（简称 FJDEI 指数）达 74.58，数字经济规模突破 2 万亿元人民币，增速为 17.6%，占全省生产总值比重超过 45%，比上年提高 5 个百分点。由此可见，数字经济正引领福建省经济在高质量发展的道路上快步前进。

（二）福建省文化产业概况

近年来，在福建省政府的政策引导下，福建省文化产业呈现稳步增长、实力增强、规模扩大的总体态势，文化产业结构不断优化，新兴产业快速成长，现代文化市场体系不断健全。

政策顶层设计上，福建省不断制定出台文化改革发展相关的政策文件，推动文化产业发展，健全市场规范机制。2006 年以来，福建省相继出台了《福建文化强省建设纲要》《关于进一步推动福建文化产业发展若干政策》《福建省文化产业发展专项资金管理办法》《关于加快推进全域生态旅游的实施方案》《关于推进福建省"互联网 + 文化产业"高质量发展的建议》等，从政策环境、资金扶助和产业融合等多个方面不断助推文化产业快速发展，推动文化产业成为福建省国民经济的支柱性产业。此外，为了完善文化市场法制监管体系，省政府致力于推进文化立法工作和全国文化市场技术监管与服务平台运用，加强文化市场综合行政执法，相继印发了《福建省营业性演出审批指南》《福建省文化厅关于规范营业性演出申报审批工作的通知》《福建省文化厅关于进一步加强演出市场服务和监管工作的通知》《福建省传统工艺美术保护规定》等相关文件，建立健全文化法律法规体系，做到有法可依，有法必依，执法必严，违法必究，将福建省文化产业发展纳入法制化、规范化管理的轨道。2019 年福建省文化和旅游厅下发了《全省文化和旅游市场整治行动实施方案》，对文化和旅游市场存在的问题进行专项整治，维护文化产业和旅游业良好的市场秩序。现在，文化市场综合执法改革基本完成，全省九个设区市均已成立文化市场综合执法支队，文化文物、广电、新闻出版等执法职能全面合并。规范化、法治化的文化市场推动着文化产业的良性发展。

福建省一系列文化产业政策为新常态下的文化产业创造了良好的发展环境，在政策利好、创新引领、市场带动的推进下，福建省文化产业发展也取得了较为显著的成效。

首先，在产业建设发展上，福建省文化产业规模持续扩大。根据《2020年中国文化及相关产业统计年鉴》，2018年，福建省实现文化产业增加值2055.1亿元，占地区生产总值比重为5.31%，比2015年增加1.19个百分点，总量和占比分别居全国第8位和第5位。2019年文化产业拥有资产5775.97亿元，比2013年末增长116.59%，经营性文化产业全年实现营业收入7549.24亿元，比2013年增长148.53%。2019年文化及相关产业法人单位数达到7.98万个，从业人员达到105.45万人，省人均文化娱乐消费支出789元，占人均消费支出的3.1%。

其次，福建省精心打造文化产业发展平台，积极培育壮大龙头文化企业。2008~2019年，海峡两岸文化产业博览会已经举办11年。2019年11月2日举办的海峡两岸文化产业博览会，由福建省文化和旅游厅主办，以"共促文旅投融资，共享发展新机遇"为主题的"全福游、有全福"文化旅游投融资暨重大项目推介专场活动在厦门国际会展中心国际厅举办。据央广网报道，现场共有32个文化旅游投融资重大项目集中签约，投资总额184.97亿元。其中，合同项目7个，计划总投资45.85亿元；协议项目6个，计划总投资23亿元；意向项目12个，计划总投资116.12亿元；战略框架协议5个，闽台合作项目2个。立足于丰富多样的工业资源，福建省还拓展了"工业+旅游"新形态，推动工业旅游发展，开启深层次融合发展之路。同时，在"一带一路"倡议下，福建省挖掘海丝文化、闽侨文化、闽台文化等资源，建设福建文化海外传播平台，成为推动文化"走出去"的有效途径。

福建省文化产业在稳步增长的同时，产业结构也在进一步的优化升级。传统文化产业的创新能力不断提升，高附加值的产品增加，品牌效益提升，创新已经成为文化产业发展的新引擎。为顺应经济发展的新态势，福建文化产业积极探索科技创新、思维创新、商业模式创新、业态创新和管理创新等全面创新模式，推动文化与科技相互渗透，文化产业与其他产业深度融合，推动新兴文化产业的发展，开发新型产品、拓展新型市场，结合科技与金融促使文化产业焕发活力。具体包括：利用互联网新兴技术，推进"互联网＋文化产业"行动，促进文化产业数字化、网络化、智能化；大力推动动漫产业与传统行业跨界融合；加强文化创意与特色农业融合，创建农耕文化展示园，形成福州茉莉花种植与茶文化系统"全球重要农业文化遗产"和安溪铁观音与茶文化系统"中国重要农业文化遗产"品牌；推动文化创意和旅游业融合，加快福建省旅游业转型升级，陆续推出福建文化创意设计、闽南文化创意设计、妈祖文化创意设计、畲乡文化创意设计、工业文化创意设计、茶文化创意设计等一批文创旅游产品；设立创意和设计研发中心，促进传统产业升级，增强市场竞争力，建设了德化陶瓷行业研发中心、福州漆艺行业研发中心、仙游古典工艺家具研发中心、福建省旅游工艺品研发中心、福州寿山石行业研发中心等一批工艺美术技术研发机构，推进文化创意与传统工艺美术创意融合发展；加快构建各具特色的众创空间、降低创业创新门槛、完善众创公共服务功能、构建多元化金融服务体系，推进大众创业、万众创新，提升福建文化产业总体创意水平等。

在积极融入数字经济发展潮流与文化产业逐步成为支柱性产业的双重背景下，深刻理解福建省数字经济与文化产业的关系并推动数字经济与文化产业深度融合是促进新时期文创繁荣发展、推动文化产业发展的必然要求。

二、数字经济背景下福建省文化产业发展新特点

数字经济变革推动着文化与科技的融合日益紧密和深入，科技不再只是作为文化的表现形式，开始更深刻地介入文化生产的全过程。近年来，我国在云计算、大数据、人工智能、区块链等领域发展迅猛，5G逐渐商业化，核心技术研发频频突破，科技创新能力得到加强。这些前沿科技将成为推动数字文化产业创新发展的重要力量，也决定了新时代下文化产业数字化发展的诸多特点。

（一）文化产业领域出现了众多新的业态和模式

随着数字经济的发展和移动互联网的普及，文化产业领域涌现了许多新

的业态和模式。例如，面对由于大众阅读习惯的改变而逐渐萎缩的传统出版业市场，许多出版公司开始转向网络图书的运营；同样，传统纸媒也纷纷开通了网络服务平台，这种形式深受观众的喜爱。这些以方便、高效、生动形象为特点的网络文化新形式极大地冲击了传统的文化业态。特别是疫情期间，全国范围内各类线下文化活动全面停止，各大运营商纷纷探索线上运营的新模式，文化消费线上聚合态势明显。在这一特殊时期，数字文化产业发展迅速。与此同时，人们也开始意识到信息技术的快速发展和人们文化消费方式的改变迫使着文化产业的升级和转型，文化产业发展的空间非常巨大。

福建省文化产业在互联网和移动互联网等新技术的影响下，也发生了巨大的变化。文化企业不断利用新技术，构建新媒体平台，拓展新业态。为推动文化和科技的融合发展，福建省重点建设了厦门、福州两个国家文化和科技融合示范基地。此外，福建省还大力培育发展"互联网＋文化产业"新业态，制定出台相关行动方案，提出了未来发展目标，包括重点发展"互联网＋新闻出版""互联网＋广播影视"等10项行动任务。福建省某网游企业一直致力于利用新兴技术拓展文化科技市场，成为中国网络游戏、移动互联网应用行业的领军者。该公司还全面拓展"VR＋娱乐"、旅游、医疗在线教育等领域，开辟广阔的新兴市场。还有一家软件开发公司，其自主研发的互联文档管理平台具有跨平台、高效率、安全等优势，产品与服务覆盖桌面、互联网与移动互联网，被广泛应用于各行业的个人、企业、机构的文档应用服务领域。

（二）数字化技术实现了福建省文化产业的创造性转化和创新性发展

创新是五大发展理念之首，也是文化创意发展的核心。在数字经济大潮下，创新仍然是引领文化产业实现可持续、高质量发展的关键。据国家统计局发布的数据显示，2020年全国规模以上文化及相关产业企业营业收入增长2.2%，其中，创意设计服务业营业收入达15645亿元，增长11.1%，创新对于文化产业发展的重要性可见一斑。

数字经济变革中创新引导的文化产业发展新特点主要体现在以下三个方面：第一，产业发展的新动力。技术创新是文化产业实现创新发展的不竭动力，在数字经济变革中文化领域的技术也在引领着产业的发展，产业在不断迭代更新中实现转型升级。早期互联网的诞生催生了网络文学的出现，移动互联网的普及以及 VR、AR 技术的发展丰富了游戏产业业态，网络直播、电子竞技也迎来了发展的黄金时期。数字技术研发、数字文化消费、原创力量的激发成为驱动数字经济背景下文化产业发展的原动力。第二，产业发展的层次多。无论是传统的文化产业业态，或是新兴文化产业业态，都在数字经济革命中进行数字化的转型与改革，注重数字文化产品服务应用、商业模式、多业态融合等产业发展的高层次创新，充分发挥"粉丝经济"等虚拟经济在内容、消费等方面的提升作用，以实现产品创新。第三，产业发展的模式新。数字经济变革改变了传统的生产型社会的生产关系，生产者、传播者、消费者的角色不再单一、固定，文创发展的模式也在这一时期呈现出数字化特征，探索出了数字文化产业创新生态体系。

（三）数字化技术促进了福建省文化产业跨行业的深度融合

数字化背景下，互联网催生的新业态促进了数字文化与工业、医疗、教育、旅游等相关产业的深度融合，并赋予广泛的发展前景。跨行业融合通过供给模式的转变、创新能力的突破、发展动力的整合，消除了产业之间的壁垒，改进原始的生产工艺，降低产出成本，形成了新的价值增长链。文化产业正在形成一种跨行业渗透融合、开放包容协作、全产业链协同、线上线下互动、相互赋能互相成就、多元共生共享的生态化发展态势。

文化创意与相关产业融合，开辟了传统产业发展的新路径。福建是鞋服等传统制造业大省，大多数企业为国外品牌代工，利润较少而污染大，以至于汇率的向下波动都会造成企业的亏损。为了能够摆脱国外品牌的限制，拓展海外市场，福建支持文化企业通过文化创意与相关产业融合，探索新的发展途径。至 2017 年 11 月，福建文化企业国家级工业设计中心数量达 5 家，排名全国第一。同时，为推动文化创意融合生产生活，福建从 2014 开始在全省范围内组织开展最具创意文化产品评选活动，2017 年 9 月全面升级为"福建文创奖"，成为省内覆盖面广、影响力大的创意活动。同时，结合评奖开展一系列巡展、对接活动，为文创产品及项目提供展示推介、产品交易、成果转化、创意孵化、人才交流、产业对接等服务，促进文化创意与相关产业的融合发展。

（四）数字化技术重塑文化旅游产业新格局

福建文化旅游资源丰富多元，朱子文化、妈祖文化、闽南文化、"海丝"文化、客家文化等各具特色。近年来，福建出台《福建省加快推进文化和旅游融合发展的实施意见》等政策，深入实施文化旅游融合示范工程，通过资金补贴、政策助力、项目带动、创意提升，推进一批特色鲜明的文化旅游融合发展重点项目，精心打造文化旅游品牌，大力推动文化与旅游深度融合发展。各地响应政策号召，组建具有地方特色的文旅融合项目，文旅产业发展势头迅猛。

就新兴旅游产业而言，当前以抖音、快手为代表的短视频，以 B 站为代表的长视频，以电子竞技为代表的竞技游戏，逐渐形成了高效、有意义的内容消费市场。这些充满本土内容的新平台，不仅是刺激旅游需求的新接触点，也是旅游产品和服务分销的新渠道。3D、4D 技术的综合应用，使博物馆和展览中的可移动和不动展品焕然一新，打破了时间和空间的限制，人们可以通过手机欣赏到现场的景象。随着科学技术的快速发展，数字旅游平台的不断完善，旅游场景的数字化重建，未来人们足不出户就能身临其境地感受到景区的特色。

就传统旅游行业而言，数字技术在文化旅游业的广泛深入应用，无形中改变了旅游者的旅游习惯和行为，极大地促进了文化旅游基础设施建设。5G、物联网等新技术将对未来文化休闲和旅游消费产生革命性的影响，重塑文化旅游业赖以生存和发展的资源基础。遍布城乡的 5G 通信和互联网一条龙服务，已经成为文化旅游的公共基础设施，为本地和外地的消费者带来了更多便利，城乡居民和游客的消费场景和服务信息可以即时获取、消费和完成，并在第一时间回顾和点评，立足智慧城市，发展乡村旅游和公共文化，面向个人需求的"管家式"云服务技术集成，以服务技术整合，对接乡村旅游供需，推动市场转型，丰富的夜间旅游和景区感知数字化等关键共性技术，将获得更多的公共投资和商业资源。此外，随着人们旅游习惯和观念的改变以及生活节奏的加快，人们制定旅游计划的方式也相应发生了变化。旅游景点的选择已经从以前的口碑式转向了大数据反馈的用户体验，以及网络图形评价等更加广泛和直观的方式。旅游线路的查询和预订变得更加方便。因此，数字技术的应用也激发了传统旅游业的活力，增加了传统旅游业的收入。

三、福建省文化产业在数字化转型中的机遇与挑战

（一）福建省文化产业在数字化转型中的机遇

1. 新型基础设施全面发力，新一代信息基础设施体系正在形成

福建的数字化发展为文化产业的数字化转型提供了技术支持与设施基础。在科学技术手段的帮助下，数量庞大、种类繁多的信息数据开始发挥更大的价值，文化产业的数字化转型也将搭乘人工智能、大数据等新一代信息技术基础设施的"便车"，加快进程。

福建传统文化产业的数字化改造升级，重点是要实现对生产经营全过程的数字化转化、信息化管理，运用互联网大数据技术，进行开放性、互动性和信息化、精细化改革。其具体内容包括建立符合企业发展实际需要的信息收集分析机制，广泛收集产品设计、生产、流通、消费等各环节的信息数据；积累数据、分析数据，用大数据思考、靠大数据决策，有针对性地开展新产品的设计开发与旧产品的升级换代；用互联网技术高度统合企业的产品生命周期管理、客户关系管理、供应链管理等，缩短产品研发生产流通周期，减少甚至消除库存，提高资金周转利用效率，提高产品创新率；通过网络平台突破市场的空间界限，更好地开拓发展出更大的目标市场总量，推动实现产品的规模化、产业化生产。该过程的每一阶段显然都需要新一代信息基础设施体系的参与和支撑。因此，借力新一代信息基础设施体系的形成，传统文化产业应当充分利用互联网大数据，建立企业发展的新生态环境。通过大企业建平台和中小企业用平台的合作发展方式，借助互联网技术建立与产业链上下游企业的高度协同关系，打造企业的区域产业链竞争优势；建立与同业组织、个人的横向合作竞争关系，打造区域的产业集群效应。特别是在5G背景下，要学懂、弄通、用实人工智能、区块链、云计算、大数据形成的数字化平台，充分利用好中国东南大数据产业园的技术优势和数据资源，加强与有关各方的沟通、学习与合作，将分散的独立个体整合成具有协

同竞争能力的组织群体。从而将传统文化企业多、小、散的发展劣势，凝聚转化为"众人拾柴火焰高"的集约化发展、集群化竞争的区域优势。

福建省文化产业的数字化转型得益于数字化发展的不断进步。究其原因，首先，福建的数字经济发展起步早。福建是习近平总书记关于"数字中国"建设重要思想的孕育地、发源地。2000年，时任福建省省长的习近平做出建设"数字福建"的战略决策，明确了"数字福建"的发展内涵、建设模式和目标任务，为"数字福建"建设开好头、定好调、布好局。20多年来，通过数字产业化的迭代发展和产业数字化的深入推进，福建在数字经济发展领域先行先试、开拓创新，已成为我国区域信息化科学发展的样板工程，从多个领域为"数字中国"建设提供着宝贵的经验。其次，福建的基础设施好。近年来，福建连续推进"云、网、端"信息基础设施建设，全面实现城市光纤到楼、农村行政村光纤到村，开通海峡两岸直通光缆和福州国家级互联网骨干直联点，福州正式成为全国互联网的核心节点、重要支点和新的数据交换口岸。再其次，集聚效应显著。目前数字福建（长乐）产业园、数字福建（安溪）产业园、福州软件园、厦门软件园、马尾物联网基地、泉州芯谷等重点产业园发展势头良好。其中，数字福建（长乐）产业园将集聚发展千亿级的信息化高端产业，打造福建乃至全国的数字经济示范区。马尾物联网基地建成全国首个窄带物联网规模商用局、开放实验室和物联网孵化基地，物联网产业总产值已超千亿元。"知创中国"知识产权运营服务平台、数字公民应用等大数据重点应用平台正加快建设；首批数字福建大数据研究院（所）已展开建设。各行业的数字化转型为文化产业提供了宝贵经验，其集聚效应更是为文化产业的数字化转型打下坚实的基础。最后，福建地区的新生企业家非常多。文化产业数字化的发展离不开领军的龙头企业，更离不开优秀的企业家。福建涌现出一批在数字经济领域举足轻重的闽籍创业者。这些企业家多为"80后"新生代，在数字经济发展的下半场，他们掌管的企业有望助力福建文化产业加快发展。

2. 省内省外双循环体系初步形成，政策优势明显

以新一代信息技术为基础的数字经济是全球新一轮产业竞争的制高点，将影响产业结构调整的路径和进程，重塑区域间的产业竞争力。作为改革开放的先行省份之一，福建处在"六区叠加"的重大机遇期，数字经济基础深厚，具备抢占产业互联网发展制高点的条件。

省内循环体系的推进主要以产业融合发展为主要手段。目前，福建已经出台《加快全省工业数字经济创新发展的意见》《关于深化"互联网＋先进制造业"发展工业互联网的实施意见》《关于加快线上经济发展的若干措施》等政策文件，以推动实体经济与数字经济融合发展，增强产业竞争优势。随着福建产业数字化转型的进一步深化，以提升产业竞争力作为检验数字化转型发展的标准，适应产业发展需求，利用数字技术有序推进福建产业结构迈向中高端，增强数字经济发展的系统性、协调性，这有望为福建文化产业发展开辟新的增长空间。福建省政府印发的《国家数字经济创新发展试验区（福建）工作方案》提出，要大力加强文化和旅游产业数字化应用，深化"互联网＋旅游"，加快景区智能化改造，提升完善"一部手机全福游"App，实现"一机在手畅游福建"；到 2022 年，建成一批国内领先、线上线下融合的服务业细分领域智能化服务平台，形成一批典型示范创新成果，为福建全方位推动高质量发展提供强有力支撑。同时，福建制定出台了《福建推进"互联网＋文化产业"行动实施方案》，提出运用云计算、大数据、物联网、全息技术等高新技术，提升文化产业的技术支撑水平，提高文化的创造力和传播力，创新建立基于互联网的数字文化产品和渠道，建设现代网络传输技术支撑和应用平台；推动新兴互联网技术与文化创意产业融合发展，培育壮大福建省具有比较优势的动漫游戏、互联网教育、文化软件、文化服务业等新兴的互联网文化产业业态，促进文化产业转型和结构调整，形成新的经济增长点。

另外，政府、企业纷纷加大数字服务合作力度，加快服务和产品创新更迭速度，持续释放中国国内大市场消费需求动力，打造数字国内循环体系。2019 年江苏、广东、贵州与福建签署了《跨省域大数据战略合作协议》，通过建立四省开放数据库，施行四省政务协作与数据共享，创新跨空间的省域服务"漫游"；福建省政府与中国联通签订"数字中国"战略合作框架协议，支持数字经济相关重点领域和项目，聚焦数字平台运营、产品研发、核心人才培养，不断优化服务业企业数字化转型的营商环境。省内省外各方面的政策支持给予了福建省文化产业发展的动力。

3. "21 世纪海上丝绸之路"赋予福建省对外开放的优势

在建设"21 世纪海上丝绸之路"的背景下，积极倡导闽南文化内涵的升华与拓展，努力构建凸显闽南文化多元优势的价值传承体系，在实现闽南文化永续创新发展的同时，探究闽南文化助力福建与东盟国家互利共赢，对实现福建省文化产业的数字化转型具有十分重要的现实意义。

目前，世界正处于全球化与区域经济集团化的时代，各国都在积极寻求实现本国发展的新的机遇与空间。为了人类社会的进步与我国未来的发展，我国在借鉴古代"海上丝绸之路"的基础上，视开发海洋资源为促进人类社会发展的新方向，重新定义"海上丝绸之路"，赋予其"21世纪海上丝绸之路"新的内涵与特征："21世纪海上丝绸之路"指21世纪初期由我国倡议从中国发起的以海上贸易为中心，以港口为支点的面向世界共建的现代化海上合作通道，是国际区域合作机制安排下中国对外贸易关系的集中体现。福建作为"21世纪海上丝绸之路"的核心区，无论是在其中的定位，还是其所具有的地缘、人缘、文化交流与经贸往来上的优势，都有利于闽南文化价值的充分发挥。借助"21世纪海上丝绸之路"倡议的提出，福建文化产业的发展迎来了新一轮机遇。面对这一机遇，福建省举办了海上丝绸之路（泉州）国际艺术节、海上丝绸之路（福州）国际旅游节等国际性文化交流活动，并在菲律宾、马来西亚、澳大利亚、日本、阿根廷等国家建设了一批福建文化海外驿站，作为经贸合作发展的前沿平台，立足率先加深、拓宽福建与"21世纪海上丝绸之路"沿线国家（地区）在文化产业、贸易和投资等领域的合作，提高福建文化产业的建设速度，实现合作体制机制的创新与完善。"21世纪海上丝绸之路"将为福建文化产业的数字化转型提供更广阔的市场。

4. 众多优秀的传统文化提供了丰富的内容储备

闽南文化作为中华民族文化的组成部分，体现着中华民族特有的文化内涵、思维方式和精神气质；同时，作为一种区域文化，它也具有与自身地理环境相融合的区域文化色彩。比如福建莆田木雕是我国传统技艺，凭借其雕刻作品造型优美、技法精妙、气韵精致和丰富内涵等得到人们喜爱和追捧。莆田木雕艺人通过不断的探索，表现出高超的艺术技巧，使其木雕特色不同于其他地域，形成自身风格与艺术特色，同时也承载着莆田独特地域文化。在数字时代下，莆田木雕不能仅仅依靠雕刻技艺取胜，更需要考虑在数字化技术的支撑下，如何与数字技术更加紧密结合，将木雕文化与技艺更好地传承与创新。通过三重透雕、立体圆雕、精微细雕等高超技艺使得莆田木雕闻名于世，融实用与观赏价值于一体。为了让莆田传统技艺得到更好的技艺继承和产业拓展，可以在数字化时代的实践和探索中找到更多方向。现代化技艺产品在进行创作时，很多传统技艺产品已经往数字化方向迈进。比如融合3D 打印技术以及数字化 VR、AR 等技术进行传统技艺转化等。从发展的角度讲，这是中国传统文化和技艺在现代化进程中进行传承的必经之路。在当前时代背景下，提取莆田木雕独特的技艺精髓，合理运用数字化技术和互联网传播的途径，将莆田木雕技艺进行数字化创新，可以更大限度促进其技艺传承和创新发展。因此，在数字化时代下，探究传统技艺如何在新的机遇中焕发勃勃的生机，合理运用数字化技术为我们中华文化遗产留下宝贵的财富，这是非常至关重要的，也是我们传统技艺和文化传承借鉴开发的新方向。

除此之外，畲族传统服饰、福建南音、福建土楼等都是福建优秀传统文化的代表，这些福建省特有的艺术财富为文化产业的数字化提供了丰富的内容储备。

（二）福建省文化产业在数字化转型中的挑战

福建省文化产业的数字化转型在迎接诸多机遇的同时，也将面临很多体制机制方面的掣肘和挑战。

1. 文化产业的数字化转型管理体制缺乏顶层设计，可能面临与产业发展脱节的风险

数字化转型对于任何一个企业、一座城市甚至是一个国家的发展来说，都可以当作系统性的战略来对待，需要对其进行综合考虑和仔细分析，并且对于各个阶段的具体细节与方向都要进行科学、合理的规划与设计，以此来确保数字化建设能够长期、健康、稳定的发展与运行。数字化转型效果高低主要取决于数字技术与文化产业的耦合协调程度，如果本省文化产业上下游配套不足、缺乏有效的供应链系统、数字创意技术创新基础不够、创新设计单薄、数字内容国际竞争力不强、缺少龙头企业和品牌支撑、相关配套政策落实不到位，也将使得数字化转型效果大打折扣。

同时，缺乏数字文化产业管理体制的大文化概念，也容易导致监管机制有局限性，不能统筹规划。以网络交易为代表的数字经济普遍具有跨区域交易的特征，存在各领域相互融合的特点，而现有的政府治理体系在职能设置

上主要面向特定区域、特定领域，数字经济的发展给政府职能部门的监管带来巨大挑战。

目前我国文化规制主要依靠行政法规，如国务院有关广播电视、电影、出版、印刷业、营业性演出、娱乐场所、大型群众性活动安全、互联网上网服务营业场所、互联网信息服务等的管理条例、图书出版管理规定、电子出版物出版管理规定、互联网文化管理暂行规定、网络游戏管理暂行办法等规章。我国有关互联网管理的法律法规在数量上已形成一定的规模，但这些众多的法律法规却不能构成一个完整、系统、条理清楚的体系。各项法律法规条块分割，甚至相互冲突，不利于数字文化产业在一个统一的法律轨道上健康发展。由于缺乏对不同领域融合的理解，在应对跨媒介、跨行业、多对象、动态变化的数字文化产业规制的挑战时显得力不从心。

现如今，福建省文化产业的数字化转型处于起步阶段，仍缺乏合理的顶层设计，尚未形成统一规划、促进融合、规范方向、容错试错的科学发展规制，这是数字化转型的一大挑战。

2. 缺乏数字版权的保护机制

目前的版权制度需要协调好不同领域的版权保护机制，同时，还需要完善数字内容保护的具体实施细则，防止部分网络经营者利用避风港原则打擦边球。一些网络经营者的产品在源于网友提交的内容基础上进行分类加工，承担了内容提供商的角色，这种免费便捷的渠道在给网友带来便利的同时，触及了传统的版权所有者的权益。目前通过协会的方式提供了暂时性方案，但仍不够完善，与传统版权保护之间的协调仍将持续较长时间。

福建省现有的版权保护政策和方案，如《关于进一步加强版权保护和管理工作的意见》《福建省加快知识产权强省建设实施方案》《福建省强化产权保护的实施方案》等大多发端于书籍和影视作品等，所限定的各种权利也是从传统内容出发来界定的。但现在出现了很多源于网络、存在于网络、传播于网络的特殊权益，现阶段推出的福建数字图书馆建设中隐藏的数字版权问题就是一个很典型的例子，这些形式的权益都不是严格意义上的版权保护的对象。此外，目前也缺乏数字产权交易模式。

3. 数字文化消费的安全保障和权益保障还不够完善

数字文化消费者通过网络或者移动终端来完成选择、比较、交流和支付等步骤，会积累起大量的个人数据和隐私信息。但这些信息的管理和利用，缺乏必要的监管和规范，导致信息被非法利用、盗用，侵害知识产权、贩卖私人信息，形成各种各样的产业链和非法获利群体。而消费数字内容在维权方面也存在不少问题，如投诉成本过高、相关法律法规不够细化、难以得到司法救济等，从而抑制了数字内容的消费。

平台间数据争议纠纷不断，这些争议不仅直接关系到部分平台核心商业模式的合法性与合理性，更反映出平台模式下数据流动与数据保护的矛盾与冲突。平台企业责任亟待明确，比如电商平台应对网络售假行为负何种责任，至今没有清晰边界。各类事件时有发生，进一步引发了社会公众对平台社会责任的关注，平台企业如何权衡商业利益与公共利益的冲突成为必须面对的问题。平台垄断规制面临挑战，平台经济运行中出现"赢者通吃""一家独大"等现象，使得对平台垄断规制的呼声越来越高。在电商平台"二选一"、大数据"杀熟"等问题发生后，相关平台均遭到垄断质疑。如何认识和规制平台的"一家独大"现象已成为平台治理不可回避的问题。与此同时，数字技术的成熟度与伦理规范、研发成本、信息茧房、侵权行为和网络版权监管等问题也在不断涌现，加之文化科技人才缺失与文化科技管理制度创新滞后，都在催促文化产业政、产、学、研一体化网络体系完善，从而更好地促进文化产业数字化转型价值的最终实现。

面对以上问题，虽然福建省已经逐步采取了相应的解决措施，例如：福建联通构建了省内首个矛盾纠纷多元化解平台，为企业和政府提供"互联网＋多元化治理"新模式；省政府在"十三五"数字福建专项计划指出，要强化网络和信息安全运行管理，加强数字文化的安全监管等。但很明显，相应保障措施和制度还远不够健全，不能覆盖部分重要的安全问题，因此，在数字文化消费保障上福建省仍需要进一步的积极探索和完善。

4. 内容创意不足，缺乏有效的盈利模式

据《2020 年福建省知识产权发展与保护状况白皮书》显示，2020 年全省发明专利申请同比增长 16.88%，发明专利授权增长 14.36%，知识产权创造能力水平明显提升，但与此同时，产权创造在内容和质量上却仍存在较大的提升空间。一个具体的表现在于，在数字内容方面，数字文化内容供给存在"结构性短缺"。

当前福建省优质文化内容，尤其是原创、首播、独家、自制的创意文化产品和服务不足，远远落后于发达国家相应产业的发展水平。比如，在动漫影视方面，福建省动漫行业一直以来存在缺少优秀动漫 IP 的短板，具有独立知识产权和传统文化风格的文化产业产品也常常缺乏国内影响力，其中，较为优秀的 IP 动漫作品《三星堆荣耀觉醒》《土豆侠》等虽然在省内吸引了较多观众和资本，但却难以在全国范围引起进一步的关注。而相比之下，在动漫 IP 移动游戏领域，"七龙珠""火影忍者"等日本漫画 IP 改编的产品仍是市场主力。在对传统文化的创造性转化方面，虽然出现了《福建古村落》《海神妈祖》《闽南传奇秀》等优秀作品和"空中剧场"等新业态，但与业内优质转化水平相比仍有差距。在产业链塑造方面，福建省数字文化产业链条存在明显的薄弱环节，尤其是在技术创新和数字文化产品的重工业体系支撑上存在明显短板，一些数字文化创意由于缺乏技术和生产体系支撑而只能望洋兴叹或转移到海外完成制作。

在盈利性方面，目前福建省的数字文化产业尚未做到充分发挥网民的社会力量和宽松自由的社会媒体创意精神，缺乏原创性和文化软实力，很难产生有效的商业模式。新媒体的发展大多依靠资本投入快速扩张，在积累客户后开始寻找盈利模式。其主要收入都来自广告，但大量广告投放未必有益于提高公众对于新媒体的信赖程度。随时间推移，广告对客户的影响力正在下降，单纯依赖这个渠道，未来的盈利空间非常有限。

5. 不具备完备的数字生态环境，企业对数字化认知不深

数字生态环境包含的方面十分广泛，能够涉及企业管理的模式，同时还能涉及市场制度的规范、国家的标准、法律的法规等。数字化技术应用到文化产业当中去，不但对企业内部的工作流程进行了革新，同时对管理的模式也进行了优化，只有制定完备的数字生态环境，才能够防止市场出现混乱的状态，推进文化行业长期、稳定的运行。

数字化转型对于很多传统的文化企业来说是一个新概念，有相当一部分福建省内企业都处在数字化转型的盲区当中，并没有认识到自身发展的优势与特点，一味地只是去追求应用的完善程度，对于数字化转型所要求的"重视应用、轻视概念"理念选择轻视与忽略，最终造成企业的发展与现实产生分离的情况。虽然福建省政府通过出台《2021 年数字福建工作要点》等政策不断强调产业数字化转型和数字产业的聚集发展，但还有一些企业将数字化投资作为是一种多余的负担，在数字化如此发达的今天，企业的观念态度依旧是观望、停滞不前，严重影响着企业的发展。这也构成数字化发展的一

大阻碍。所以企业要认清企业当前所需，并以此作为目标，与企业的自身情况相结合，按照企业发展的步伐，逐渐落实数字化应用。

四、加快福建省文化产业数字化转型升级

近年来，线上文化产业的迅猛发展和产业优势显现出加快福建省文化产业数字化、网络化、智能化转型的必要性。因此为满足文化产业数字化转型升级的迫切需要，政府和企业应当从政策支持、法律规范、人才建设、优化供给和产业融合等多方面加快数字化进程，共同推动文化产业高质量发展。

（一）政府增强政策引导，加强数字基建并加大财政投入力度

政府主管部门应充分认识到文化产业数字化转型升级的必要性和迫切性，通过规划顶层设计、完善配套的法律法规、出台相关措施和组建执法机构，规范市场公平竞争，引导文化科技融合下产业的健康发展以及资源的合理配置。在此基础上，政府还需加强数字基础设施建设、加大财政投入力度，鼓励传统文化企业主动参与数字化转型的大潮流，减轻企业负担，为文化产业发展形成一个良好的外部环境，加快数字化转型的步伐。

第一，坚持规划先行，加快数字文化产业配套措施制定，完善市场监管体系建设。首先，需要立足福建省文化产业自身特点，制定数字文化产业的现阶段规划、短期规划以及长期规划，做好全省数字文化产业发展顶层设计、全面规划，明确发展目标和重点发展项目。其次，文化产业数字化转型发展需要相对宽松的政策环境，因此为推动数字文化产业的健康发展，政府应当设立机构部门扶持文化产业实现数字化转型，打通不同行业、不同地区间监管机构的信息交换路径，减少企业政策性遵从成本，积极探索形成共治、协同、健康的政策法制环境。当然，与此同时，政府部门还应当关注新型数字文化产业在"负面内容传播""盗用私人信息""知识产权侵权""产业垄断"等方面存在不正当竞争的新形式，基于宽松的政策大背景环境下，努力构建一个完整、系统、条理清楚的法律法规体系，重点保护数字文化产品、净化数字传播平台、保障数字消费安全，为推动文化生产要素的合理配

置提供完善的法律保障。

第二，加强数字基础设施建设。完善的数字基础设施是数字经济发展的基石，文化产业数字基础设施建设也是文化产业数字化的基础性工作，因此，依托"新基建"，加快文化产业数字基础设施建设，成为推动文化产业数字化转型的主要任务，其中重点是构建国家文化大数据服务和应用体系、发展超高清视频产业与创新技术引领的超高清美学、推动智慧文旅设备及其应用的开发。结合福建省实际情况，具体应优化提升宽带、5G、工业互联网等网络基础设施、统筹布局算力基础设施、健全完善统一的网络安全基础设施，以及加快建设融合基础设施，推动传统基础设施数字化智能升级。然而，数字基建对技术水平要求较高，所需资金投入规模较大，而政府投入相比而言较为有限，效率不高。因此可以以市场机制为主导，建立多元化投融资模式，吸引社会资本参与，形成市场化运作模式，充分调动多方投资的积极性，以吸收更多的资本投入与数字文化产业发展相关的数字基础设施重点领域，加快数字基建的进程。

第三，利用市场竞争机制推动文化企业数字化转型。福建省拥有厦门自贸片区"国家文化出口基地"优势，因此可以利用基地的辐射效应和外溢效应，彰显福建省文化产业的发展潜力和有利市场环境，搭建市场、资金、人才、技术等共享平台，吸引更多国内外优质文化数字型企业，为本地文化企业的数字化发展引入外生竞争动力，形成竞相发展的格局，促使企业加速转型升级。

第四，加大政府扶植力度。为鼓励传统文化产业主动参与数字化转型的潮流，政府应注重落实对文化企业和产业数字化转型的各项扶持优惠政策，发挥财政资金的杠杆作用，缓解中小型文创企业的融资压力，为其顺利进行数字化转型解决后顾之忧；管好用好省级文化产业发展专项资金和投资基金，支持福建省文化产业重点项目和龙头文化企业建设，培育具有较强市场竞争力的闽南骨干文化企业，引导带动社会资本参与文化产业数字化发展。

（二）加强数字化文化产业人才队伍建设

新型文化业态作为智力密集型行业，自带强创意性和高科技性，这一属性决定了在其发展过程中人才是最为关键的因素。鉴于此，应从以下几个方面着力供给适应新发展阶段的数字文化产业人力资源。

第一，完善数字人才教育体系，制定数字人才战略。依托国家文化人才培训基地和相关专业院校机构建设数字文化产业创新和高技能人才队伍，积极引导我省高等院校加快建设文化产业重点专业和学科，培养一批兼具文化内涵、技术水准和创新能力的数字文化产业复合型人才；鼓励高校和企业创新合作模式，共建实训基地；将数字文化人才列入全省紧缺急需人才引进指导目录，探索制定个性化、差异化、多样化的高精尖数字人才引进政策，在人才落户、子女教育、就医看病、交通出行等方面建立阶梯式支持机制；实施招才引智工程，通过国际交流、境外合作、企业招聘等方式针对性地引进高层次数字人才，投身数字化文化产业和文创产业，支撑文化产业数字化转型升级。

第二，优化提升数字人才培训体系。通过数字化转型培训内容创新，模式创新，做好专业人才的业务培训，为不断更新其知识储备提供便捷的途径，提升数字化人才素养；提升党政领导干部、公务人员信息化意识和水平，加大企业家、创业者群体信息化知识、能力教育培训力度；此外，还需提供一个文化企业、数字化企业和培训院校机构三方能顺畅沟通的平台，使各方能更加了解并满足彼此的需求，突出导向管理、思维创新和实务培养，更高效地对数字型文创人才进行培训和知识更新。

第三，完善激励机制，营造良好的数字人才发展环境。深化数字经济领域国有企业人才管理体制机制和薪酬体系改革，创新激励机制，在资金支持、职称评审等方面制定激励措施，调动各类人才的积极性和创造性，探索建立以知识产权、技术要素等参与分配的新路径，营造创新、开放的数字人才发展环境。

（三）供给端提质扩容，优化消费体验

文化产业的数字化转型离不开人们对文化产品消费习惯的改变，因此提高数字文化产品的便利性和体验感，加速产业互联网与消费互联网的融合将成为实现产业模式升级的重要力量。

第一，文化企业要借助数字技术对目标消费群体的消费偏好进行精准分析，进而结合现有数字文化资源有目标地进行文化产品开发，发展个性化定

制，推进服务型产业数字化，充分调动民众的社会力量，让文化消费者成为数字文化产品的重要参与者，进而更好地优化其消费体验。与此同时还应通过应用数字技术和网络技术拓展产品功能，提高产品技术含量、附加值和竞争力。

第二，传统文化产业要注重数字文化技术标准的研发、创新和应用转化。利用现代科学技术改造提升传统制作工艺，注重特色文化产业的工业设计，推动设计与品牌、设计与科技、设计与文化相融合，生产具有独特文化创意的产品。在产业链塑造上，加强技术创新与数字文化产品的重工业体系支撑，注重创意文化产品和服务的供给，发挥原创性和文化软实力，形成有效盈利的商业模式。而面对传统文化产业数字化转型普遍遇到的技术门槛高、投入筹资难、收益周期长三个难题，则可以通过加快推进智能制造，深入实施"上云用数赋智"行动，推行普惠型的云服务支持，来降低转型的运营成本和进入门槛。

第三，结合福建省独特优势，以数字化推动文化和旅游融合发展，提升文旅产品的供给质量。深入推进"互联网＋"，扩大高品质数字文旅产品供给，加快布局 AI、VR/AR、人工智能、全息投影等技术在旅游行业的应用，借助新技术丰富旅游场景，提升游客体验；打造具有辨识度的超级 IP，以优秀 IP 赋能线上线下融合，实现线上为线下导客聚客引流功能，吸引游客实地参观游览，线上通过 IP 版权交易与影视、游戏、动漫等产业深度融合，线下打造 IP 植入与科技赋能的沉浸式主题公园，让游客感受虚幻实境的魅力；促进数字文化与社交电商、网络直播、短视频等在线经济结合，发展旅游直播、旅游带货等线上内容产生新模式。

（四）聚焦融合发展，培育文化产业新业态

在文化产业数字化转型中，广泛融合创新逐渐成为重要驱动力，因此应把加快文化产业跨界融合发展作为目标，整合文化产业各环节，培育文化旅游、文化娱乐等新业态，用跨界应用释放文化产业的社会价值，打造福建省文化符号。

第一，促进数字文化产业平台的搭建。随着产业链协同化效应得到增强，数字文化产业平台经济也吸引了广泛的市场主体协同参与到产业链大生

产中。平台经济有效推动了数字文化产业链上中下游、大中小企业融通和协同创新，提升了数字文化产业链企业的利润水平，成为实现我国产业结构调整的新动力。而"互联网＋"是传统产业利用互联网，解决原有业务中信息不对称问题的有效途径，是数字文化平台建设中主要的部分。因此可以通过借助互联网平台，创造新的商业模式，创建新的产业链，促成双方或多方供求之间的交流和交易，构建跨界文化产业链，加快推动文化与相关领域的融合，激发文化市场主体活力并推动产业持续创新。

第二，加快培育文化产业新业态。文化产业新业态是现代科技和商业模式运用于文化产业的结果，是对人才、资本、技术等要素的重新配置。从文化产业数字化发展轨迹来看，文化产业数字化转型升级的核心要素在于互联网等高新技术的推动。因此培育文化产业新业态需要将科技进步成果渗透到文化创作、生产、传播和消费的各个环节，利用互联网打通消费与生产、供应与制造、产品与服务的数据流和业务流，开展"互联网＋文化"与农业、教育、医疗、交通等产业的全方位融合发展，通过产业之间的深度融合延长文化产业的价值链、提高附加值。此外，政府公共部门应优化文化产业业态创新发展的制度环境，培育全链条变革的价值理念和市场竞争体系，破除产业垄断，催化文化产业新业态的蓬勃创新活力。

参考文献

［1］二十国集团数字经济发展与合作倡议［EB/OL］.（2016－09－29）［2017－02－28］. http：//www. cac. gov. cn/2016－09/29/c_1119648520. htm.

［2］范周. 数字经济变革中的文化产业创新与发展［J］. 深圳大学学报（人文社会科学版），2020，37（1）：50－56.

［3］耿映冬. 数字经济视域下区域文化产业发展新业态和对策研究——以云南省为例［J］. 商展经济，2020（7）：64－66.

［4］郝挺雷，黄永林. 论双循环新发展格局下的数字文化产业链现代化［J］. 江汉论坛，2021（4）：127－133.

［5］黄蕊，徐倩，李雪威. 文化产业数字化转型的演化博弈研究［J］. 财经理论与实践，2021，42（2）：125－133.

［6］刘珂辛. 数字经济视域下文化产业的创新发展［J］. 大众文艺，2020（14）：15－16.

［7］刘洋，吕少英，宋瑞，王威. "互联网＋"条件下文化产业新业态发展研究［J］. 文化产业，2021（12）：165－166.

［8］逄健，朱欣民．国外数字经济发展趋势与数字经济国家发展战略［J］．科技进步与对策，2013（8）：124－128．

［9］张帆．福建文化产业发展现状及前景［J］．福州党校学报，2019（1）：38－42．

［10］张庆波，于志永．数字经济变革中的文化产业创新与发展探究［J］．中国市场，2021（2）：186，189．

［11］中国信息通信研究院．中国数字经济发展白皮书（2021年）［R／OL］．［2021－04－26］．http：//www. caict. ac. cn/kxyj/qwfb/bps/202007/P020200703318256637020. pdf．

［12］朱静雯，姚俊羽．后疫情时代数字文化产业新业态探析［J］．出版广角，2021（3）：16－20．

［13］祝合良，王春娟．数字经济引领产业高质量发展：理论、机理与路径［J］．财经理论与实践，2020，41（5）：2－10．

［14］Tapscott D. The Digital Economy：Promise and Peril in the Age of Networked Intelligence［M］．New York：McGraw-Hill，1996. 17.

板块三　低碳经济

专题五 低碳经济发展与金融支持路径研究

——以福建省为例

一、绪 论

（一）研究背景和意义

1. 选题背景

21世纪以来，全球工业化进程不断加快，气候变暖问题正在日益引起世界范围内的广泛关注，气候危机给人类社会的经济发展带来了严峻挑战。众所周知，气候变暖除了受自然因素的影响外，还与人类活动密不可分，特别与煤炭、天然气等化石燃料燃烧所排放的大量温室气体密切相关。自工业革命以来，世界经济发展依赖的主要能源是煤炭、石油和天然气等"高碳能源"。传统的"高碳经济"虽然促进了经济快速增长，但也带来了资源枯竭、气候变暖等问题。如何转变这种传统的高能耗、高污染的经济增长方式，推进节能减排，推动新能源的使用，实现经济、社会、资源和环境和谐与可持续发展，成为世界各国发展中所面临的共同问题。

2003年，英国在《我们能源的未来：创建低碳经济》白皮书中首先提出了"低碳经济"概念。2007年6月，中国正式发布《中国应对气候变化国家方案》。2008年世界环境日确定其主题为"转变传统观念，推行低碳经济"。发展低碳经济，就是减少温室气体、粉尘等对环境有害物质的排放，提高能源使用效率。一直以来，我国的能源消费主要是以煤炭、石油、天然气等化石能源为主，改革开放之后能源消费需求不断攀升，能源消费总量增加了近五倍，根据我国的能源统计，煤炭在我国能源结构中的占比曾经达到了 80% 左右。国际能源署（IEA）2019 年发布的《全球煤炭市场报告（2018—2023）》显示，中国是全球煤炭市场的主要参与者，但中国经济正处于结构转型期，煤炭需求将逐渐下降。报告预测未来 5 年，煤炭对全球能源结构的贡献将从 27% 降至 25%。作为最大的发展中国家，虽然我国工业化、城镇化还在深入发展，但为了推进世界零碳排放进程、引领世界经济绿色复苏，2020 年我国正式提出了碳达峰和碳中和的战略目标，力争 2030 年前二氧化碳排放达到峰值，2060 年前实现碳中和。

由此可见，低碳经济作为现代经济倡导的发展方式，已经得到政策的大力支持。而传统的化石能源具有高耗能、高污染的特点，基于低碳经济发展理念，需要不断发展新能源和清洁能源技术，提高能源利用率、降低碳排放、转变经济增长方式和能源结构，减少温室气体的排放和对环境的污染。在此背景之下，金融服务扮演了非常关键的支持角色，通过有效发挥金融信贷的资金融通作用，有利于实现金融市场资金的高效配置，帮助各国由"高碳化"向"低碳化"转型。

2. 研究意义

（1）有利于丰富区域发展低碳经济理论研究的内涵。

在我国，低碳经济的发展模式已经深受重视，但目前还处于探索阶段，相关研究成果比较欠缺。学术界关于低碳经济的研究多集中在国家层面，如中国低碳经济发展的模式研究、中国经济低碳发展的途径与潜力分析、我国发展低碳经济的可能路径等，这些理论都是从宏观层面对政府引导、市场调节、技术推动等问题进行探讨。迄今为止，在区域发展低碳经济的理论与实证研究方面，相对成熟的研究成果并不多见。本文主要从福建省经济社会和资源环境的实际情况出发，分析福建省低碳经济的发展现状、存在问题以及相关的金融政策支持，在总结一些国家或地区低碳经济发展的典型经验基础之上，对福建省发展低碳经济的总体思路、发展途径提出一些可借鉴性的政策建议。同时，本文对区域低碳经济发展和金融支持的路径进行探索，希望为我国其他地区的低碳经济发展研究提供理论参考。

（2）对构建"绿色海西"具有重要的现实意义。

福建省的化石能源资源十分匮乏，煤、油、气多通过外省调入，因此能源需求对外依存度较大。目前福建省正处于工业化中期和加快向重化工业转型时期，能源消耗以煤为主，能源供求矛盾日益彰显，环境压力不断加大。对福建省低碳经济发展模式和金融支持路径相关的研究，有利于减少碳排放量、节约能源、提高能源利用效率，进而推动福建省产业结构调整和升级，促进福建省乃至海峡西岸经济区的低碳经济发展，推进海峡西岸经济区朝着绿色发展方向实现经济社会可持续发展。

（二）国内外研究文献综述

1. 国外研究现状

20 世纪 90 年代以后，美国经济学家格鲁斯曼等（1991）提出了"环境库兹涅茨曲线"的概念，认为环境质量和经济增长会呈现倒 U 型关系，即在经济发展初期，随着人均收入的增加，环境污染不断增大，到达某个临界点后，随着人均收入的进一步增加，人们的环境意识逐渐增强，环境污染会呈现出减轻的趋势。

2003 年英国政府发布能源白皮书《我们能源的未来：创建低碳经济》，最先提出低碳经济这个概念，所谓低碳经济就是通过更少的自然资源消耗和环境破坏，获得更多的经济产出。

目前关于低碳经济的内涵，比较认可的是认为低碳经济是一种正在逐步兴起的经济发展模式，也是未来经济发展的新趋势，其核心是在市场机制的基础上，通过制度创新和政策创新，推动提高能效技术、节能技术及温室气体减排技术的开发和运用，促进经济朝向高效能、低能耗和低碳排放的发展模式转变。

2006 年英国政府发布《气候变化的经济学：斯特恩报告》，报告对全球气候变化的经济影响做了定量评估，呼吁全球向低碳经济转型。报告提出的主要措施有：提高能源利用效率，对电力、煤炭等能源部门实现去碳化，建立强有力的价格机制，全球联合对去碳高新技术进行研发和部署等。

2007 年 2 ~ 11 月，联合国政府间气候变化专门委员会（IPCC）陆续发布了四次气候变化评估报告，从不同角度对全球气候变化的现状、原因、影响、减缓措施等方面进行了综合性评估。

加拿大国际可持续发展研究院前院长汉森（2007）在低碳经济和中国能源与环境政策研讨会上指出，中国发展低碳经济一是要把温室气体减排纳入低碳经济的思考当中,二是要考虑城市发展带来的影响和变化,三是要重视中国与整个国际社会的互动作用。

2. 国内研究现状

(1)低碳经济的含义。

国内众多学者对低碳经济的定义进行了深入研究,尽管说法没有达到统一,但核心内涵是如出一辙的,其中比较有代表性的是国内较早研究低碳经济的学者庄贵阳(2005),他认为低碳经济是指依靠技术创新和政策创新建立的一种较少排放温室气体的经济发展模式,低碳经济的实质是提高能源效率和发展清洁能源问题,核心是能源技术创新和制度创新。

付允(2008)认为:低碳经济是一种绿色经济发展模式,其基础是低能耗、低污染、低排放和高效能、高效率、高效益(三低三高),发展方向为低碳发展,发展方式是节能减排,发展方法是碳中和技术。

(2)发展低碳经济的必要性。

我国学者黄栋(2009)认为,中国发展低碳经济至少应出于以下考虑:一是从当前我国所处的发展阶段来看,工业化和城市化步伐的加快必然伴随着工业增长所带来的能源和资源消费大幅度增加;二是从国际政治的角度来看,中国作为负责任的大国,有责任承担起更多的温室气体减排义务;三是从产业发展的角度来看,以新能源和可再生能源为代表的低碳产业是一个新兴的具有巨大发展潜力的产业,吸引着中国不断向低碳经济、绿色经济发展转型。

国务院发展研究中心应对气候变化课题组(2009)认为,我国应尽早提出发展低碳经济问题,低碳指标应该作为我国制定"十二五"规划的引导型指标。理由有二:一是从我国目前经济发展和环境保护的趋势出发,发展低碳经济有其紧迫性和重要性。二是我国必须用先进理念引导发展,吸取发达国家经济发展的教训,避免走其"先污染、后治理"的老路。

崔大鹏(2008)认为,中国目前正处于工业化中期,环境库兹涅兹曲线处于上升阶段,环境污染、资源消耗和碳排放总量和增量都不容乐观,在2008年以后的二三十年内,环境压力仍会持续增大,人均二氧化碳排放量会日益接近世界平均水平,发展低碳经济刻不容缓。

冯之浚等(2009)认为,发展低碳经济既是出于我国转变经济发展方式、优化产业结构、提升能源使用效率、保护生态环境的需要,也是在当前国际金融背景下,出于提升经济发展水平、增强国际竞争力以及应对全球温室气体排放等问题上所面临的国际压力的需要。

（3）发展低碳经济的途径。

鲍健强等（2008）认为我国发展低碳经济主要有这样几种方法和途径：一是调整产业结构，大力发展低碳产业，限制高碳产业的发展；二是发展低碳工业，提高能源利用效率，减少温室气体排放；三是减少对化石能源的依赖，走低碳发展的新模式；四是建设低碳城市，发展低碳交通；五是增大植树造林的规模，加大对二氧化碳的吸收量。任卫峰（2008）认为我国低碳经济的发展要以大力推动环境金融建设为重点。政府在制定一系列与发展低碳经济相关的法律法规和政策标准时，应注重考虑金融方面的因素，积极推动适合中国国情的低碳金融产品逐步兴起和快速发展。王文军（2009）认为可以借鉴发达国家的经验，同时结合我国的现实发展状况加以调整，低碳经济在中国的发展和推广应当做好制度、法律、技术、教育四个方面的工作。一是制定激励政策，完善管理制度；二是完善法律法规，引导企业发展；三是重视技术研发，加强国际合作；四是增加教育宣传，引导公众参与。

（4）区域低碳经济发展。

刘立菁（2008）认为"海峡西岸经济区"最有希望成为全国率先构建低碳经济体系的地区，并提出构建海西经济区低碳经济的政策体系的初步建议。一是在战略上尽快抉择；二是尽快组织力量展开深入研究；三是大力发展低碳技术；四是突出重点领域先行试点示范，总结经验逐步推广；五是探索建立两岸低碳经济合作机制；倡导大众形成全社会绿色消费、绿色经营的理念，形成低碳的生活方式。

（5）低碳经济发展与金融支持路径。

张伟伟等（2012）认为金融支持低碳经济发展的路径主要是通过碳金融产品的创造、碳基金的成立以及碳市场的形成等来实现，表现在提供资金、降低交易成本、形成价格信号和优化资源配置等方面。韩阳和娄凌燕（2013）发现，金融支持黑龙江省低碳经济的发展主要是通过传统金融领域的绿色信贷和金融创新层面的碳金融工具创造来实现。李忠民和于庆岩（2014）发现，货币深化效应对二氧化碳排放具有显著的促进作用，信贷规模效应对二氧化碳排放的影响总体呈现正的促进作用。

（6）金融支持低碳经发展的建议。

徐莉（2010）认为政府应发挥作用，建立适当的激励机制鼓励金融机构参与低碳经济建设。武魏巍（2012）提出我国应该建立健全金融体系，以更好地支持低碳经济的发展，他建议从信贷、保险、资本等市场完善金融体系的建设。任勤（2012）认为，需要金融与财政共同配合来作用于低碳经济。张晓晨（2016）从政府和金融市场两个角度提出通过政府财政力量保障碳金融市场的建立、引入担保机构、吸引境外投资等方式扩大碳金融市场融资。施锦芳（2015）通过借鉴日本发展低碳经济的"3E＋S"经验，提出通过完善法律体系建设、改变居民生活模式、创新能源产业来推进我国低碳经济发展。胡洁（2016）以农村低碳经济发展为视角，探析了在农村发展低碳经济的方式，提出要通过规范信用保障体系、完善金融支持体系等方式来推进低碳经济在农村的发展。李凯（2017）分析了河南省金融在支持低碳经济发展过程中存在的问题，并从政策制定、责任落实、风险防范、信息沟通、业务开展五个方面提出了促进河南省金融支持低碳经济发展的对策建议。

二、理论基础

（一）相关概念界定

1. 低碳经济的概念

这些年来，国内众多学者对低碳经济概念进行界定，但目前尚未达成一致的说法。结合国内外学者的定义，本文认为：低碳经济是以低碳为核心，对低碳发展、低碳技术、低碳生产、低碳生活等一类经济形态的总称，主要是指在可持续发展理念指导下，通过技术创新、金融创新、产业转型、新能源开发等多种手段，尽可能地提高能源利用效率，减少煤炭、石油等高碳能源的消耗，降低温室气体排放，达到经济社会发展与生态环境保护双赢的一种经济发展形态。低碳经济的实质是提高能源使用效率和发展新能源，根本是能源、技术与制度创新，基础是低能耗、低污染、低排放，目标是减缓气候变化和促进人类社会的可持续发展。

2. 低碳经济的内涵

低碳经济包括很多方面的低碳化。首先是生产的低碳化，企业在物质资料生产过程中注重引进低碳技术，自觉进行清洁生产，从源头上削减废物的产生量，促进能源、资源使用的减量化、无害化，生产低碳产品。同时，在生产中还要尽可能地利用新能源和可再生能源替代不可再生的化石能源，如利用太阳能、风能等清洁能源以实现生产的低碳化。其次是流通的低碳化，通过完善立体交通网络体系，大力发展现代物流，积极发展推广使用新能源汽车和电气轨道交通；加快发展现代金融服务业；推进电子商务和电子政务的开展，高效率的配置生产要素。再其次是分配的低碳化，政府通过财政、税收、转移支付等手段对低污染、低排放、高附加值的低碳产业进行倾斜和优惠，而对传统的高污染、高能耗、低附加值的产业加以限制，从而实现产业结构转型。最后是消费的低碳化，主张节约型消费和低耗型消费，同时对消费过程产生的废物进行无害处理和资源化利用，以减少消费环节对环境的污染，注重能源、资源节约和保护环境，并通过消费的低碳化引导生产的低碳化。

（二）低碳经济发展的相关理论

1. 循环经济理论

循环经济理论最早追溯于 1960 年美国经济学家波尔丁提出的宇宙飞船理论，他认为唯一可以延长地球这艘宇宙飞船寿命的方法就是对资源循环利用，改变人类社会的经济增长方式，从消耗型转变为循环利用型。20 世纪 90 年代，循环经济从一种理念逐渐成为国际社会的发展趋势，人们开始意识到应该采用循环利用的方法处理废弃物。自此之后，循环经济被世界多数国家作为实现可持续发展的重要方式。与传统经济相比，循环经济的不同之处在于：循环经济倡导的是经济活动的反馈式发展，即"资源—产品—再生资源"，强调经济与环境的和谐发展。

2. 可持续发展理论

1987 年，世界环境委员会在《我们共同的未来》中第一次阐释了可持续发展的概念，并以此为纲领，全面研讨了世界经济发展与环境保护存在的问题，提出了解决问题的具体行动建议。报告中提出三个观点，一是发展危机、环境危机、能源危机紧密相连；二是地球有限的资源远不能满足人类社会发展的需要；三是出于长久发展的考虑必须改变当前的发展方式。自此，可持续发展的思想正式作为一种理论被人们认知。可持续发展理论强调三个基本原则，分别是公平性、持续性、共同性原则。公平性原则在选择环境资源的权利方面强调本代人之间的公平、代际间的公平和资源分配与利用的公平，要求当代人在消耗自然资源的同时，也要为后代人的发展考虑。持续性原则，强调人类应合理开发利用自然资源、在可持续的前提下确定资源消耗标准，对于可再生资源要保持其可再生能力、对于不可再生资源，要尽可能合理利用并且寻找可替代资源作为补充；共同性原则强调，各国人民生活在同一个地球上，共同发展、相互依存，要实现可持续发展，全球人民必须共同努力。可持续发展理论并不否认经济增长，而是要求在地球资源可承载能力的基础上，全面协调地发展经济。

（三）金融支持低碳经济发展的相关理论

1. 环境库兹涅茨理论

环境的库兹涅茨曲线（ECK）是由"库兹涅茨曲线"演化而来的，1991年，普林斯顿大学的经济学家克鲁格和格罗斯曼研究表明，环境污染随人均收入的增长先上升后下降，并于1995年首次将这种经济增长与环境污染之间的关系称作环境库兹涅茨曲线，即环境污染与经济增长之间呈现倒U型关系，即环境污染随着经济增长先增加后减少。克鲁格和格罗斯曼认为，经济增长通过三个效应影响环境：一是经济增长的规模效应，随着经济增长，物质生产逐渐增多，生产要素投入增加，自然资源消耗增加，产出增多，污染物排放增多；二是技术效应，随着收入水平的提高，人类生产技术也会不断提高，更先进的技术有利于提高社会生产效率，同时可以更多地开发和使用清洁技术，减少污染物的排放；三是结构效应，随着经济水平的提高，人类社会的产业结构会不断向知识密集型以及服务型等低碳化产业转变，进而使单位产出的碳排放减少，促进环境质量提高。

2. 金融发展理论

金融发展理论研究的是金融发展与经济增长关系的理论，研究如何有效利用金融市场、金融工具等促进经济社会的可持续发展。其中，耶鲁大学的经济学家帕特里克认为，金融与经济增长的关系分为两个阶段。第一阶段是在经济发展初期，金融引导经济发展；第二阶段是在经济较发达时，金融适应经济发展。之后，围绕金融与经济发展之间的关系又形成了一系列观点，代表性理论有金融结构论、金融深化论、金融约束论等。其中金融结构论认为一国的金融规模、金融结构与该国的经济发展水平密切相关，实行金融改革、促进金融深化、解除金融抑制是一国经济发展的关键；并且应通过政府的一系列管制，使贷款利率保持较低的正实际利率。后续学者的研究也表明金融发展是经济增长的原因之一，也是低碳经济发展的重要因素之一，金融可以促进低碳经济的发展并为之提供支持服务，低碳经济的发展可以为金融发展开辟新业务，因此金融发展理论是金融支持低碳经济发展的重要理论之一。

（四）金融支持低碳经济发展的机理分析

1. 金融支持低碳经济发展的动因分析

（1）低碳经济发展将促进金融机构业务创新，获得新的利润增长点。

追逐利润是金融机构的重要目标。金融机构在追逐利润时，除了要扩大市场份额外，更要抓住新的市场机会。低碳经济是一种以技术创新、新能源开发、产业转型、制度创新等一系列方法为手段的新型经济发展模式，其发展必然会带动社会经济转型，引起社会生产、生活方式的大变革。由此也会带来新的金融需求，给金融业带来新的获利机会，促进金融业不断开发新金融工具、满足新的市场需求。金融机构在开发新的金融工具、提供金融服务的同时，将会获得新的利润增长点，促进自身业务发展。

（2）支持低碳经济发展是金融业可持续发展的必然选择。

从长远来讲，金融的发展需要以经济发展为依托，发展低碳经济能够使经济健康可持续发展，进入良性的发展轨道。经济产业结构的优化往往能带动金融资源整合，提高资金的配置和运用效率，促进金融业的繁荣和稳定发展。由此可见，支持低碳经济的发展，不仅仅是金融机构出于道德约束的要求，更是实现自身可持续发展的必然选择。

2. 金融支持低碳经济发展的作用机制分析

（1）金融通过作用于企业生产行为影响低碳经济发展。

金融可以提供资金的来源保障，促使企业在生产过程中主动进行防污治理，选择低碳化生产方式，降低生产过程中的碳排放。在利润的驱动之下，企业不会在节能减排投入太多的资金成本，但由于很难将污染造成的损失量化，导致现实生活中许多环境污染的处罚与企业污染给社会造成的实际损失不符，并且行政处罚力度往往小于企业获得的收益。因此，许多企业仍置之不理，继续其高碳化的生产方式，由此导致环境污染问题得不到有效解决。而金融手段可以更直接地抑制企业污染行为。金融机构可以将环境风险作为考察条件，通过信贷、债券、股票等手段使企业提高对环保的重视程度，主动转变生产方式。例如，将企业生产的环境风险纳入融资考察条件，对于生产污染严重的企业不予贷款，对于达不到环保要求的企业不予批准上市等，以促进企业在生产经营过程中更加注重降低生产过程中的碳排放，从源头上防治企业生产污染行为，促进低碳经济发展。

（2）金融通过引导公众消费行为为影响低碳经济发展。

金融可以引导公众消费行为、改变公众的消费观念、刺激低碳产品的市场需求，进而提升企业研发低碳产品的积极性，影响低碳经济发展。例如，建筑领域的二氧化碳排放量巨大，几乎占到二氧化碳排放总量的50%，如果引导企业在建筑材料开发过程中以及在施工建造中更多地使用清洁原料，减少化石能源的使用，提高能效，将会大大提高低碳经济发展的进程。金融可以通过引导居民房屋购买行为进而影响企业的生产行为。银行可以对购买符合低碳建筑标准房屋的消费者提供优惠贷款利率，降低其购买成本，引导居民主动购买低碳建筑。房地产开发商为满足公众需求，将会更多地开发低碳建筑，采用低碳原料，最终达到保护环境、促进低碳经济发展的效果。

（3）金融可以通过碳交易市场作用于低碳经济的发展。

首先，金融是当前碳交易市场最主要的媒介。一方面，金融为碳交易市场提供了多种交易手段和避险工具，如碳期货、碳期权等，使买卖双方能够更为灵活和方便地进行交易，有利于碳交易的发生与推广；另一方面，作为资金融通的核心，金融机构可以利用自身已有的平台和广泛的客户基础担当中介机构，为交易各方牵线搭桥、提供高效的信息、提供代理服务，提高市场透明度，为碳交易的进行创造有利条件。

其次，金融可以为碳交易项目提供有力的资金支持。一方面，金融机构可以为交易各方提供资金融通服务，扩大交易者的杠杆能力，为碳交易市场注入资金，增加市场流动性；另一方面，金融机构自身也可以直接投资于碳交易产品，从而有利于碳金融市场容量的扩大，提升市场活力。

最后，金融可以实现社会资源的优化配置，推动全球范围内低碳经济的发展。

3. 金融支持低碳经济发展的主要方式

当前围绕环境保护的金融产品正不断丰富，不仅有帮助低碳产业融资的金融产品，如绿色信贷、绿色债券、绿色基金等融资工具，也有帮助企业进行环境风险管理的绿色金融产品，如碳排放权等，还有帮助企业事后转移环境风险的金融产品如绿色保险等。

绿色信贷是指银行在进行贷款项目审核时，将环境检测标准、生态保护效果等作为信贷审核标准，为环境友好型企业提供贷款优惠。绿色信贷是促进企业节能减排和发展低碳经济的重要手段。绿色债券是指企业或者政府为发展低碳项目筹集资金而发行的、承诺按照约定方式进行还本付息的债权债务凭证，是服务于绿色产业的融资工具。绿色基金是指为促进绿色项目开展而设立的基金，通过其资本集聚与投资放大功能来为低碳产业进行融资的一种金融工具。

三、福建省低碳经济发展的现状与金融支持路径研究

（一）福建省低碳经济发展的现状

福建省目前处于城市化、工业化快速发展阶段，其主要特征是经济增速快、能源需求增速快和能源结构以化石能源为主，依据福建省 2010～2019 年相关经济数据（见表 1、表 2、图 1～图 3），其能源消费平均每年以 10% 的速度增长，这直接导致了二氧化碳排放量的增加。

表 1   福建省 2010～2019 年相关经济数据

年份	生产总值（亿元）	人均生产总值（元）	生活能源消费量合计（万吨标准煤）	平均每天能源消费量（万吨标准煤）
2010	14737.12	40025	1015.62	17.76
2011	17917.70	48341	1088.21	21.89
2012	20190.73	54073	1157.69	21.01
2013	22503.84	59835	1224.10	22.13
2014	24942.07	65810	1306.86	22.46
2015	26819.46	70162	1324.57	20.99

续表

年份	生产总值 （亿元）	人均生产总值 （元）	生活能源消费量 合计（万吨标准煤）	平均每天能源消费量 （万吨标准煤）
2016	29609.43	76778	1440.42	18.70
2017	33842.44	86943	1558.37	20.67
2018	38687.77	98542	1620.92	23.45
2019	42395.00	107139	1695.34	23.89

资料来源：《福建统计年鉴 2020》。

表 2　　　　　　　　　　　福建省生活能源消费量

年份	合计 （万吨标准煤）	煤炭 （万吨）	汽油 （万吨）	柴油 （万吨）	天然气 （亿立方米）	液化石油气 （万吨）	电力 （亿千瓦小时）
2010	1015.62	106.90	67.52	9.93	0.77	45.24	238.88
2011	1088.21	89.00	68.60	10.50	0.94	50.78	266.09
2012	1157.69	83.00	70.00	10.77	0.96	50.38	289.86
2013	1224.10	54.95	84.50	10.89	1.18	50.37	311.19
2014	1306.86	31.30	89.77	11.20	1.25	45.30	345.03
2015	1324.57	30.10	93.80	13.30	1.43	47.90	344.96
2016	1440.42	26.86	99.80	14.29	1.55	47.60	381.12
2017	1558.37	24.00	104.30	15.40	1.90	47.15	419.70
2018	1620.92	23.00	108.20	16.10	2.06	46.98	439.67
2019	1695.34	21.35	113.40	17.50	2.33	44.11	464.12

资料来源：《福建统计年鉴 2020》。

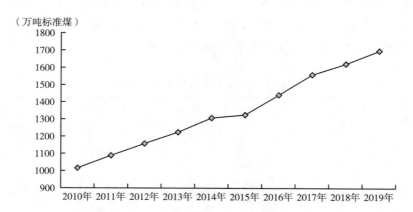

图 1　福建省 2010～2019 年生活能源消费量

资料来源：《福建统计年鉴 2020》。

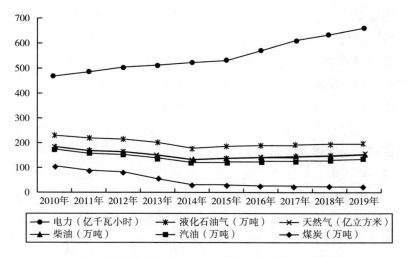

图 2　福建省 2010～2019 年主要生活能源消费量

资料来源：《福建统计年鉴 2020》。

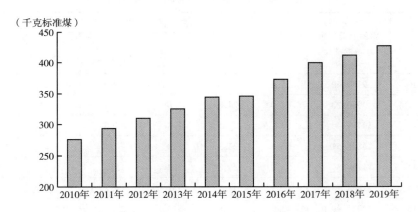

图 3　福建省 2010～2019 年人均生活能源消费量合计

资料来源：《福建统计年鉴 2020》。

1. 人均 GDP 逐年增加，能源消费也持续上升

如表 1 所示，福建省人均地区生产总值从 2010 年的 40025 元增长到 2019 年的 107139 元，经济生产总值持续快速增长，在经济高速增长的背后，其对化石能源的消费及温室气体的排放量也急剧增加，生活能源消费总量由 2010 年的 1015. 62 万吨增长到 2019 年的 1695. 34 万吨。进入"十二五"以后，福建省面临经济增长转型与资源环境保护博弈的新时期，如何进一步发

挥区位优势推进主体功能区建设，需要结合自身特点发展低碳经济，从而推动区域经济增长。

2. 能源结构有待进一步优化

能源结构指能源总生产量或总消费量中各类一次能源、二次能源的构成及其比例关系。由表3可知，福建省近几年来能源消费总量急剧增加，能源消费结构变化也有所改善，但仍然没有改变以煤炭为主、石油为辅的化石能源消费模式，而低碳及零碳的水电及核电所占比例有所提升但增幅较小。由于燃烧煤所产生的二氧化碳排放较其他燃料要高得多，福建省这种以煤为主要能源结构的消费模式，呈现出明显的"高碳"经济特征，给福建省低碳发展带来了严重的二氧化碳减排压力。进一步优化能源结构，提高低碳、零碳能源比例及能源利用率以减少碳排放量，对于福建省来说依然有很长的路要走。

表3　　　　　　　　福建省 2010~2019 年能源消费结构

年份	能源消费总量（万吨标准煤）	占能源消费的比重（%）					
		原煤	石油	天然气	一次电力及其他能源	水电	核电
2010	9189.42	55.4	24.8	4.2	15.6	15.2	
2011	9980.23	62.0	24.0	4.6	9.4	8.7	
2012	10479.44	57.1	23.5	4.8	14.6	13.7	
2013	10898.51	56.8	23.3	5.8	14.1	11.1	2.1
2014	11794.37	53.0	25.8	5.7	15.5	10.6	3.6
2015	11862.79	49.9	24.8	5.1	20.2	11.2	7.4
2016	12035.99	42.9	23.8	5.4	27.9	15.8	10.2
2017	12554.74	45.1	24.1	5.3	25.5	9.9	13.4
2018	13131.01	48.4	22.5	5.1	24.0	7.4	14.6
2019	13718.31	47.3	23.0	4.8	24.9	9.6	13.5

资料来源：《福建统计年鉴 2020》。

3. 产业结构有待升级

从福建省的产业结构来看，2019 年福建省三次产业所占比重分别为6%、49%、45%，历年第二产业占生产总值的比重始终在 50% 左右（见图 4）。数据表明，福建省的经济发展主要还是依靠第二产业尤其是工业来推动，工业作为高能耗产业，相较第三产业而言，对能源和资源的消耗量更大，对环境所造成的影响也更为严重。可见，福建省第二产业占主体地位的产业结构给低碳经济的发展带来较大挑战，产业结构有待进一步升级和优化。

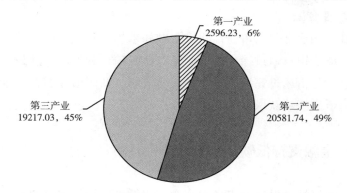

图4　福建省2019年三大产业生产总值及占比

资料来源：《福建统计年鉴2020》。

（二）从政府与市场的关系看金融支持低碳经济发展的一般路径

从政府与市场的关系看，金融支持低碳经济发展主要分为两条路径：即政策性金融支持和市场性金融支持。从支持的主体看，也分为两类，即政府（国家金融主管部门，如央行）主体和市场主体（商业金融机构和金融市场）。国家金融主管部门主要功能是完善低碳金融制度，引导金融机构和金融市场支持低碳经济发展。金融机构则主要创新低碳金融产品，执行低碳金融制度。支持低碳经济发展的金融市场主要包括：低碳资本市场、碳基金市场、碳交易市场。

1. 政策性金融

政策性金融支持通常包括政策性间接金融和政策性直接金融。政策性间接金融的主要支持途径是借助低碳金融政策和相关低碳产业政策，引导政策性银行和商业银行对低碳项目的资金支持。政策性银行不以营利为目标，主要是在政府相关政策的指导下对低碳项目给予资金支持。商业金融机构则是以利润最大化为经营目标，其在低碳经济发展的初期阶段需要政府通过补偿和激励机制的干预，才会有意愿对低碳项目进行融资支持。政策性直接金融主要通过设立风险投资机制、组建政策性担保机构及政府设立股票发行倾向机制等方式来为低碳经济直接融资，政策性金融的主要功能在于对市场性金融的引导和杠杆作用。

2. 市场性金融

市场性金融通常包括市场性间接金融和市场性直接金融。市场性间接金融主要是指商业银行通过绿色信贷业务对低碳项目和低碳企业进行支持。市场性直接金融是指通过完善资本市场交易机制、低碳债券股票和碳交易市场三种途径为低碳经济获取金融支持。

（三）金融支持低碳经济发展的工具路径

无论是政策性金融还是市场性金融支持低碳经济发展都离不开对金融工具的具体运用，所以要积极开发为低碳经济服务的金融工具。目前，低碳金融产品主要有三大类。

1. 绿色信贷

绿色信贷主要通过两种具体方式支持低碳经济的发展：一是通过创新绿色信贷产品支持低碳经济发展。针对低碳技术、低碳交通、低碳建筑、低碳消费等不同领域，银行通过创新绿色信贷产品满足这些领域低碳发展需要。二是采取绿色贷款政策措施支持低碳经济发展。国家通过政策法规形成对金融信贷资金的强制约束，明确信贷资金的具体流向，促使金融承担起在环境气候方面的社会责任。同时健全绿色信贷的担保和风险管控机制，有效化解绿色低碳信贷的高风险问题。再者，实施绿色信贷的财政补贴政策，使金融机构在实现环保气候防治的社会责任的同时，实现其利润最大化的经营目标。

2. 碳基金

碳基金是目前金融支持低碳发展的金融创新产品中非常有效的一种。按其发起主体不同主要有三类：世界经济组织碳基金、政府碳基金和企业碳基金。世界经济组织设立碳基金旨在促进节能减排技术的发展，培育"京都机制"下碳市场的形成和发展，最终形成低碳交易框架和实现《京都议定书》设定的减排目标。政府设立碳基金的目的在于履约。企业投资的碳基金目的主要在于盈利。三种类型碳基金的最终目标相同，虽然运作的具体模式存在较大差别，但总体上看都实现了节能减排的良好效果，特别是碳基金通过选拔最有减排效益的项目，实现了碳基金资源的最优配置，促进了低碳经济的发展。

3. 碳金融

碳金融是环境金融、绿色金融发展的最新方向，其核心目标是金融支持低碳经济发展和通过市场力量限制温室气体排放。碳金融工具主要有三种类型：第一种为基础碳金融工具。在京都机制下排放权份额交易使碳减排量具有了流动性和收益性，碳排放权成为原生交易产品，这为碳金融衍生工具提供了可能，同时也进一步促进了低碳技术的创新、开发和应用。第二种为碳金融衍生工具。碳远期、碳期货和碳期权都是典型的碳金融衍生工具。通过对这些衍生工具进行组合运用，可以有效降低碳交易企业的碳资产管理风险，进而实现碳资产的套期保值。第三种为碳金融保险工具。碳金融保险工具能够为碳交易的买方提供保险，这会大大降低清洁发展机制（CDM）项目开发的风险，促进低碳项目的开发。

（四）金融支持低碳经济发展的产业路径

发展低碳经济的核心内容是产业低碳化。因此金融支持低碳经济的发展的产业主要有：低碳能源产业、低碳技术产业、新兴低碳产业、传统产业低碳化升级改造等。低碳工业化与传统工业化的建立机制发生了根本变化，传统工业化的技术路线依赖于自然资源禀赋最多的资源，企业经营目标是利润最大化，追求的是内部效率最高；而低碳工业化则以绿色、环保、低碳为制约，重新设计度量工业技术和效率。低碳工业化过程的低碳能源产业、低碳技术产业、新兴低碳产业的发展技术难度大、技术周期长、科技含量高、资本需求巨大、环保要求高，这些特点决定了低碳产业体系需要以大的资本体系、大的市场体系、大的技术体系、大的企业体制、大的交通运输体系、大的物流体系为支撑。低碳产业的支撑体系中最基础的是大资本体系。金融是现代市场经济的核心。金融支持低碳经济发展，不仅体现在支持低碳产业发展方面，而且还体现在金融支持低碳产业发展的资本体系、市场体系、技术体系、企业体系、交通物流体系等支撑环境的建设方面。

（五）金融支持低碳经济发展的新型城镇化路径

新一轮经济发展方式转变呈现出新的特点，即从以工业化推动为重心转变到以新型城镇化拉动为重心。以传统工业化为基础的城镇化典型特征是外部不经济的工业技术路线和内部效率最高的经营目标；而以低碳工业化为基础推进的新型城镇化则必须要按照绿色环保的制约来重新度量和设计低碳工业技术和效率，以保障新型城镇化向绿色环保低碳的方向发展。金融支持低碳发展需要把握好这一总体格局的调整。我国新型城镇化道路规模大、速度快、进程长，面临土地、能源、水资源、环境、气候等诸多挑战，而这些挑战最终受制于碳预算的刚性约束。将生态文明理念和原则融入城镇化进程，碳预算约束不仅带来巨大的原材料、劳动力、消费品等市场需求机遇，构成经济增长的巨大动力源，更重要的是它还关乎国家能源安全和对全球生态安全气候防治的贡献。这些新的经济增长源为金融服务于低碳经济发展提供了巨大的商机和动力。提升城镇化品质，转变生产、生活、消费方式，循环、绿色和低碳是必然选择。金融支持低碳新型城镇化路径主要表现在四个方面：金融支持低碳交通、金融支持低碳建筑、金融支持低碳城市、金融支持低碳消费。

（六）金融支持低碳经济发展的区域路径

金融支持低碳经济发展既有赖于政府运用金融手段、金融市场及金融产品的完善，也要考虑国家及东、中、西部区域协调发展。当前我国经济发展的地区间差距仍然较大，区域经济发展不平衡状况依然突出。为应对发展所面临巨大风险与挑战，国家东、中、西部大区经济发展的战略已经做出重大调整，新一轮"西部大开发战略""中部崛起战略"等国家战略已经启动实施。在此背景下，特定区域低碳经济的发展必然要充分融合到国家开发战略中去寻找最佳的金融支持路径。由于各地区经济发展呈现明显的阶段性特征，因此，金融支持各地区低碳经济发展的重点方向也必然各异，需要选择相适应的具体的金融支持路径。

四、金融支持福建省低碳经济发展路径存在的不足及对策建议

（一）金融支持福建省低碳经济发展的现状

福建省在金融支持低碳经济的发展过程中，进行了积极、有益的尝试，也十分重视节能及相关工作。《福建省"十二五"规划总体思路》指出，"对节能减排的许多措施还不到位"。当前，福建省对低碳经济发展的支持注重碳交易工作，主要围绕 CDM 开展。

CDM 在福建省呈现健康发展态势，福建省是较早参与 CDM 的省份之一。目前已经建立了较广泛的合作关系。中国清洁发展机制网的数据显示，截至2017 年 8 月 31 日，福建省已获得核证减排量（CERs）签发的项目共 41 个，预计年减排量相当于 1397361 吨二氧化碳。按每吨减排量售价 9 美元估算，这些已签发的项目出售的减排量带来的收益已经超过 1250 万美元。通过CDM 项目的开发、建设和运行等，间接撬动的融资资金可达到 1 亿美元。此外，这些项目还促进了福建省与 CDM 相关的技术咨询行业的发展，培养了相关人才，提供了一定的就业机会，为建立国内碳排放交易市场做了前期准备。

此外，福建省在碳排放权交易试点的运行中也积极做出相应改革，福建省按照《国家生态文明试验区（福建）实施方案》的改革任务要求，始终坚持把控制温室气体排放、推动绿色低碳发展作为试验区的重要任务。2016年底，福建碳市场建成并启动交易，成为国内第八个试点区域碳市场之一，在已建成具有福建特色碳市场的基础上，福建省继续深化碳排放权交易试点，牢牢把握坚持将碳市场作为控制温室气体排放政策工具的工作定位，按照稳中求进的工作安排，于 2017 年 8 月 15 日完成 2017 年度碳市场履约清缴工作，履约率为 100%，碳排放权交易继续保持良好势头。

福建碳排放权交易市场自 2016 年 12 月 22 日开市以来，运行平稳。从省经济信息中心获悉，截至 2017 年 8 月 15 日，累计成交量 854.47 万吨，总成交金额 18206.65 万元。其中，福建碳配额（FJEA）成交 561.56 万吨，成交

金额 13584.68 万元；福建林业碳汇（FFCER）成交 141.19 万吨，成交金额 2074.44 万元；国家核证自愿减排量（CCER）成交 151.72 万吨，成交金额 2547.52 万元。从 2017 年碳市场交易情况看，福建林业碳汇（FFCER）核定减排量和交易量较上个履约周期均大幅增加，充分显示福建省碳市场机制对林业碳汇、可再生能源等领域的支持作用进一步增强。

（二）金融支持福建省低碳经济发展路径存在的不足

推进低碳经济发展的同时应该大力鼓励金融服务，政府应合理引导金融机构，促使其支持低碳经济的发展。福建省在发展低碳经济时，取得了一定的成绩，但仍然有较长的路要走，在金融支持低碳经济发展过程中依然存在许多不足和制约因素。

1. 金融机构参与热情不高

目前福建省商业性金融机构以银行为主体，且金融机构的业务对象主要是大中型企业与利润较高的行业，参与低碳经济的热情不高，很少主动开展低碳经济业务，这是由多方面原因导致的。首先，商业性金融机构也是企业，追求利润最大化是其主要目标。金融机构会更多地将资金投向回报率高的企业，较少考虑企业生产对环境的影响。由于当前福建许多低碳项目尚处于起步阶段，投资回报不确定性大、风险高、收益低，出于自身利益考虑，金融机构并不会将更多资金投资于这些项目。此外由于污染企业将污染的成本外化，其财务指标往往优于环保型和一般型企业，导致金融机构的资金就更容易流向这类企业。其次，由于全社会尚未形成共同参与绿色金融的文化氛围以及相关法律法规不健全等原因，造成居民本身对绿色产品也没有更多的消费意愿，导致相关绿色金融产品市场需求不足，金融机构参与热情自然不高。

2. 绿色金融产品不丰富，且利用率低

福建省当前正处于发展低碳经济的初期，对金融支持低碳经济发展尚处于尝试阶段，相关绿色金融产品还不够丰富且市场利用率低。主要表现为：支持低碳经济发展的金融产品数量少、规模较小。目前福建支持低碳经济发展的金融产品以绿色信贷为主，绿色保险、绿色债券、绿色基金虽然有，但是规模尚小且市场参与度不高。此外，当前许多低碳产品并不能有效满足市

场需求，市场对相关金融产品参与度低。

（三）金融支持福建省低碳经济发展路径的对策建议

1. 金融支持福建省低碳经济发展的一般路径相应对策

对于福建省在低碳经济发展的金融支持一般路径来说，有以下几点可以作为改进对策：

第一，从政府层面，福建省政府及金融主管部门应积极发挥宏观引导的作用，加大宣传，提升社会对低碳经济发展的认知度。政府可通过组织召开座谈会、电视讲座、组织专业人员培训班、散发宣传材料等多种形式，在全社会树立低碳理念，激发金融机构、企业参与低碳经济发展的积极性。另外，金融主管部门以人民银行企业征信系统为依托，建立企业碳排放和环境违法数据库，为金融机构授信提供参考依据，从而督促企业切实扭转重开发、轻节约，重外延发展、轻内涵发展，片面追求地区生产总值增长、忽视经济增长质量、忽视资源和环境的不良倾向。

第二，福建省应该紧跟国家经济发展趋势，顺应金融创新潮流，尽快把碳排放交易平台建立起来，服务于福建省低碳经济发展。福建省应借鉴国际主要碳交易市场，根据低碳经济发展的需要，探索建立区域性的碳交易中心，并进行完善，以此为支撑，逐步形成自己的定价机制，提升在国际碳交易市场上的定价权，有效保护国家和省内企业的利益。紧接着，完善碳交易市场功能。积极研究国际碳交易和定价的规律，借鉴国际上的碳交易机制，探索完善碳交易制度，帮助形成合理的交易价格，充分发挥价格杠杆配置环境容量资源的作用。最终，逐渐与国际碳交易市场接轨，建立与国际市场相一致的交易规则，培育具有从事国际碳交易能力的市场主体，积极推进人民币国际化进程，使人民币成为碳交易计价的主要结算货币。

第三，低碳金融具有政策性强、参与度高和涉及面广等特点，发展碳金融是个系统工程，政府需要制定一系列相关的政策、法规、标准和意见，鼓励银行、基金公司等金融机构努力提高自身的环境责任意识、积极捕捉低碳经济下的商业机会、主动参与低碳金融业务的开展、重点扶持低碳经济项目，推动福建低碳金融产品的逐步兴起和蓬勃发展。

2. 金融支持福建省低碳经济发展的工具路径相应对策

从三大类低碳金融产品来看，目前福建省的绿色低碳金融产品仍不是很丰富，对于绿色信贷、碳基金、碳金融这三类主要低碳金融产品，福建省可以从以下几方面改进：

第一，绿色信贷方面，强化日常管理，建立绿色信贷流程管理评估体系，采用双向反馈的方法，对金融服务实施全过程监测，及时采取有效措施予以纠正。简化信贷操作流程，建立专门的评审通道，提高"节能减排"项目的审批权限，按低碳产业的不同等级设定相应的风险贷款容忍度，并对所审批业务的风险情况进行跟踪评价。对重点县域以及低碳经济示范区内的低碳项目给予重点支持，开辟绿色通道。

第二，低碳金融创新是发展低碳经济的基础。福建省金融机构应进一步推广与碳排放权挂钩的理财产品，探索发行绿色债券、绿色基金，提供专业配套的风险规避、套期保值的产品，积极开展各种远期、期货、期权等碳金融衍生品的创新，配合碳交易市场的形成，捕捉越来越多的低碳经济机会，吸收相对稳定的中长期资金投入资金需求量大、综合效益较好的低碳经济项目中，在发展低碳经济的过程中实现金融业务模式的创新。

第三，福建省应重视人才效应，积极引进碳金融方面的专业人才，必要时可以不惜以优厚待遇吸引优秀人才，为本省争取更多的优质项目。与此同时，注重对现有人才的培训，督促和鼓励员工不断更新观念，提升业务水平，适应新时期、新形势下的业务要求。政府可以鼓励省内一些金融机构积极走出去，借鉴国际碳金融领域的先进经验，研发出有地方特色的低碳金融产品来降低交易成本、规避项目风险，支持地方企业的低碳发展模式，促进福建省低碳经济的整体发展。

3. 金融支持福建省低碳经济发展的产业路径相应对策

如前文所述，福建省的产业结构仍以第二产业的高碳消耗为主，因此，对于福建省在金融支持低碳经济发展的产业路径而言，政府要尽可能地扶持低碳企业，使更多资金流入与低碳经济相关的各个行业中去。同时，对低碳产业的发展应给予一定的信贷倾斜，重点关注新能源开发、节能改造等项目，大力支持新兴低碳产业的发展。一是依据福建省的低碳产业结构特点，研究低碳产业成长发展的内在规律，逐步提高信贷资源在低碳产业上的配置比重，为低碳产业的优化升级提供资金。二是按照福建省低碳产业的规划布局，根据不同区域的经济转型特点、产业结构调整等因素，在低碳经济发展方面给予差别化的金融服务。三是依据低碳产业各行业在政策导向、发展规划、环保政策与社会效益等方面的风险特征，确定总量控制线，明确重点支持和适度支持的产业信贷政策。

另外，福建省政府也需要加大对发展低碳经济的公共投入。近年来，福建省低碳财政支出不断增加，但是占财政支出的比重仍然偏低。政府支出是低碳经济发展资金的根本保证，福建省应加大财政资金对低碳发展的支持力度，并对低碳财政资金使用进行优化。具体来看：首先是优化政府财政支出结构，建立低碳经济发展专项基金，整合建立稳定的节能投入渠道，对新能源产业和第三产业等低碳产业加大财政的公共投入，引导扶持企业节能项目的展开，并加快推进产业结构调整；其次是鼓励低碳技术创新，增加节能技术研发的政府预算投入，对从事低碳技术研究、开发、投资和建设的企业进行补贴，同时加大对新能源产品的补贴，促进可再生能源的开发与利用；最后是加大财政对具有公共效应的财政项目的补贴，包括对节能环保工程建设的补贴支持，推进大型公共建筑和现有居住建筑的节能改造，支持节能产品的推广和使用，以及政府在公共交通领域推广和使用新能源汽车等。

4. 金融支持福建省低碳经济发展的新型城镇化路径相应对策

在发展低碳经济新型城镇化的金融支持路径方面，福建省应当提倡走低碳工业化之路，建设低碳城市；发展低碳农业，建设低碳农村。同时，福建旅游业是海峡西岸经济区建设的一大支撑产业，是新世纪福建经济社会发展的一大希望，因此也应该推行发展低碳旅游模式。

对于金融支持低碳交通、金融支持低碳建筑、金融支持低碳城市、金融支持低碳消费这四个方面，福建省的各大金融机构积极探索，比如：兴业银行厦门分行在绿色金融方面重点投向绿色交通运输、绿色建筑、水资源、可再生能源及清洁能源、垃圾处理及污染防治等关键领域，将"绿色银行"作为三大品牌名片之首。同时，福建省政府明确提出发展低碳经济、建设低碳生活方式的主张，政府对低碳消费的重视将是福建省金融支持低碳消费的最重要的推动力。此外，还需要完善政策制度的支持和保障，加强塑造低碳消费观念，提升低碳消费能力，提高低碳产品服务的供给能力。各大商业银行等应当建立开展绿色信贷业务的长效机制，对环境友好型、低碳技术创新型企业要加大信贷支持力度，对高污染、高耗能企业要限制信贷规模。保险机构应当大力宣传环境责任保险，提高企业的投保意识。

5. 金融支持福建省低碳经济发展的区域路径相应对策

从福建省总体的情况来看，生态基础好、经济发展速度较快，节能减排效果明显，新能源的开发潜力巨大，低碳经济发展的市场前景极为广阔。结合地区资源禀赋特点及经济发展阶段特点，金融支持福建省低碳经济发展的重点应是碳基金市场、碳金融市场、低碳技术领域。金融支持福建省低碳经济发展的重要目标是为福建低碳发展提供绿色资本和高新低碳技术支撑。

从福建省内部各区域来看，沿海地区具有丰富的风能、潮汐能和热能资源，但发展和利用程度不够。所以，要根据不同的自然地理条件、经济社会发展情况、生态系统类型、环境敏感性，遵循整体性、协调性、前瞻性、低碳性等原则，发挥不同地区的比较优势，建设不同的区域发展重点，形成优势集约、统筹协调的新格局。同时，加强区域金融联动，实现金融资源在更大范围的便利流动和优化配置。

综上所述，由于经济发展情况不同、具体金融环境差异等情况，金融支持低碳经济发展没有万能的路径可走，只能具体问题具体分析，根据实际情况从多维视角上找到适合不同地区的特殊路径。

五、结论与展望

（一）结论

低碳经济作为一种新型的经济发展模式，在发展的初期阶段，需要大量的资金支持。金融是现代经济的核心，是经济社会中资源配置的枢纽。如何更好地发挥金融在低碳经济发展过程中的作用，显得尤为重要。本文立足于福建省，主要介绍了当前福建省低碳经济发展现状以及金融支持低碳经济发展的路径，通过分析论证金融支持与低碳经济发展的关系，并以此为依据提出对策建议，得出结论如下：

首先，金融确实能影响低碳经济的发展，金融支持与低碳经济发展之间呈倒 U 型关系，在金融支持力度还较小时，其增加会使碳排放增加；当金融支持力度达到一定程度后，会使空气中的碳排放降低。其次，在政府干预下，金融机构的行为能更好地促进低碳经济的发展，因此要发挥政府对金融机构的宏观引导，促进金融机构支持低碳经济的稳定发展。最后，金融支持低碳经济发展是一项长远浩大的工程，需要建立健全的金融支持体系，充分发挥金融力量支持低碳经济。

（二）展望

福建省拥有自然的优势港口资源条件，但从能源开发利用方面来看，油气资源匮乏，煤炭品种和煤炭分布不合理，因此急需改变传统的能源结构，发展新的低碳经济模式，以低碳金融引导经济增长。在未来的经济发展阶段，应大力推进低碳金融业务，例如，为相关企业提供银行贷款，直接融资和参与碳交易市场，还包括金融机构转变自身经营模式实现运行过程中的碳减排。在发展低碳经济过程中，充分发挥政策性金融机构应有的作用，致力于为低碳经济发展提供有效的金融支持。

此外，还应该积极利用"一带一路"倡议、福建自贸区的发展优势，推动绿色金融的区域性国际交流与合作。借鉴学习国外环境评级、产品创新、风险控制等成功经验，充分利用 G20、ISO 等多边框架以及相关的双边合作机制，优化金融市场环境，吸引更多的国际绿色资本投入福建省的绿色金融资产中去，与国际接轨，在金融服务的支持之下实现福建省低碳经济的可持续发展。

参考文献

[1] 鲍健强，苗阳，陈锋. 低碳经济：人类经济发展方式的新变革 [J]. 中国工业经济，2008（4）：153 – 160.

[2] 付允，马永欢，刘怡君，等. 低碳经济的发展模式研究 [J]. 中国人口·资源与环境，2008（3）：14 – 19.

[3] 国务院发展研究中心应对气候变化课题组等. 当前发展低碳经济的重点与政策建议 [J]. 中国发展观察，2009（8）：13 – 15.

[4] 韩阳，娄凌燕. 金融支持黑龙江省低碳经济发展路径分析 [J]. 现代商贸工业，2013，25（4）：59 – 60.

[5] 韩阳，张伟伟，段金龙. 金融支持低碳经济发展的路径选择 [J]. 现代商业，

2012（33）：25-26.

[6] 胡洁. 探析低碳经济发展环境下农村经济与金融支持问题［J］. 农业经济问题，2016（5）：100-101.

[7] 黄栋，李怀霞. 论促进低碳经济发展的政府政策［J］. 中国行政管理，2009（5）6-10.

[8] 李凯. 金融支持与低碳经济发展——以河南为例［J］. 郑州航空工业管理学院学报，2017，35（6）：22-31.

[9] 李忠民，于庆岩. 金融支持低碳经济的路径研究［J］. 西部金融，2014（4）：16-19，27.

[10] 刘冰洁. 英美德低碳政策对我国发展低碳经济的启示［J］. 中国集体经济，2010（19）：193-194.

[11] 刘立菁. 低碳经济："海西先行"的战略新选择［J］. 发展研究，2008（10）：20-21.

[12] 任勤. 促进低碳经济发展的财税政策与金融支持的协同研究［J］. 理论与改革，2012（4）：37-39.

[13] 任卫峰. 低碳经济与环境金融创新［J］. 上海经济研究，2008（2）：38-42.

[14] 任玉军，李世书. 海西经济区发展低碳消费的实现路径研究——以福建省为例［J］. 发展研究，2012（11）：30-34.

[15] 如明. 发达国家温室气体减排策略［J］. 中国科技投资，2006（7）：38-39.

[16] 施锦芳. 日本的低碳经济实践及其对我国的启示［J］. 经济社会体制比较，2016（6）：142-145.

[17] 王保忠，何炼成，李忠民. 金融支持低碳经济发展的一般机理与多维路径研究［J］. 现代经济探讨，2013（12）：39-43.

[18] 王仕军. 低碳经济研究综述［J］. 开放导报，2009（5）：44-47.

[19] 王文军. 低碳经济：国外的经验启示与中国的发展［J］. 西北农林科技大学学报，2009（6）：73-77.

[20] 武魏巍. 以金融创新促进低碳经济发展［J］. 宏观经济管理，2012（9）：45-48.

[21] 徐莉，朱同斌，余红伟. 低碳经济发展激励机制研究［J］. 科技进步与对策，2010（22）：55-57.

[22] 姚晓芳. 福建省碳减排路径及能源新发展机制探讨［J］. 能源与环境，2021（2）：2-3.

[23] 张开阳. 低碳经济发展的金融支持研究［J］. 中国商论，2017（9）：35-38.

［24］张坤民，潘家华，崔大鹏．低碳发展论［M］．北京：中国环境科学出版社，2008.

［25］庄贵阳．中国经济低碳发展的途径与潜力分析［J］．国际技术经济研究，2005（3）：8 – 12.

［26］Global Energy Technology Strategy addressing climate change［M］．The Global Energy Technology Strategy Program（GTSP），2007（7）：30 – 35.

［27］Trade D O. Creating a low carbon economy-third annual report on the implementation of the Energy White Paper［M］. 2006.

［28］UK Department of Trade and Industry. Energy White Paper：Our Energy Future——Creating a Low Carbon Economy［M］. 2003.

专题六 金融支持低碳经济发展的影响机制研究

——基于福建省的经验分析

一、绪　论

（一）研究背景

21 世纪以来，全球温室效应呈现出愈演愈烈的态势。关于如何发展低碳经济引起全社会的广泛重视，《联合国气候变化框架条约》和《京都议定书》等协议的颁布表明全世界已经开始将对环境问题的关注付诸实际行动。作为针对气候变化采取的处理方案的关键一部分，低碳经济日益形成一种崭新的拓展模式，并成为当前政府以及理论界关注的热点问题。

中国目前正处于工业化和城镇化快速发展时期，能源消费处于持续增长阶段（见图 1）。作为《京都议定书》的缔约国之一，中国始终严格对待气候变暖问题，不断加强对低碳经济发展的投入，加快实现粗放经济向环保型经济发展的转变。2010 年 8 月，国家发改委发布《关于开展低碳省区和低碳城市试点工作的通知》，确定首先在 5 省 8 市开展低碳试点工作，显示出国家对节能减排、实现经济转型的重视程度，标志着中国经济将迈上低碳之路。

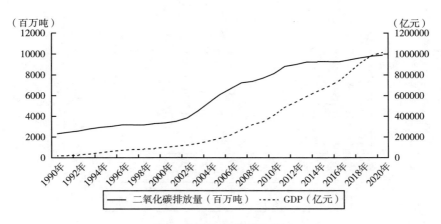

（百万吨）　　　　　　　　　　　　　　　　（亿元）

图 1　中国二氧化碳排放量

资料来源：国家统计局网站。

　　长期以来，中国积极推动构建人类命运共同体，高度重视气候变化给生态环境和人类社会带来的挑战和灾难，同时把应对气候变化作为经济社会发展的重大战略，把绿色低碳发展作为生态文明建设的重要内容，采取了一系列行动，提前完成碳减排的国际承诺，为应对全球气候变化做出了重要贡献。2009 年，中国向国际社会承诺到 2020 年单位 GDP 二氧化碳排放比 2005年下降 40% ~45%，非化石能源占一次能源消费比重达到 15% 左右①。2019年我国提前完成了这一任务，其中单位 GDP 二氧化碳排放比 2005 年下降了48.1%，非化石能源占一次能源消费比重达到了 15.3%②。

　　随着我国单位 GDP 二氧化碳排放量持续明显下降，碳中和路线已经浮出水面。2015 年我国向联合国提交的《强化应对气候变化行动——中国国家自主贡献》中，确定了碳减排的国家自主贡献目标，即二氧化碳排放 2030年左右达到峰值并争取尽早达峰，单位 GDP 二氧化碳排放比 2005 年下降60% ~65%，非化石能源占一次能源消费比重达到 20% 左右。在 2020 年 9月的联合国大会上，习近平主席再次郑重承诺，中国将提高国家自主贡献力度，力争 2030 年前二氧化碳排放达到峰值，并争取 2060 年实现碳中和③。

---

① 资料来源：2009 年 12 月 18 日温家宝总理在丹麦哥本哈根气候变化大会上的讲话。
② 资料来源：2020 年 12 月 21 日国务院新闻办公室发布的《新时代的中国能源发展白皮书》。
③ 资料来源：2020 年 9 月 22 日习近平总书记在第七十五届联合国大会一般性辩论上的讲话。

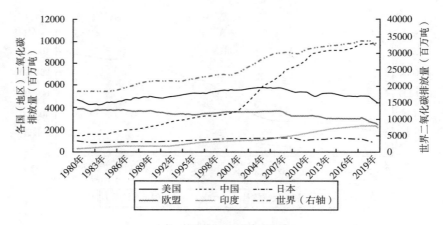

图 2　国际二氧化碳排放量

资料来源：Wind 数据库。

在全球低碳经济蓬勃发展的背景下，中国顺应时代潮流，加快碳中和长远布局。2020 年 9 月 22 日，习近平主席在第七十五届联合国大会一般性辩论上发表讲话，承诺"中国将提高国家自主贡献力度，采取更加有力的政策和措施，二氧化碳排放力争于 2030 年前达到峰值，努力争取 2060 年前实现碳中和。"随后在 12 月 12 日的气候峰会上又提出到 2030 年中国单位国内生产总值二氧化碳排放将比 2005 年下降 65% 以上，非化石能源占一次能源消费比重将达到 25% 左右①。在 2021 年全国"两会"期间，"碳达峰"和"碳中和"被首次写入政府工作报告。

而作为沿海开放城市的福建省，正处于加快建设海峡西岸经济区、全面建设小康社会的重要时期，同时还处于加快向重化工业发展的转型时期。福建省能源资源十分匮乏，缺油、少煤、乏气，能源消耗以煤为主，且对外依存度较大。2009 年，福建省能源消费总量为 8916.5 万吨标准煤，其中煤炭消费总量为 6027.55 万吨标准煤，占 67.6%，而一次能源生产量仅为 2946.50 万吨标煤②，能源供求矛盾突出，环境压力巨大。在此背景下，本文立足于福建省，探究实现福建省金融支持低碳经济发展的影响机制。

---

① 资料来源：2020 年 12 月 12 日习近平总书记在气候雄心峰会上的讲话。

② 资料来源：福建省统计局。

（二）研究目的及意义

如今，低碳经济在国外部分国家已经取得不错的成绩，但在我国低碳经济发展还处于探索阶段，相关研究成果比较欠缺。而且，我国学术界关于低碳经济的研究多集中在国家层面，如中国低碳经济发展的模式研究、中国经济低碳发展的途径与潜力分析、我国发展低碳经济的可能路径等，这些理论都是从宏观层面对政府引导、市场调节、技术推动等问题进行探讨。迄今为止，在区域发展低碳经济的理论与实证研究方面，相对成熟的研究成果并不多见。本文从福建省经济社会和资源环境的实际情况出发，分析福建省发展低碳经济现状，在总结一些国家或地区发展低碳经济的典型经验的基础上，提出福建省发展低碳经济的总体思路、发展途径及一些具有针对性和可操作性的政策建议。本文对区域低碳经济发展的途径和政策进行探索，为我国其他区域低碳经济的研究提供理论参考，希望能起到抛砖引玉的作用。

此外，福建省能源资源十分匮乏，能源需求对外依存度较大。目前福建省正处于工业化中期和加快向重化工业转型时期，能源消耗以煤为主，能源供求矛盾日益突出，环境压力不断加大。对福建省发展低碳经济的途径与政策进行研究，有利于促进福建省低碳经济工作的开展，有利于节约能源、提高能源利用效率、开发和利用可再生能源和减少温室气体排放，有利于推动福建省产业结构调整和升级，发展新兴低碳产业，有利于推进海峡西岸经济区建设，实现经济社会可持续发展。

（三）文献综述

国内外众多学者对金融支持低碳经济发展进行了研究。目前的研究大多肯定了碳金融对经济发展的积极作用，比如，赵先超（2014）研究了湖南省能源消费碳排放的驱动力与经济增长的协调性关系；瓦拉（Wara，2007）认为温室气体排放定价有助于减少人为气候变化的风险，还将产生大量公共收入；恭子（Yasuko，2016）等探讨了如何在亚洲实现对低碳发展的投资等问题。探讨碳金融对环境污染的遏制作用也是重要的研究方向，比如，帕塔克

（Pathak，2016）发现在低碳情景下，脱碳电力、模式转换、旅行需求的替代是减少二氧化碳的 3 个关键因素。关于碳金融风险度量的实证研究也较多，比如，乔治（George，2008）等考察了欧洲二氧化碳排放市场的效率，发现公认有效的欧洲市场行为并不符合弱式有效市场的假设；雪列（Chevallier，2011）研究认为，遵约事件及后京都国际协定中日益增加的不确定性可解释碳价格波动的不稳定性；张晨等（2015）研究认为商业银行参与碳金融业务面临国际碳价波动、碳交易结算货币汇率波动等诸多风险。

而克莱森和菲金（Claessens and Feijen，2007）认为金融的发展可以帮助企业降低融资成本，同时还可以规范企业在生产中的环境污染行为，降低环境中的碳排放量。塔马兹安（Tamazian，2009）认为金融可以为低碳技术的发展提供资金支持，进而能够促进低碳技术的发展，最终减少社会中的碳排放量。加里奥和弗里德曼（Jalil and Feridun，2011）通过实证分析研究了中国金融发展与碳排放二者间的关系，研究结果表明，从长期看，金融发展可以减少空气中的碳排放。顾洪梅（2012）通过建立金融发展与碳排放之间的动态模型，研究发现金融发展会使空气中的碳排放量增多。邢毅（2015）建立 VAR 模型以及脉冲响应，分别分析了在我国高碳地区和低碳地区能源消费情况和信贷投放的关系，得出在不同地区二者关系不同，在高碳地区，信贷投放更容易引起碳排放增加，而在低碳地区相反。

此外，有研究指出经济发展与环境之间存在倒 U 型关系，格罗斯曼和克鲁格（Grossman and Krueger，1995）的实证结果表明：在经济发展水平较低时，经济增长往往会带来环境的恶化，但随着人均收入的不断提升，环境会趋于改善。潘那亚托（Panayotou，2000）认为，随着经济的发展，当人们的收入水平达到其需要并且能够负担起更加清洁的环境时，经济增长与环境质量之间的关系会发生逆转，该结论奠定了环境库兹涅茨曲线（EKC）的基础。此外，曼塔（Manta，2020）研究了经济增长、金融发展和碳排放的关系，他们认为不断发展的金融体系可以促进经济增长，进而导致能源使用量和碳排放的增加，而金融发展对于碳排放的反向抑制作用主要体现在绿色金融（绿色信贷、绿色债券等）对低碳技术进步的促进。埃尔比诺（Albino，2014）则指出低碳能源技术的发展在促进企业创新和经济可持续增长方面具有重要作用，低碳技术的发展是减少温室气体排放的根本保障。

二、核心概念和理论基础

（一）相关概念内涵和理论梳理

1. 低碳经济的内涵

广义的低碳经济概念是从人类社会发展目标的角度提出的，指的是低污染、低能耗的一种新型经济发展模式，其目标是实现人类社会的可持续发展，更加强调未来经济发展的方向。狭义的低碳经济是从实现温室气体减排具体方法的角度阐述的，认为低碳经济是通过运用技术、制度、新能源开发等手段来改变人类生产生活方式，降低人类社会在发展进程中对高碳化石能源的依赖，进而减少低碳经济发展过程中温室气体的排放。狭义的低碳经济更加突出强调当前应通过哪些手段减少温室气体的排放，应对当前气候变暖的问题。二者的差别在于：狭义概念着眼于短期目标，强调通过具体手段减少碳排放；广义概念则着眼于长远目标，是人类社会长久发展的一种新型经济形态。二者的共同之处在于其核心思想一致，都是通过一系列手段减少温室气体排放，降低人类在物质文明创造过程中对生态环境造成的不利影响。本文将着眼于狭义的低碳经济概念，重点研究如何更好地运用金融手段降低经济社会发展过程中的碳排放。

关于低碳经济实质的定义，张坤民和潘家华（2009）等认为，低碳经济是指碳生产力和人文发展都实现一定层次的一种经济状态，目的在于实现限制 CO_2 排放的世界共同希冀。叶燕斐（2012）定义低碳经济是绿色经济的近义词或一部分。而庄贵阳（2007）认为低碳经济与绿色经济是不同的，例如低碳经济更容易厘定，绿色经济怎样衡量依然是个难题。因此，我们可能相对要更加青睐低碳经济的概念。张健华（2011）阐述道，低碳经济是一种增长机制，他特别认可周小川的观点，认为低碳经济是附带了一个约束条件的生产函数，附带了一个碳的成本，于宏观经济当中附带一个约束条件。

2. 碳金融的内涵

碳金融指一切与限制温室气体排放相关联的金融活动。广义的碳金融是指所有服务于减少温室气体排放的各种金融制度安排和金融交易活动，包括低碳项目开发的投融资、碳排放权及其衍生品的交易和投资，以及其他相关的金融中介活动。狭义上，碳金融是指以碳排放权为标的物进行交易的金融活动，包括碳现货、碳期货以及碳期权等产品交易。在国内外碳市场受到广泛关注的背景下，金融市场对于碳金融更多关注其狭义的定义。

碳金融的发展起源于国际社会为应对气候问题所签署的一系列国际框架协议。1992 年，《联合国气候变化框架公约》（UNFCCC）的签订形成了世界上第一个为全面控制温室气体排放所设立的国际公约。与此同时，排放权交易体系作为污染控制的政策工具在应用中日益盛行。21 世纪以来，各国纷纷开展碳市场的尝试，从 2002 年英国建立全球首个二氧化碳排放权交易市场至今，全球已建成运行的碳市场共 24 个，另外还有 8 个碳市场正在建立并期望于未来几年启动，预计将覆盖全球温室气体排放量的 16%，为 2005 年覆盖规模的 3 倍①。中国也计划在 2021 年内启动全国碳市场交易，其交易规模预计将超越欧盟碳市场，成为全球最大的碳市场，为全球碳金融发展创造更多的可能性。2021 年 1 月 1 日全国碳市场第一个履约周期正式启动，2021 年 2 月 1 日《碳排放权交易管理办法（试行)》正式施行，标志着全国碳市场的建设和发展进入了新的阶段。6 月底，中国全国性碳排放权交易市场已经正式启动运营。

3. 碳达峰和碳金融的内涵

碳达峰是指二氧化碳排放量达到历史最高峰，然后经历平台期进入持续下降的过程，是二氧化碳排放量由增转降的历史拐点；碳中和则是指一定时间内直接或间接产生的温室气体，通过节能减排、植树造林和人工碳捕集等形式，抵消自身产生的二氧化碳排放量，从而实现二氧化碳动态"零净排放"。

以化石能源为基础的现代工业几乎无法摆脱二氧化碳排放，由于二氧化碳有着较强的保温能力，极易导致全球气温上升，进而引发冰川融化、海平面上升甚至威胁生物赖以生存的栖息地，最终对人类生存造成不可逆的威胁。在这样的背景下，世界各国展开积极合作，通过人为移除大气中的二氧化碳来减少净排碳量并致力于实现碳中和。

---

① 邓茗文. 发展碳金融，激活碳市场的金融属性 [J]. 可持续发展经济导刊，2021（4）：21 – 23.

近年来，全球温室效应呈现出愈演愈烈的态势。世界气象组织（WMO）的数据显示：2020 年全球平均气温为 14.9℃，比 1850～1900 年间的平均气温高出大约 1.2℃；自 20 世纪 80 年代以来，每个十年都比上个十年更加温暖。来自哥白尼气候变化服务中心（C3S）和美国国家航空航天局（NASA）的数据同样表明：2020 年是有史以来最炎热的年份之一。此外，据《中国气候变化海洋蓝皮书（2020）》的统计，全球平均海平面在 1993～2019 年每年上升大约 3.2 毫米，并且有不断加快的迹象。人类活动排放的温室气体正在以灾难的形式进行反馈，严重威胁着全球生态环境和人类生命安全。在这样的背景下，全球主要经济体纷纷提出减排目标并对实现碳达峰、碳中和的时间节点做出承诺。

（二）金融支持低碳经济理论

1. 低碳经济学理论

低碳经济学从属于环境经济学，而环境经济学作为经济学的一个分支学科，是研究经济发展和环境保护两者间关系的学科，界于经济学和环境科学的交叉地带。20 世纪 50 年代，西方发达国家环境污染的问题急剧加速，使得经济学家和生态环境方面的专家不得不质疑传统经济学的局限性，于是开始从一个全新的角度认识环境与经济问题，将环境和生态科学的内容引入经济学研究之中，建立了一门新兴学科——环境经济学。环境经济学的形成和发展，一方面，在环境学科学的基础上增加经济分析的内容，使得环境科学的内容得以扩充；另一方面，由于经济学融入环境科学，使得经济学也变得更加现实及客观，因此经济学对现实世界中社会现象和人类行为的解释能力也得以增强。

（1）可持续发展理论。

可持续发展理论是结合理论基础和现实依据得出的新兴科学理论，其核心是强调人类在发展经济的过程中要对自然资源合理利用，实现与自然的和谐相处。在过去的经济发展进程中，人类传统地认为自然资源是没有经济价值的公共物品，可以取之不尽，用之不竭。然而随着经济社会的向前发展，自然资源不断减少，人口和对自然资源的消耗日益加剧，由此给环境带来的负担的加重，也越发制约全社会的经济增长。因此，有学者认为应该对自然资源赋予经济价值，将其纳入整个经济核算体系，从而抑制人们对自然资源的破坏和浪费，保护我们赖以生存的环境。可持续发展理论便应运而生，它指出人类的经济社会发展需要高效利用自然环境中的各个组成部分，完善可持续的自我调节能力，建立人与自然的和谐共生关系。随着人类对全球气候变暖的日益关注，可持续发展理论也进一步得到认可和丰富。

（2）外部性理论。

"外部性"首次出现在 1890 年出版的马歇尔（Marshall）的《经济学原理》中，其中第一次提到关于"外部经济"的相关概念。外部性指的是现实世界中一个经济主体对另外一个经济主体的影响，且影响是相互的。此类影响并不能直接反映在价格中，而是对另一经济主体的经济环境及利益造成影响。外部经济性即指经济学中常提到的"外部经济"，即在受益者无须任何花费的情况下，经济主体行为使得其他主体获得经济利益。相反，负外部性即为"外部不经济"，即经济主体在无须支付任何成本的情况下，对其他主体造成损害。

碳排放具有典型的负外部性，不仅是在中央政府层面，包括地方政府、公司、私人等经济主体在内的其他层面，在从事经济活动和进行日常生活的过程中均产生了无偿碳排放，对环境造成污染，对气候造成影响，而政府在治理过程中投入了巨额的成本，使得个人成本与国家成本、个人利益与国家利益形成极度不协调，导致产生成本外溢。因此发展低碳经济的根本目标是解决高能耗、高排放导致的气候恶化问题，通过经济环境政策可使外部性问题内部化。

（3）庇古税与科斯定理。

有关气候问题的外部效应内部化的经济学知识涵盖庇古税与科斯定理。主要是将环境经济手段主要分为两类：一类为市场途径，也就是知名的科斯定理；第二类为国家干预途径，也就是知名的庇古税。所谓庇古手段，是庇古在《福利经济学》一书中提出的，即让引起负外部效应的企业通过交费或者交税的方式支付成本，来补贴产生正外部效应的企业。如此便可以消除相应的外部效应。由于税收及津贴都是政府干预的表现形式，所以庇古手段依赖于"看得见的手"的相关作用，解决生态环境中的市场和政府失灵的问题。相关政策包括：环境资源税、环境污染税或排污收费、环境保护补贴、押金—退款制度等。他根据污染物的排放量与经济行为的损害来赋予纳税责任。而科斯定理则是侧重于用市场机制的方式解决生态环境问题的经济手段，主要包括自愿协商制度、排污权交易制度等。参考科斯定理，如果产权确定、交易费用不存在，那么谁具备产权，资源利用都是有益处的，可以基于资源交易的私人合约行为对市场运转自我修正，也就是说可以借由市场机制解决外部性问题，以达到社会最适合的环境水平。

2. 碳金融支持理论

（1）戈德史密斯的金融结构理论。

金融结构理论讨论了金融结构变化对经济增长的促进作用。美国耶鲁大学经济学家雷蒙德·W. 戈德史密斯（Raymond W. Goldsmith，1969）创建了有关经济增长和金融结构关系的相关研究。根据戈德史密斯的定义，一国的金融结构是由该国现有的金融工具以及该国的金融结构共同组成，包括各种现存金融工具与金融机构的相对规模、经营特征和经营方式以及金融集中度等。他考察了金融结构与金融发展这两者和经济增长间的关系。在《金融结构和金融发展》中，戈德史密斯首次提到以金融相关比率为主的存量和流量指标，用于对一国金融发展水平以及相应结构进行衡量。他对 35 个国家在不同时期的金融结构和发展的差异进行了实证分析，得出"金融相关比率越高，金融发展水平就越高，从而经济增长率就越高"的基本结论。他提出经济增长伴随着金融增长，所以经济增长越快，相应的金融发展也就越快。戈德史密斯提出导致发展中国家金融发展缓慢的原因是金融市场有效性差，资金配给方式不完善，使得政府干预取代了市场配置。

对于中国的低碳经济来说，财政融资、政策性融资和市场融资之间并没有很好地相互融合、相互激励，从而使得中国低碳经济出现"金融脆弱性"，致使低碳经济的发展受到较大的影响。

（2）金融发展理论。

经济学家休·T. 帕特里克（Hugh T. Patrick，1966）在"欠发达国家的金融发展和经济增长"一文中认为，对金融发展和经济增长两者关系的研究可以采取两种路径。一种是"需求追随"方法，它突出了经济增长对金融需求的促进作用，其实质是金融的内生决定性，是实体经济部门发展的结果，其对经济增长产生的作用是负面的。另一种是"供给领先"方法，此种方法更加突出金融供给的优先性，供给领先型的金融发展是在经济主体的金融需求之前，与需求追随型发展相反，它在经济增长进程中的作用是主动的。其实质是，通过融资安排，弥补投资效率较高的部门的资金缺口，从而促进资源配置效率的提高。低碳金融对低碳经济的支持，完全符合"供给领先"理论。帕特里克着重考察了金融发展和经济增长的关系。他认为，在经济发展的早期阶段，供给领先型金融占据主导，但是随着经济的发展，需求尾随型金融逐渐趋于主位。由此可见，健全和完善的金融供给应当是促进经济发展和增长的先决条件。如何参考该特征，采取相关碳金融战略，使得资源得到最优配置，是中国当前碳金融所需解决的重要问题。

金和莱文（King and Levine，1993）发展了熊彼特的思想，强调了资本市场对经济增长的作用。并且，通过将金融发展融入内生增长模型中，构造了具有严谨结构、缜密逻辑，并且规范论证的相关模型。实证分析的结果验证了金融发展和经济增长相互促进的结论。20 世纪 90 年代金融发展理论的最核心部分是对金融发展作用于经济增长的机制做出全面而规范的解释。

三、金融支持低碳经济影响机制研究

（一）金融支持低碳经济影响机制梳理

前文主要介绍和分析了金融支持低碳经济发展的理论基础。下面将从企业生产行为、公众消费行为、低碳技术开发、碳金融市场四个角度分析金融支持低碳经济的作用机制。最后描述金融支持低碳经济发展的主要方式，包括绿色信贷、绿色债券、绿色基金、绿色保险、碳排放权交易等。

1. 金融通过作用于企业生产行为影响低碳经济发展

金融可以促使企业在生产过程中主动进行防污治理，选择低碳化生产方式，降低生产过程中的碳排放。通常，为了追逐利润，企业不会主动花费太多成本进行节能减排，而是任由生产对环境造成污染。但由于很难将污染造成的损失量化，导致现实生活中许多行政处罚与企业污染给社会造成的实际损失不符，并且行政处罚力度往往小于企业获得的收益。因此，许多企业不在意行政处罚，继续其高碳化的生产方式，由此导致行政手段很难起到警示作用，环境污染问题得不到有效解决。而金融手段可以更直接地抑制企业污染行为。金融机构可以将环境风险作为考察条件，通过信贷、债券、股票等手段使企业重视环境问题，主动转变生产方式。例如，将企业生产的环境风险纳入融资考察条件，对于生产污染严重的企业不予贷款，对于达不到环保要求的企业不予批准上市等。这样就可以促进企业在生产过程中更加注重环保，降低生产过程中的碳排放，从源头上防治企业生产污染行为，促进低碳经济发展。

2. 金融通过引导公众消费行为影响低碳经济发展

金融可以引导公众消费行为、改变公众的消费观念、刺激低碳产品的市场需求，进而提升企业研发低碳产品的积极性，影响低碳经济发展。例如，建筑领域的二氧化碳排放量巨大，几乎占到二氧化碳排放总量的50%，如果引导企业在建筑材料开发过程中以及在施工建造中更多地使用清洁原料，减少化石能源的使用，提高能效，将会大大提高低碳经济发展的进程。金融可以通过引导居民房屋购买行为进而影响企业的生产行为。银行可以对购买符合低碳建筑标准房屋的消费者提供优惠贷款利率，降低其购买成本，引导居民主动购买低碳建筑。房地产开发商为迎合公众需求，将会更多地开发低碳建筑，使用低碳原料，最终达到保护环境、促进低碳经济发展的效果。

3. 金融通过促进低碳技术开发影响低碳经济发展

低碳经济发展的核心在于低碳技术的创新，而技术的创新往往具有高投入性和脆弱性的特点。一方面，低碳经济发展目前还处于初期，低碳技术尚未成熟，许多低碳项目尚处于起步阶段，对于研发低碳技术的企业来说很少有足够的经济实力来支撑高昂的研发费用，完善的金融体系可以为这些企业提供多样化的融资渠道和健全的融资体系。例如，在企业发展初期，可以借助天使投资等方式筹集初始发展资金；当企业发展到一定程度后，可以借助创业板等市场上市。企业可以根据自身情况选择不同的融资方式和渠道，筹集研发资金。另一方面，低碳技术风险高、回报不确定性大、回报周期长。这些特点使低碳技术企业融资困难社会资本不敢进入该行业。金融可以为投资方提供多元化的避险工具，如期货、期权、远期、互换等金融衍生工具，帮助投资者规避投资风险。金融可以为低碳技术项目提供融资平台，同时为投资方提供多元化的避险工具，促进资金自主流向低碳技术企业。低碳技术的进步可以促进新能源的开发利用、帮助企业提高企业的资源利用效率，进而减少空气中的温室气体排放，推动低碳经济的发展。

4. 金融通过碳金融市场影响低碳经济发展

首先，金融是当前碳交易市场最主要的媒介。一方面，金融为碳交易市场提供了多种交易手段和避险工具，如碳期货、碳期权等，使买卖双方能够更为灵活和方便地进行交易，有利于碳交易的发生与推广；另一方面，作为资金融通的核心，金融机构可以利用自身已有的平台和广泛的客户基础担当中介机构，为交易各方牵线搭桥、提供高效的信息、提供代理服务，提高市场透明度，为碳交易的进行创造有利条件。其次，金融可以为碳交易项目提供有力的资金支持。一方面，金融机构可以为交易各方提供资金融通服务，扩大交易者的杠杆能力，为碳交易市场注入资金，增加市场流动性；另一方面，金融机构自身也可以直接投资于碳交易产品，从而有利于碳金融市场容量的扩大，提升市场活力。最后，金融可以推动全球范围内低碳经济的发展。碳金融市场作为金融市场的一个新兴领域，是低碳经济发展下资本市场的创新，为碳排放权以及相关衍生品的交易提供了平台。碳金融市场存在联合履约交易、清洁能源发展、国际碳排放交易三种交易机制。在这些交易机制下，不同交易主体对碳排放额进行转让。对于具有减排义务的主体来讲，可以获得碳排放额度，降低其节能减排的成本；对于提供减排额度的企业来讲，可以通过获得的资金技术，投资于创造低碳资产的项目。而碳金融市场的发展，有助于实现社会资源的优化配置，进而促进低碳经济的发展。

（二）金融支持低碳经济发展的主要方式

当前围绕环境保护的金融产品正不断丰富，不仅有帮助低碳产业融资的金融产品，如绿色信贷、绿色债券、绿色基金等融资工具，也有帮助企业进行环境风险管理的绿色金融产品，如碳排放权等，还有帮助企业事后转移环境风险的金融产品如绿色保险等，在此基础上福建也提出建设绿色金融改革创新试验区。

1. 绿色信贷

根据央行的定义，绿色信贷是指金融机构发放给借款企业用于投向节能环保、清洁生产、清洁能源、生态环境、基础设施绿色升级和绿色服务等领域的贷款。银行在进行贷款项目审核时，将环境检测标准、生态保护效果等作为信贷审核标准，为环境友好型企业提供贷款优惠。绿色信贷是促进企业节能减排和发展低碳经济的重要手段。

国内银行参与绿色信贷于 2007 年起步，目前在监管的引导下已经初步形成了较为完善的监管及评价体系，涵盖顶层设计、统计分类制度、考核评价体系和激励机制等。据业内人士调查，银行作为绿色信贷的投放主体，近几年也在不断加大绿色信贷的投放，绿色信贷规模稳步增长，截至 2021 年 1 季度末，全行业绿色信贷规模突破 13 万亿元，同比增长 24.6%（见图 3）。不过从存量占比上来看，目前绿色信贷投放占比为 7.22%，整体水平仍处在低位，未来仍有较大提升空间[①]。个体来看，绿色信贷投放规模较大的银行主要包括工行、农行、建行和兴业为代表的大中型银行。从投向来看，国内绿色信贷投放主要集中在绿色交运和绿色能源领域，但趋势上逐渐多元化。

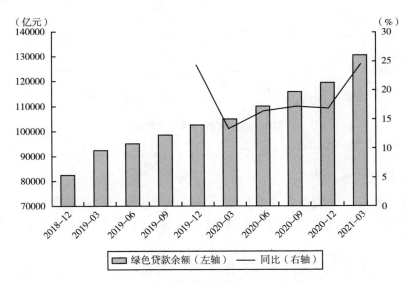

图 3　绿色信贷余额稳步提升

资料来源：Wind 数据库。

---

① 袁喆奇，武凯祥. 绿色金融系列（二）——政策策红利加速释放，绿色信贷发展正当时［R/OL］.［2021－05－06］. https：//pdf. dfcfw. com/pdf/H3_AP202105061490021018_1. pdf？ 1620335393000. pdf.

考虑到目前国内的融资结构仍以间接融资为主，因此绿色信贷在绿色融资中占据了主导地位，随着政策框架体系逐步完善，自银保监会 2012 年印发《绿色信贷指引》以来，国内已逐步建立了全世界最大的绿色信贷市场。截至 2021 年 3 月末，根据央行统计口径，我国绿色信贷余额已由 2013 年的 5.2 万亿元增长到 13 万亿元，复合增速超过 12%。从存量占比上来看，虽然近几年绿色信贷余额占总贷款的比重稳步上升（见图 4），但整体水平仍处在低位，截至 3 月末，绿色信贷余额在总贷款中比重仅为 7.2%，未来仍有较大的提升空间。①

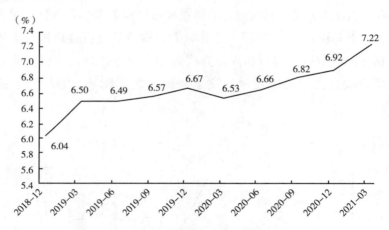

图 4　绿色信贷占比变化趋势

资料来源：Wind 数据库。

2. 绿色债券

绿色债券是指企业或者政府为发展低碳项目筹集资金而发行的、承诺按照约定方式进行还本付息的债权债务凭证，是服务于绿色产业的融资工具。

2016 年至 2021 年第 1 季度，我国贴标绿色债券历史发行总规模为 12177 亿元，居世界第二，仅次于美国，并呈现逐渐上升趋势。2020 年发行规模为 2264 亿元（见图 5），2021 年仅 1 季度就完成发行 1178 亿元，预计 2021 年在政策的推动下绿债发行将大幅放量。

---

① 袁喆奇，武凯祥. 绿色金融系列（二）——政策策红利加速释放，绿色信贷发展正当时［R/OL］. ［2021 - 05 - 06］. https：//pdf. dfcfw. com/pdf/H3_AP202105061490021018_1. pdf？1620335393000. pdf.

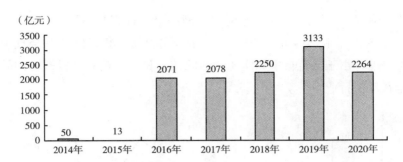

图5　我国符合国内绿色认证标准的债券发行规模

资料来源：Wind 数据库。

截至 2021 年 1 季度末，发行人所属省份绿色债券发行规模最高的地区为北京，发行规模为 2426 亿元，在绿债中占比 26.91%，其他规模较高的省份有福建、上海、广东和江苏（见图6）。以上五省份经济较发达，历来就是信用债发行大省，因此绿色债券发行规模大也并不意外。但是相比于所在区域全部信用债发行规模而言，福建发行绿色债券的比例最高，达到 6.18%，说明福建地区绿色债券发行积极性远超其他省份。

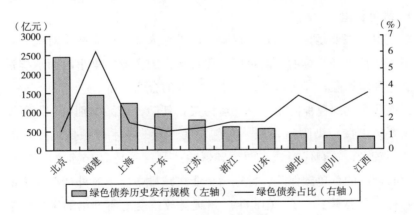

图6　各省份绿色债券发行规模

资料来源：Wind 数据库。

3. 绿色基金

绿色基金是指为促进绿色项目开展而设立的基金，通过其资本集聚与投资放大功能来为低碳产业进行融资的一种金融工具。

截至 2021 年 4 月底，在所有公开发行的基金中，基金名称中含有"绿色""可持续""低碳"等关键词的公募基金共计有 94 只，总规模为 1580 亿元（见图 7）。相较于我国 20 万亿元的公募基金规模，绿色基金规模仍然较小。另外，由于绿色标准界定统一的问题，我国绿色基金投资标的并未严格限定在环保行业。

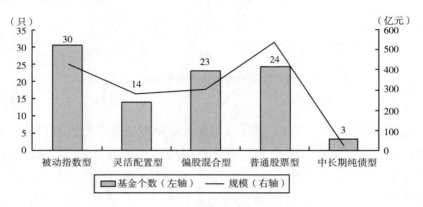

图 7　我国绿色概念基金类型分布

资料来源：Wind 数据库。

4. 绿色保险

绿色保险主要是指环境责任保险，以投保人在污染事故中对他人负担的环境损害赔偿责任为标的，既可以避免投保人因企业污染事故而承担过大损失，规避环境风险，又可以保护污染受害人的合法权益。

目前我国的绿色保险主要是环境污染责任险，产品类别单一，所涉及的范畴主要集中在污染防治领域。绿色发展、低碳技术等领域的保险起步较晚，产品较少，较有代表性有两个碳保险产品：一是 2016 年湖北碳排放权交易中心推出的首单碳保险，旨在为企业在减排中由于意外情况而未能完成减排目标提供保障；二是 2018 年广州碳排放权交易所推出的国内首笔针对碳排放权抵押贷款的保证保险。

保险公司发展绿色保险在负债端主要向清洁能源及节能环保的电力基础设施、新能源汽车、绿色建筑、绿色基建等领域的公司和项目提供责任保险、保证保险等细分财产保险产品及相关服务；在资产端主要向相关绿色产业进行投资，发挥保险资金长久期和稳健的特征。近年来，我国相关部门积极构建绿色保险政策体系；环境污染责任保险自 2007 年起步，现已实现初步发展。

四、福建省金融支持低碳经济发展状况

（一）福建省低碳经济发展现状

2016 年底，福建碳市场建成并启动交易，成为国内第八个试点区域碳市场之一。经过 4 年探索，福建省已初步建成具有福建特色的碳排放权交易体系，为国家碳市场建设提供了"福建经验"。

福建碳市场试点相关工作虽起步较晚，但起点高。在碳市场的核心制度、运行规则、分配方法上全面对接全国碳市场总体思路，并结合福建实际积极创新，建立起了系统完善的制度体系。2016 年市场建立时，就初步构建了以《福建省碳排放权交易管理暂行办法》为核心，《福建省碳排放权交易市场建设实施方案》为总纲，7 个配套管理细则为支撑的"1 + 1 + 7"政策体系；2020 年，根据应对气候变化工作的新形势、新要求，福建省及时对有关政策制度进行修订，进一步实现了交易手段市场化、交易主体多元化。在制度的保驾护航下，福建省碳市场持续健康运行，不断拓展覆盖面、创新交易品种，实现了配额总量、交易规模的"双增长"。

福建碳市场覆盖范围广。除国家规定的石化、化工、建材、钢铁、有色、造纸、电力、航空八大行业外，福建省还针对陶瓷企业数量多、产能大的产业特点，在全国率先将陶瓷业纳入。目前，福建省 9 个行业中，年综合能源消费达 1 万吨标准煤以上（约 2.6 万吨二氧化碳当量）的 269 家企业均已被纳入碳市场交易，覆盖 2 亿多吨二氧化碳排放，占全省工业领域排放总量 80% 以上，其中，陶瓷行业企业就有 100 多家。福建碳市场交易品种全。除对接国家市场的碳排放配额、国家核证自愿减排量外，结合福建丰富的林业资源，创新开发福建林业碳汇。

2016 年建成以来，福建碳市场的交易规模、交易金额持续增长。截至 2021 年，福建碳排放配额（FJEA）已成交 1136.16 万吨、2.3 亿元，国家核证自愿减排量（CCER）成交 1329.57 万吨、5 亿元，特别是福建林业碳汇（FFCER）成交 283.93 万吨、4000 多万元，位居全国前列。全省纳入交易的

9 大行业碳排放强度平均下降 8.2%，碳市场的减排成效逐步凸显。按照全国碳排放权注册登记系统和交易系统建设和运维工作的合作原则协议，福建省作为 9 个联建省市之一积极出资参与联建，主动融入全国碳市场。[①]

与此同时，福建的碳排放权交易试点也正在不断深化。目前，纳入福建碳市场的企业每年都根据生产情况实行动态更新。福建省正探索将碳交易的企业从年综合能源消费总量 1 万吨标煤以上，拓展至 5000 吨以上的企业，预计全省参与企业将达到 300 家左右。此外，海洋碳汇、林业碳汇等更多方法正在研究制定，碳金融体系探索也正在深化中。[②]

2020 年，福建碳市场发放的年度配额总量已突破 2 亿吨，位居试点省份第三；碳市场成交量从首个履约年度的 428.29 万吨、1.13 亿元，增至 2020 年的 697.42 万吨、2.09 亿元；4 个履约周期，履约率保持 100%。福建碳市场累计成交量已达 2749.67 万吨、金额 7.82 亿元。2021 年 4 月，在福州举行的第四届数字中国建设峰会期间，主办方通过海峡股权交易中心购买福建林业碳汇与新造碳汇林结合的方式，抵消因交通、餐饮、住宿、展会等活动产生的二氧化碳排放量 1097 吨，实现了零排放。[③]

（二）福建省金融支持低碳经济面临的问题与挑战

1. 福建省金融支持低碳经济面临的问题

（1）能源转型带来的巨大资金缺口。

碳中和目标的提出对直接相关的能源结构转型提出更高要求，对非化石能源的需求急剧上升造成了巨大资金需求，同时污染性产业结构、传统能源结构也提高了环境污染治理成本。据计算，依照绿色发展目标和环境保护标准，2014～2030 年，绿色融资情景的"低方案"资金中约 85% 需来源于社会资本投入。但短期来看，疫情过后拉动经济增长的需求极为迫切，各项政策密集出台，资金可能更多流向传统基础设施建设等经济拉动效益明显的领域，环境目标可能被忽略，绿色投资受到影响。

（2）产业结构升级带来就业的不稳定性。

传统化石能源行业因其集约效应明显，创造了大量的就业机会，一定程

---

①②③　碳市场建设的"福建经验"［N］. 福建日报，2021－07－19.

度上稳定了社会就业。然而产业结构的调整和升级带来的落后和传统产能的淘汰在一定程度上或将带来就业的不稳定性。特别是疫情时期保就业保增长优先的政策下，对于一些以传统能源为主要产业的、经济发展水平不高的地区来说转型成本高、影响大，产业结构转型升级的阵痛以及疫情因素叠加，可能出现因低碳转型而导致贫困等现象。

（3）绿色技术发展与应用的不成熟。

绿色技术的进步和创新是推动能源改革，实现绿色转型的重要条件，需要在能源、交通、建筑、基础设施等领域进行大规模推广与运用。福建省亟须加大在清洁能源、碳汇、储能等领域的技术研发，推动与数字化技术的融合创新，充分利用大数据、云计算、人工智能等技术推动能源转型和绿色复苏。

2. 福建省低碳经济给金融体系带来的发展机遇

（1）低碳转型将创造大量投资需求。

根据清华大学气候变化与可持续发展研究院的预测，碳中和目标的实现将在未来30年为中国带来138万亿元的投资机遇，主要包括：清洁能源、绿色交通、绿色建筑、节能环保等低碳产业将得到快速发展；产业的绿色升级依托技术进步，绿色低碳技术将持续推进企业创新；碳捕捉、碳封存技术将得到快速发展，最终实现商业模式的可持续。①

（2）ESG投资市场将快速发展。

疫情发生以来，环境、社会责任和公司治理（ESG）理念被更多全球投资者认可和关注，2020年底，美国责任投资规模接近17.1万亿元，同比增长42%，可持续投资占资产管理总规模的33%；三季度亚洲可持续基金规模季度增长率高达75%，其中日本暴增了160%；2020年底我国可持续投资基金总规模已经超过1172亿元、数量达到124只，分别较2019年底增长58%、12%。② 投资人对上市银行的ESG表现的关注显著上升，主要表现在：投资人关于ESG方面的相关调研、交流、咨询量较往年成倍增加；投资者关注的焦点集中在是否公开提出减碳目标或做出相关承诺、是否发布单独

---

① 肖隆平，余丹. 碳中和将为中国带来138万亿元投资新机遇［N］. 新京报，2021－03－30（B02）.

② 资料来自 US SIF Foundation。

的环境信息披露报告、是否公开资产碳排放数据等。

（3）碳金融产品将不断创新。

从欧盟碳市场来看，碳金融产品主要包括碳期货、碳基金、碳资产质押融资、碳资产回购式融资、碳配额托管、绿色结构性存款。其中，碳期货的成交量和成交额分别占到市场的90%和95%，其他碳金融产品相对较少。[①]

低碳经济下，福建经济还有几点要考虑的，比如能源。低碳经济下火电、石油等高碳能源会逐渐被淘汰，取而代之的是风能、水电、太阳能、核电、生物能等新能源。太阳能福建不占优势，雨天太多。风能福建是有优势的，海上风能发电可以大力发展，目前中国特高压技术已经很成熟，未来能源将是以电能为主，各种低碳电能各尽其能，福建不能在这场新的能源战争中落了下风，成为碳排放指标净买入省份，若真如此，那么无疑极大地增加福建产业的能源成本。所以我们必须大力借助优势，发展清洁能源，不仅为本省经济发展提供新能源供应，同时通过碳排放指标的交易，赚取碳顺差。

此外，福建有另外一大优势，就是森林覆盖面积大，居全国之最，如此之大的覆盖率，每年吸收的二氧化碳体量非常之大，因此必须加大各地林业经济的碳排放指标申请，为福建经济提供更多的碳排放指标，尽可能让福建成为碳排放指标净输出省。

五、福建省金融支持低碳经济影响机制的经济数据分析

（一）指标选择与数据来源

1. 低碳经济发展水平指标

低碳经济发展是一个复杂的过程，总体来讲，可分为三阶段：第一阶段实现碳减排，第二阶段发展低碳产业，第三阶段实现社会低碳发展。这三阶段层层递进，其中实现碳减排是初级目标，发展低碳产业是中级目标，实现经济社会的低碳化发展是终极目标。由于当前福建低碳经济发展正处于减少

---

① 王鹏. 碳达峰和碳中和对资产管理行业的影响——理论逻辑与实现路径［EB/OL］. ［2021 - 06 - 23］. https：//baijiahao. baidu. com/s？ id = 1703337758032709111&wfr = spider&for = pc.

碳排放这一初级阶段，并且低碳产业、低碳社会很难量化衡量，因此本文以衡量碳排放水平的指标作为衡量低碳经济发展水平的指标。由于碳排放强度是单位 GDP 所带来的二氧化碳排放量，如果某地区碳排放强度低，则说明该地区实现了能源低碳化的发展模式，因此选取碳排放强度作为衡量碳排放水平的指标。综上，本文选择碳排放强度作为衡量福建低碳经济发展水平的指标。

由于我国的统计年鉴中未提供二氧化碳排放量的统计数据，本文参考联合国政府间气候变化专门委员会发布的国家温室气体清单指南第 2 卷第 6 章中提出的二氧化碳排放量计算方法，根据福建省能源消费量估算二氧化碳排放量（见表 1），即将二氧化碳排放量视为各种能源消费量与其碳排放系数乘积的总和。1978 ~ 2019 年福建省的生产总值如表 2 所示。

表1　　　　　　　　　1978 ~ 2019 年福建省二氧化碳排放量　　　　　　单位：万吨

年份	二氧化碳排放量	年份	二氧化碳排放量	年份	二氧化碳排放量
1978	1401	1992	3347	2006	13667
1979	1557	1993	3922	2007	15844
1980	1467	1994	4017	2008	16750
1981	1403	1995	4406	2009	18804
1982	1520	1996	4874	2010	19588
1983	1681	1997	4639	2011	22988
1984	1872	1998	4926	2012	22642
1985	2095	1999	5477	2013	23589
1986	2332	2000	5894	2014	24903
1987	2585	2001	5985	2015	23660
1988	2833	2002	7400	2016	21478
1989	3014	2003	9027	2017	23227
1990	3078	2004	10434	2018	24997
1991	3435	2005	12390	2019	25778

资料来源：笔者根据历年的《福建统计年鉴》的数据计算得到。

表2　　　　　　　　　　　　**1978～2019 年福建省生产总值**　　　　　　单位：亿元

年份	生产总值	年份	生产总值	年份	生产总值
1978	139	1992	1910	2006	19834
1979	156	1993	2993	2007	24160
1980	170	1994	4229	2008	28960
1981	204	1995	5483	2009	32437
1982	230	1996	6419	2010	38915
1983	253	1997	7437	2011	47740
1984	306	1998	8220	2012	55107
1985	400	1999	8877	2013	61780
1986	466	2000	9871	2014	70743
1987	604	2001	10506	2015	76181
1988	838	2002	11324	2016	84434
1989	1041	2003	12867	2017	94461
1990	1176	2004	14913	2018	24997
1991	1428	2005	16996	2019	25778

资料来源：根据历年的《福建统计年鉴》整理得到。

2. 金融支持指标

按照融资方式的不同，金融市场分为以银行信贷市场为主体的间接融资市场和以股票债券市场为主体的直接融资市场。考虑到当前福建境内企业通过股票债券融资的规模比较小，绝大多数企业主要通过银行信贷方式进行融资，福建省的金融体系仍然是以银行信贷为主导。因此，本文选取信贷市场作为金融支持体系的研究对象，对福建低碳经济发展的金融支持进行实证研究。

银行可以通过配置信贷资金来实现对低碳经济发展的支持。银行对企业的绿色信贷、技术改造贷款、能效贷款都是衡量金融支持低碳经济发展很好的指标，但由于当前福建省银行业贷款的具体分类数据不可得，所以不具有可操作性。本文借鉴郭福春（2011）的方法选取贷款余额占 GDP 的比重作为衡量金融支持低碳经济发展的间接指标。银行信贷规模的扩张说明银行发放了更多的贷款，这些贷款流向实体经济，企业的外部融资需求更容易满足。银行的信贷资金支持可以对低碳经济发展产生影响，并且这种影响会产生两种对立的效应：一是更多信贷资金投向效率高、节能环保型或者低碳产品开发型企业，则会使碳排放减少，从而促进低碳经济发展；相反，如果金融机构更多地将资金投入高能耗、高污染的企业，则不利于低碳经济的发展。前者称为"促进作用"，后者称为"抑制作用"。

通过分析贷款余额占 GDP 的比例与碳排放强度之间的关系，可以定位金融在低碳经济发展中的角色，并以此为基础进一步分析如何更好利用金融手段支持低碳经济发展。通过判断其对低碳经济发展的作用方向，可以判断当前的信贷政策是否支持了福建低碳经济的发展。

综上所述，选取贷款余额占 GDP 的比例作为金融支持低碳经济发展的间接指标。

总产出用消除价格影响的福建省生产总值表示。为了消除价格因素的影响，真实反映经济发展动态，本文从《福建统计年鉴 2020》中获取了 1978～2019 年（上年 = 100）福建省生产总值指数，将其与 1978 年价格水平相乘得到 1978 年价格水平的生产总值数据，以表示福建省各年份总产出。

贷款余额可从 2018 年的福建省统计年鉴中直接获得（见表 3）。

表3　　　　　　　　　　1990～2017 年福建省贷款余额　　　　　　单位：亿元

年份	贷款余额	年份	贷款余额
1990	382	2004	4367
1991	453	2005	5069
1992	590	2006	6448
1993	775	2007	8066
1994	955	2008	9586
1995	1177	2009	12360
1996	1468	2010	15231
1997	1750	2011	18165
1998	1943	2012	21210
1999	2256	2013	24488
2000	2439	2014	28418
2001	2865	2015	32133
2002	3110	2016	36356
2003	3838	2017	40485

资料来源：根据历年的《福建统计年鉴》整理得到。

3. 地方政府干预指标

中国是社会主义国家，加之现在我国经济所处的发展阶段，决定了我国政府在经济发展中具有十分重要的地位。此外，由于环境问题具有负外部性，需要依靠政府力量来参与解决。张璟等（2008）认为，政府干预经济的程度与其干预经济的动机正相关，而其干预经济的动机主要取决于政绩压力。当前地方经济成绩是地方政府政绩的重要考察标准，地方政府要想取得较好的成绩，就要搞好当地经济，因此政府干预经济的动机很强。而地方政府要发展本地区经济，就需要支配更多的资源。财政资金是政府可以支配的最直接的资金，其使用更能体现政府的意图。地方政府干预经济的动机越强，越会更多地利用财政资金发展本地区经济。因此本文借鉴张璟等（2008）的方法用财政支出/财政收入作为衡量政府干预的间接指标。该比例越大，反映政府干预经济的动机越强；反之，越弱。受限于数据可得性和有效性，该项指标数据选取时间段跨度为 1997~2017 年。具体数据及比例如表 4 所示。

表4   1990~2017 年福建省财政收支及比例

年份	财政支出（万元）	财政收入（万元）	比例
1997	2243565	2513029	0.89
1998	2548663	2814249	0.91
1999	2792361	3125749	0.89
2000	3241839	3696701	0.88
2001	3731855	4283290	0.87
2002	3975582	4762029	0.83
2003	3241839	3047100	1.06
2004	5166787	3335230	1.55
2005	5930663	4326003	1.37
2006	7286973	5411707	1.35
2007	9106446	6994577	1.30
2008	11377159	8334032	1.37
2009	14118238	9324282	1.51

年份	财政支出（万元）	财政收入（万元）	比例
2010	16950906	11514923	1.47
2011	21981797	15015128	1.46
2012	26075020	17761728	1.47
2013	30688006	21194455	1.45
2014	33066986	23622138	1.40
2015	40015778	25442357	1.57
2016	42754043	26548324	1.61
2017	46841517	28090332	1.67

资料来源：根据历年的《福建统计年鉴》整理得到。

4. 金融支持与政府干预的混合指标

金融机构的资金流向很大程度上会受到政府政策的干预。如果政府追求 GDP 的高速增长，那么政府就会倾向于干预金融机构，使其将更多的资金投向"双高"企业，而不对企业环保程度进行核查；相反，如果想追求经济的长远、健康可持续发展，那么政府就会加大对环境的监管程度，对污染企业进行信息披露等，倾向于干预金融机构将更多的资金投向低碳项目。为探究当前福建经济发展过程中，在政府干预下的金融机构对低碳经济产发展产生哪个方向的作用，本文将在模型中引入该交互指标。

（二）模型构建

根据前面的分析，本文将建立多元线性回归模型，分析金融支持、政府干预下的金融支持对福建省低碳经济发展的影响。

为了检验福建省金融支持与碳排放之间的关系，设计模型如下：

$$\ln C_t = a_0 + a_1 fin_t + a_2 gov_t + a_3 fin_t \times gov_t + \varepsilon_t \tag{1}$$

$$\ln C_t = a_0 + a_1 fin_t + a_2 gov_t + a_3 fin_t \times gov_t + a_4 fin_t^2 + \varepsilon_t \tag{2}$$

上述公式中，C_t 是 t 年的碳排放水平，fin_t 是 t 年的金融水平，gov_t 代表政府干预。

模型（1）是在控制变量的条件下，碳排放与金融支持的线性关系的计量方程。模型（2）考虑了金融支持与碳排放水平之间是否存在二次关系，即是否存在倒 U 型关系。

（三）实证检验与分析

1. 平稳性检验

对非平稳的时间序列数据进行最小二乘法回归会导致伪回归，故在进行回归前需要对本文的时间序列数据的平稳性进行检验。本文以单位根检验（ADF 方法）来进行平稳性检验，其结果如表 5 所示。

表 5 ADF 检验结果

变量	ADF 统计量	ADF 临界值			检验结果
		1%	5%	10%	
$\ln C_t$	0.080417	−2.685718	−1.959071	−1.607456	非平稳
$D(\ln C_t, 1)$	−1.222578	−4.532598	−3.673616	−3.277364	平稳
fin_t	−0.88852	−4.498307	−3.658446	−3.268973	非平稳
$D(fin_{t1}, 1)$	−1.872206	−3.857386	−3.040391	−2.660551	平稳
gov_t	−0.489444	−4.498307	−3.658446	−3.268973	非平稳
$D(gov_t, 1)$	−0.937934	−2.692358	−1.960171	−1.607051	平稳
$fin_t \times gov_t$	−0.019011	−2.685718	−1.959071	−1.607456	非平稳
$D(fin_t \times gov_t, 1)$	−0.723097	−2.692358	−1.960171	−1.607051	平稳

从表 5 可知，各变量的 ADF 检验值大于显著水平为 5% 的临界值；而其一阶差分后，各变量在 1% 的显著性水平下皆通过了平稳性检验，说明变量皆为一阶单整，即 I(1) 过程。

2. Johansen 协整检验

几个不平稳的序列能够通过某一种线性组合达到平稳，长期来看，这些序列存在内在的稳定关系，该种关系即为协整关系。由于各变量均为同阶单整，因此，满足进行协整检验的要求，可以进行 Johansen 协整检验以判断其长期趋势。其结果如表 6 所示。

表 6 Johansen 协整检验结果

原假设	特征值	t 统计值	10% 显著性水平下的临界值	P 值
None	0.797223	63.84124	60.08629	0.0503
At most 1	0.527325	33.52393	39.75526	0.3107
At most 2	0.481606	19.28634	23.34234	0.2642
At most 3	0.300962	6.802951	10.66637	0.3655

在原假设为不存在协整关系的检验中，统计值小于临界值（0.0503 < 0.1），拒绝原假设；而原假设为至多存在一个协整关系的检验中，统计值高于临界值（0.3107 > 0.1），接受原假设。故而该检验结果可以认为，该变量间存在一个协整关系。

由于变量之间存在协整关系，则可以采用原数据进行回归分析。

3. 实证检验及分析结论

对上述变量进行回归，得到回归结果如下：

模型（1）：$\ln C_t = -0.56 + 0.69 \times fin_t + 1.05 \times gov_t - 1.5 \times fin_t \times gov_t$
$$(-11.9241) \quad (0.0630) \quad (2.5036) \quad (-16.2006)$$

模型（2）：$\ln C_t = -0.58 + 0.66 \times fin_t + 0.99 \times gov_t - 1.5 \times fin_t \times gov_t - 0.02 \times fin_t^2$
$$(-2.9959) \quad (1.9983) \quad (2.2513) \quad (-22.03848) \quad (-3.7885)$$

由以上回归结果可以看出，模型（1）的回归结果中，fin_t 项的系数不显著，所以金融支持与碳排放之间可能不是一次线性关系；模型（2）的回归结果中，fin_t、fin_t^2 的系数都显著，可以认定 fin_t 与被解释变量之间具有二次关系，且二次项系数为负，说明金融支持与碳排放之间具有倒 U 型关系。当金融支持力度较小时，其增长与碳排放量呈正比，但随着金融支持力度扩大到一定程度之后，随着金融支持力度的增大，碳排放量降低。

由以上结果可以看出：

第一，金融支持、政府干预、政府干预下的金融支持指标都与碳排放具有显著的相关关系，说明金融支持、政府干预经济程度及政府干预下的银行信贷都会对碳排放产生影响。

第二，模型结果显示金融支持与碳排放之间存在倒 U 型关系，说明当金融支持力度较小时，其增长与碳排放量呈正比，但随着金融支持力度扩大到一定程度之后，随着金融支持力度的增大，碳排放量降低。因此要发展低碳经济，不应该因噎废食地限制金融的发展，而应合理引导金融来支持低碳经济的发展。

第三，金融支持与政府干预的交互项（$fin_t \times gov_t$）的系数为 -1.5，说明在政府干预下，金融对低碳经济发展起到了促进作用，减少了社会中的碳排放。

第四，政府干预（以 gov_t 表示）每增加 1 单位，碳排放强度增加 0.99%，说明政府政绩压力越大，越不利于碳减排。

六、政策建议

在前面影响机制分析、福建省低碳经济发展问题以及实证分析结果的基础上，本文综合提出以下建议。

（一）政府应该加强引导，完善金融支持体系

政府等相关机构在制定相关金融政策时，不仅要制定宏观引导性政策，同时也要制定具体的实施细则，让金融机构参与低碳经济有章可循。例如，为便于商业银行绿色信贷业务的开展，应制定统一的环境风险评价标准，对于不同行业应制定相应的绿色信贷指标，从而使商业银行在开展绿色信贷业务时，能够有一套统一的标准，避免虽然各家银行都在开展绿色信贷业务，但是"绿"的程度却不相同的现象出现，确保不同商业银行在开展绿色信贷业务时能有统一的可量化、可核实的绿色信贷指标。对于高耗能行业，应建立完善的进入退出准则、限额标准体系，从而确保金融资金能够更顺利地流入低碳项目。

（二）政府和市场共同构建多元化的金融体系

因为福建省在绿色保险、ESG 投资以及碳市场等领域仍处于初级阶段，未来还有较大发展空间。而从企业生命周期的角度来看，不同发展阶段的企

业适应于不同的金融工具和业务模式，针对各个阶段的企业开发适应性更高的金融产品和金融服务有助于加快全产业链的低碳转型。此外初创企业需要更多政策端和股权融资的支持，在此阶段中，政府补贴和优惠、政策性银行的倾斜以及政策的引导均有助于加速高能耗企业的低碳转型以及低碳转型相关的高新技术企业做大做强。一方面，银行等金融机构应该联手环保部门按照严格的环境质量评估要素、绿色信贷评估体系加大对开展低碳产业，低碳产品研发和实施低碳理念的企业提供强有力资金支持。另一方面，金融机构通过政策引导，以及窗口指导等手段将信贷资金逐步向低碳产业引导和倾斜，为福建省低碳经济的发展提供强有力的金融支持。

（三）减轻政府政绩压力，号召金融机构积极参与低碳经济建设

政府可以建立一套有效的奖惩机制，以激励和规范商业性金融机构参与低碳经济的过程。一方面，要建立合理的奖励机制，鼓励商业性金融机构参与发展低碳经济的热情。金融机构配置其资源流向时会把收益性作为其重要的决定因素，而低碳产业在发展初期，收益回报的不确定性大，导致金融机构参与低碳经济热情不高。政府应通过提供财政补贴等方式对参与低碳经济的金融机构予以鼓励，调动其参与低碳经济建设的积极性。例如，对银行支持节能减排项目的收入，政府可以采取优惠税率等方式予以补贴，提高银行直接或间接的资金回报率。另一方面，要建立相应的惩罚机制，来约束金融机构在业务活动中的不环保行为。

（四）政府应当加强鼓励低碳技术创新力度

因为福建省当前绿色技术发展与应用尚不成熟，而发展低碳经济，技术创新是关键，能源使用效率，尤其是工业能源使用效率的提高，有赖于企业的技术创新。因此，福建省要实现真正的转型升级，加快低碳经济发展进程，必须加快能源科技资金的投入，加快技术升级，鼓励相关企业加大节能技术的研发应用与节能技术的改造，大力发展节能和提高能效技术，加大低碳产业关键技术投入与研发力度。鼓励企业创建低碳经济技术重点实验室、研发中心，重点开展低碳经济技术攻关，包括资源节约和替代技术、废弃物

"零排放"技术、可回收材料利用技术和回收处理技术、加强对新能源、可再生能源的技术研发。在研发新技术的同时，加快高新技术对传统产业的技术改造和提升。

参考文献

［1］顾洪梅，何彬. 中国省域金融发展与碳排放研究［J］. 中国人口·资源与环境，2012（8）36－38.

［2］邢毅，经济增长、能源消费和信贷投放的能动态关系研究［J］. 金融研究，2015（12）：17－29.

［3］叶燕斐. 绿色信贷的实施与管理［J］. 中国金融，2012（10）：59－61.

［4］张晨，杨玉，张涛. 基于 Copula 模型的商业银行碳金融市场风险整合度量［J］. 中国管理科学，2015，23（4）：61－69.

［5］张健华. 低碳金融［M］. 上海：上海交通大学出版社，2011.

［6］张坤民，潘家华. 低碳发展论［M］. 北京：中国环境科学出版社，2009.

［7］赵先超. 湖南省能源消费碳排放系统分析与调控［D］. 长沙：湖南师范大学，2014.

［8］庄贵阳. 低碳经济：气候变化背景下中国的发展之路［M］. 北京：气象出版社，2007.

［9］Albino，Vito，Ardito. Understanding the development trends of low－carbon energy technologies：A patent analysis［J］. Applied Energy Barking Then Oxford，2014，135（dec. 15）：836－854.

［10］Chevallier J. Detecting instability in the volatility of carbon prices［J］. Energy Economics，2011，33（1）：99－110.

［11］Claessens S，Feijen E. Financial sector development and the millennium devel goals［J］，World Bank Working Paper，2007（89）：126－12.

［12］George Daskalakis，Raphael N Markellos. Are the European caropean carbon markets efficient［J］. Review of Futures Markets，2008，17（2）：103－128.

［13］Grossman G M，Krueger A B. Economic Growth and the Environment［J］. Nber Working Papers，1995.

［14］Jalil A，Feridun M. The impact of growth，energy and financial development environment in China：A cointegration analysis［J］. Energy Economics，2011，33（2）：284－291.

［15］Manta A G，Florea N M，Bdrcea R M. The Nexus between Carbon Emissions，Energy Use，Economic Growth and Financial Development：Evidence from Central and Eastern European Countries ［J］. Sustainability, 2020, 12 (7747): 1 – 21.

［16］ Panayotou T. Economic Growth and the Environment ［J］. CID Working Papers, 2000.

［17］ Pathak M, Shukla P R. Co-benefits of low carbon passenger transport actions in Indian cities: Case study of Ahmedabad ［J］. Transportation Research Part D: Transport and Environment, 2016 (44): 303 – 316.

［18］ Tamazian A, Chousaj P, Vadlamannati K C. Does higher economic and financial development lead to environmental degradation: Evidence from BRIC countries ［J］. Energy Policy, 2009, 37 (1): 246 – 253.

［19］ Wara M. Is the global carbon market working? ［J］. Nature, 2007, 445 (7128): 595.

［20］ Yasuko Kameyama, Kanako Moritab. Izumi Kubotaa. Finance for achieving low carbon development in Asia: The past, present, and prospects for the future ［J］. Journal of Cleaner Production, 2016, 128 (8): 201 – 208.

板块四　区域发展

专题七 "十四五"期间福建积极融入粤港澳大湾区的成因与对策

一、福建与粤港澳的历史渊源关系

（一）地缘文缘相近

历史上，福建与广东都是古越人聚居的地区，被称作"百越之地"，或"蛮荒之地"。两省相邻，方言相通，粤东的潮汕地区和粤西的雷州半岛讲闽南话，粤东的梅州、惠州、粤东北的河源以及深圳等地区讲客家话。方言是文化的载体，讲同一种方言的不同地域，往往拥有相同的地域文化，例如，讲闽南话的潮汕地区，带有明显与海相关的文化特质（温美姬，2012），与厦漳泉极为相似。两省拥有共同的移民文化背景，其先祖大多从河南、河北、山东、山西等中原地区南迁而来。两省同是几千万海外华侨华人的主要发祥地、祖籍地，很多海外华侨华人与闽粤侨乡一直保持密切的互动关系，形成一种多线、多群体、多层面的复杂关系网络即"多重网络"（郑一省，2004）。因为海外华侨华人的桥梁作用，闽粤侨乡呈现出不同于国内其他地区的演进历程（龙登高，1999），形成鲜明的外向型经济特征。海外华侨华人不仅带动闽粤侨乡的对外贸易，促进闽粤与海外的人文交流，而且使闽粤侨乡获得来自海外的资金、技术与管理经验，全面地融入国际分工体系。由于拥有共同的海外资源，闽粤在"一带一路"特别是"21世纪海上丝绸之路"建设上具有共同的优势条件。

（二）发展历史相似

福建与广东同为中国南部沿海省份，两省都是临海而生，因港而兴，因贸而盛，海洋经济非常活跃。两省同处中国对外贸易、海上交通的前沿之地，同为古代"海上丝绸之路"的重要起点，唐宋以来形成的海洋文化也在闽粤得到很好的延续（徐晓望、徐思远，2013）。广州港、泉州港都曾是历史上闻名遐迩的东方大港，为两省的对外贸易提供了有利的条件。明代实行严厉的海禁，封锁了沿海各地港口。明末商品经济蓬勃发展，隆庆时在倭寇基本平定的前提下，福建漳州月港部分开放海禁，准许私人海外贸易商申请文引，缴纳饷税，出洋到海外贸易（李金明，2004）。月港的繁荣直接带动了广州和澳门的兴盛。闽粤利用这一历史机遇，同海外市场联系在一起，华南经济开始崛起（王云峰，2019）。清初为对付东南沿海及台湾的抗清势力，再度实行海禁。至康熙二年才下令开禁，设置了粤、闽、江、浙四大海关。但到乾隆时，仅保留广州海关，其余三个海关均遭关闭。鸦片战争后，广州、厦门和福州同时被迫辟为对外通商口岸，海外贸易随之快速增长。

（三）改革开放步调一致

改革开放以来，作为毗邻的两个沿海省份，福建和广东在贯彻落实国家重大发展战略上步调基本一致，一直走在全国改革开放的最前列。1979 年 7 月，党中央和国务院把福建和广东列为最早实行对外开放的两个省份，并在广东的深圳、珠海、汕头和福建的厦门试办出口特区，次年 3 月将出口特区改称为经济特区。其后，经济特区全面扩容，随后海峡西岸经济区、平潭综合实验区、前海深港现代服务业合作区、横琴经济开发区陆续获批设立，进一步深化了闽粤两省的各项综合配套改革。2015 年 4 月，福建和广东一同获批设立自由贸易试验区（第二批），同时成为"一带一路"互联互通建设的重要枢纽、"21 世纪海上丝绸之路"经贸合作的前沿阵地和人文交流的重要纽带。同处泛珠三角的闽粤两省，是海峡两岸暨香港、澳门经济跨越发展的重要前沿动力板块（杨林，2013）。

（四）发展成就突出

福建和广东利用中央赋予先行先试的政策优势，成为我国发展最快的省份。福建的生产总值从 1978 年的全国第 23 位，上升到 2019 年的第 8 位，地区生产总值增长了 639 倍（图 1），2019 年福建的生产总值超过台湾；广东的生产总值从 1978 年的全国第 12 位，上升到 1989 年的第 1 位，并连续 31 年雄踞全国第 1 位，地区生产总值增长了 579 倍（图 2），2017 年广东的生产总值超过俄罗斯。

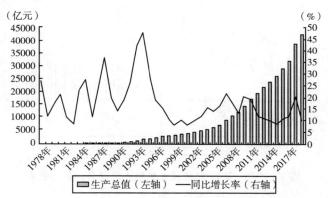

图 1　1978～2019 年福建生产总值与同比增长率

资料来源：历年的《福建统计年鉴》。

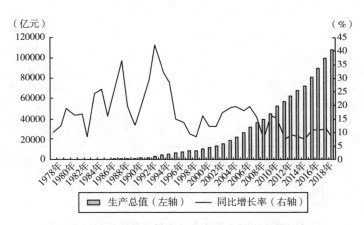

图 2　1978～2019 年广东生产总值与同比增长率

资料来源：历年的《广东统计年鉴》。

　　2019 年福建人均生产总值 42395 元（图 3），全国排第 6 位，广东人均生产总值 107671 元（图 4），全国排第 1 位。1978 年以来，福建省的生产总值为广东省的 1/3 左右。两省在同一时间段经济规模、经济结构虽存在很大的不同，但从历年经济趋势看，表现极为相似。杨林（2013）的研究表明，2000～2012 年两省的经济走势协同度高达 91.7%。闽粤虽存在一定的竞争关系，但同时又互相联系，互相促进。

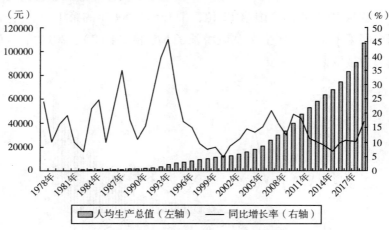

图 3　1978～2019 年福建人均生产总值与同比增长率

资料来源：历年的《福建统计年鉴》。

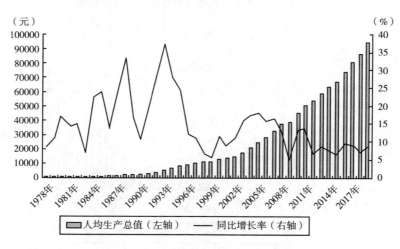

图 4　1978～2019 年广东人均生产总值与同比增长率

资料来源：历年的《广东统计年鉴》。

（五）香港、澳门地位独特

对福建来说，粤港澳大湾区里，香港和澳门的地位较为特殊。香港作为国际航运中心、国际贸易中心与国际金融中心，是全球最自由的经济体之一，拥有高度国际化、法治化的营商环境以及遍布全球的商业网络。香港已成为华南地区重要的出海口，更是福建连接"一带一路"沿线国家的重要桥梁。例如，福建主动加强与香港投资推广署、贸发局合作，每年联合组织闽港两地企业赴欧洲、东南亚等"一带一路"国家开展投资并购与品牌合作，共同拓展海外市场（许雪毅、黄鹏飞，2019）。同时，福建与澳门在金融服务、旅游文化、现代物流和转口贸易等领域有广泛的合作基础，在数字经济、海洋经济、中医药、会展等领域拓展合作新空间，在"一带一路"建设中实现"并船出海"（闫旭，2020）。值得一提的是，在750万香港同胞中，闽籍乡亲有120万，约占1/6①，在60多万澳门同胞中，闽籍乡亲15万，约占1/4②。港澳闽籍乡亲是最先回乡投资创业，并且是投资最多的群体，对福建省经济建设、社会各项事业的发展做出不可磨灭的贡献。改革开放以来，港澳成为福建最大的外资来源地，截至2018年，福建累计实际利用港澳资金850亿美元，约占全省实际利用外资的2/3③。

二、福建对接粤港澳具备一定的现实基础

（一）海峡西岸经济区的提出与设立

早在2004年，福建省政府就提出海峡西岸经济区的战略构想，意在加

---

① 孙春兰访港 称感谢香港120万闽籍乡亲 ［EB/OL］. ［2011 – 03 – 29］. https：//www. chinanews. com/ga/2011/03 – 29/2937141. shtml.

② 杜苏闽. 澳门乡亲黄天松：愿澳门明天更美好 ［EB/OL］. ［2019 – 12 – 20］. http：//m. cnr. cn/news/20191220/t20191220_524906322. html.

③ 苏榕蓉. 于伟国今率团访港 商闽港深化合作 ［N］. 大公报，2018 – 10 – 07（A8）.

强福建与珠三角、长三角两大经济区的联结，推动区域经济合作，避免受珠三角、长三角两头"虹吸"而在中国经济版图中面临被边缘化的风险。福建省提出对接珠三角、长三角，是基于如下认知：第一，福建与珠三角、长三角都是外向型经济，市场化程度高；第二，三大区域交通、电力等基础设施已具备互联互通条件；第三，产业领域有广阔的合作空间。福建省按照优势互补、互惠互利的原则，坚持政府推动、市场运作的发展模式，积极加强与珠三角、长三角的产业对接、市场对接，畅通人流、物流、资金流、信息流，聚集生产要素，优化资源配置，提高合作水平，促进跨省经贸大发展（霍朗，2005）。2005年，福建省十届人大三次会议通过《关于促进海峡西岸经济区建设的决定》。2007年，福建省十届人大五次会议通过《海峡西岸经济区建设纲要》，海峡西岸建设进入全方位推进建设阶段。2009年，国务院印发《关于支持福建省加快建设海峡西岸经济区的若干意见》，2011年3月正式批准《海峡西岸经济区发展规划》。这个发展规划南北分别衔接珠三角和长三角，将浙江南部、广东北部和江西部分地区一同纳入以福建为主体的经济圈（见表1），其中福州、厦门、泉州、温州、汕头为五大中心城市。依托五大中心城市，海峡西岸经济区着力构筑地域分工明确、市场体系统一、经济联系紧密的对外开放、协调发展、全面繁荣的经济综合体。

表1 海峡西岸经济区覆盖范围

省份	涉及范围
福建	全省域（9地市＋平潭综合实验区）
广东	汕头、揭阳、潮州、梅州
江西	抚州、上饶、鹰潭、赣州
浙江	丽水、温州、衢州

现在回头看，海峡西岸经济区发展思路无疑是正确的，对于推动福建省改革开放进程和融入区域协同发展具有重要意义。不过，迄今为止，海峡西岸经济区基本上只停留在概念上，实践效果不如预期，原因在于海峡西岸经济区内部松散的联结，各方整合不到一起，作为海峡西岸经济区主体的福建无法发挥真正的推动作用，结果自然有名无实，难以形成合力。

（二）闽粤经济合作区的提出与设立

2013 年福建和广东两省政府在第九届泛珠三角区域合作与发展论坛上共同商定，拟在广东潮州饶平与福建漳州诏安两县的交界区域规划建设闽粤经济合作区。合作区分为概念区、核心区和启动区，概念区涵盖饶平县及诏安县全域；核心区范规划面积达到 300 平方公里以上；在核心区内设置了 6 个启动区，总面积约为 34.5 平方公里。其中，饶平片区约 17.25 平方公里，诏安片区约 17.26 平方公里。2015 年，《闽粤经济合作区发展规划（2015—2030 年)》通过专家评审，闽粤经济合作区正式设立运行。作为海峡西岸地区乃至东部沿海第一个跨省合作的经济合作区，闽粤经济合作区的设立对推动推进闽粤经济一体化、打造海峡西岸重要经济增长极、加快漳州南部和粤东经济发展，无疑将起到积极的作用。这个合作区也是福建对接、融入粤港澳大湾区的一种形式，具有探路示范意义。但是，合作区格局太小、范围太小，难以有大作为。

2019 年福建省政府工作报告提出深化闽港、闽澳新一轮交流合作，加快发展更高层次的开放型经济。仅仅深化同港澳的合作是远远不够的，"十四五"时期，如何对接粤港澳大湾区（珠三角）和长江经济带（长三角），是福建省必须重新审视和着力把握的重大战略问题。本文主要探讨对接融入粤港澳大湾区议题。

三、"十四五"期间福建为何需要主动对接粤港澳大湾区

（一）基于福建省的视角

1. 区位优势相对弱化

在中国区域经济发展新格局中，主要有粤港澳、京津冀、长三角、成渝经济区四大板块。福建曾是最早设立经济特区的两个省份之一，拥有独一无二的对台区位优势，经济特区建立以来在推动对台经贸交流发挥了重要作用，也为福建省自身经济发展创造了条件。但在当前中国区域经济发展新格

局中，其他区域经济板块强势崛起，福建省慢慢失去原有的优势，特别是对台经贸交流充满不确定性。

2. "东向"融合战略受阻

蔡英文上台以来，民进党当局拒不承认"九二共识"，顽固推动"台独"路线，两岸经济合作制度化进程停滞，经贸合作充满不确定性。民进党当局还提出"新南向政策纲领"，企图借此达到经济上摆脱对大陆市场过度依赖的目的，降低两岸经贸合作水平。受两岸政治局势影响，福建"东向"融合战略受阻。同时，台湾对大陆的贸易投资并不仅仅局限于福建。郑碧强和杨佳钦（2019）的一项实证研究表明，台商对大陆直接投资具体时空分布演变主要是以闽粤两地为"空降点"，逐渐顺东部沿海岸线往北扩展至江苏省，且长期"停留"于最北端的江苏省，最终形成以江苏省与广东省为"中心点"的空间分布格局。也就是说，台商的投资重心并不在福建。而且随着台湾与大陆经济的此消彼长，增长趋势出现逆转，台湾经济分量与重要性也开始下降。

3. 重构自身发展新动能

"十四五"时期是中国实现第一个百年目标以后迈向第二个"一百年"奋斗目标的关键历史时期，也是福建省全方位推动高质量发展、超越加快新时代新福建建设的关键五年。福建省十三届人大五次会议的《福建省人民政府工作报告》指出，福建要奋力实现更高质量的发展，加快转变经济发展方式，加快新旧动能转换，进一步扩大总量超越优势，推动经济实力更强。鉴于福建省区位优势逐渐弱化，在中国区域经济发展新格局中有被边缘化的危险，对台优势难以发挥，短期内不可能有太大的实质性进展，所以福建在区域经济发展方面应适时调整战略思路，积极主动融入粤港澳大湾区，在继续推动对台经贸交流融合的同时，从大湾区巨大发展机遇中谋求突破，推动闽粤港澳经济一体化，重构自身发展的新动能。

（二）基于粤港澳的视角

1. 粤港澳大湾区承载国家三大主要战略，是全方位开放的新坐标

2019 年 2 月，中共中央、国务院印发《粤港澳大湾区发展规划纲要》，这是目前我国唯一确定为国家战略的大湾区，也是与京津冀、长三角并列的三大区域一体化协同发展区域。粤港澳大湾区是中国迄今为止最成熟的一个城市群,承载了中国三个主要战略,一是创新发展战略,二是区域发展战略,三是新型城市化战略(王海荣,2018)。同时,作为改革开放的重要窗口和经济特区的标杆,深圳已被中央确定为中国特色社会主义先行示范区,在改革开放40周年之际,深圳又被赋予很多灵活政策。大湾区加先行示范区,拥有强劲的"双区驱动效应"的发展新动能,粤港澳大湾区有望成为亚洲乃至世界上最具发展空间、最具增长潜力的国际一流湾区,并将辐射、带动、引领周边地区的发展,福建省自然也在它的辐射范围之内。

2. 粤港澳大湾区是我国开放程度最高、经济活力最强的区域之一

粤港澳大湾区总面积5.6万平方公里,2019年常住人口7264.92万人。根据世界银行的数据,早在2015年,仅粤港澳大湾区的9个内地城市就已成为世界上占地面积和人口最大的城市群(张文朗、郑宇驰,2019),远超纽约、旧金山和东京三大湾区。更值得称道的是大湾区雄厚的经济实力,2019年地区生产总值达11.62万亿元,逼近纽约大湾区,预计于2022年左右超过东京大湾区。粤港澳大湾区还拥有深圳港、广州港、香港港吞吐量位居世界前十的三大港口(见表2),港口集装箱吞吐量、进出口贸易总额均位居世界榜首。无论从硬件还是软件看,粤港澳大湾区都已具备建成国际一流湾区与世界级城市群的基础条件。

表2 　　　　　　　　**2019年全球集装箱十大港口** 　　　　　单位:万标准箱

排名	港口	国家	集装箱量
1	上海港	中国	4330
2	新加坡港	新加坡	3708.6
3	宁波舟山港	中国	2753
4	深圳港	中国	2577
5	广州港	中国	2324
6	釜山港	韩国	2195.5
7	香港港	中国	2101
8	青岛港	中国	1836.4
9	天津港	中国	1730
10	杰贝阿里港	阿联酋	1492.2

资料来源:中国水运网,http://www.zgsyb.com/news.html? aid=536569。

3. 粤港澳大湾区产业链完善，科技创新实力强劲

经过改革开放 40 多年的发展，珠三角 9 市已初步形成以战略性新兴产业为先导、先进制造业和现代服务业为主体的产业结构，而港澳两地高端服务业高度发达，形成优势互补的发展局面。大湾区内产业结构分布呈现多样化特征：深圳、广州、香港、澳门以第三产业为主，港澳的第三产业产值更是高达地区生产总值的 90%，而其他地区第二产业的贡献度较高，产业梯度分明，结构级差显著。得益于完善的产业链，粤港澳大湾区成为科创企业的聚集地，根据《2020 年世界 500 排行榜》，粤港澳 21 家企业上榜世界 500 强，占全国总量（133 家）的 15.8%。同时，3 万多家国家级高新技术企业落户大湾区。得益于高新企业和创新要素的聚集，大湾区科技创新能力强劲，国际竞争力突出，PCT 国际专利申请量占全国的一半左右，发明专利总量位居世界四大湾区首位①。深圳作为创新型城市，PCT 国际专利申请量将近 1.2 万件，每万人发明专利拥有量达 93.4 件，是全国每万人发明专利拥有量 13.3 件的 7 倍②，其 PCT 国际专利申请量连续 16 年位居全国大中城市榜首③。

4. 香港、深圳金融中心作用显著

香港是国际金融中心，根据全球最具权威的"全球金融中心指数"（global financial centers index，GFCI）排名，2019 年香港力压新加坡市、东京，在全球排第 3 名，与纽约、伦敦并称"纽伦港"。香港是中国企业的国际融资中心，也是中国企业"走出去"的一个便捷通道。包括腾讯、中兴通讯、中国石油在内的内地企业陆续在香港上市，数量占香港上市公司的近五成。而深圳是内地仅次于上海、北京的金融中心，目前 GECI 全球排第 18 名，同时与香港国际金融中心互联互通，日益融合。2010 年后，由于创业板的推出，深交所 A 股上市公司数量迅速上升，成为三大证券交易所中 A 股上市公司数量最多的一个。以香港、深圳为代表的金融中心，已成为中国企业重要的国际融资平台。而福建经济的一个重要特点是，中小企业多、民营企业多，长期以来融资难一直是困扰福建企业发展的一个主要问题。对接粤港

---

① 徐静. 大湾区发明专利总量领先世界湾区［N］. 广州日报，2020 – 11 – 18（A8）.
② 李佳佳. 深圳 PCT 国际专利申请近 1.2 万件［N］. 深圳商报，2019 – 12 – 17（A01）.
③ 何泳. 深圳 PCT 国际专利申请全国十六连冠［N］. 深圳特区报，2020 – 04 – 10（A01）.

澳大湾区，可以为福建中小企业、民营企业融资纾困。2017 年已有 80 多家福建企业在港交所上市，是全国所有省份中最多的，融资额超 1000 亿港元，闽企成为香港最大的"客户"①。港深金融中心不仅为福建企业提供融资支持，也是福建外来投资最主要的国内国际通道。

四、他山之石：桂湘赣琼四省主动对接融入粤港澳大湾区的启示

与广东陆地接壤的省份共有 4 个，由西到东依次为广西（桂）、湖南（湘）、江西（赣）和福建（闽）。海南（琼）虽然陆地上未与广东接壤，但仅隔一条琼州海峡，是名副其实的近邻。目前，桂湘赣琼四省均提出主动对接融入粤港澳大湾区的思路，把全面对接大湾区建设作为推进高质量发展、加快构建全方位开放发展新格局的重大战略举措。

（一）江西对接融入粤港澳大湾区方案

作为长三角、珠三角、闽南金三角的共同腹地，江西区位条件独特，既是沿海的腹地，又是内陆的前沿，"东西南北左右逢源"。中央提出建设粤港澳大湾区的重大战略后，江西为抢抓粤港澳大湾区的发展机遇，主动把融入粤港澳作为构建全面开放新格局、全力打造内陆双向开放新高地的重要举措。2018 年 8 月，在国务院举办的江西专场新闻发布会上，江西省提出"六个对接"，即通道对接、产业对接、科技对接、平台对接、功能对接、市场对接（王健，2019）。同年 12 月，江西省印发《江西对接粤港澳大湾区建设行动方案》，把构建立体化对接通道、建设高端产业协作区、打造科技成果转化基地、建设生态康养旅游后花园、加强公共服务合作交流、增创改革开放新优势作为六个重点任务。2019 年 3 月，江西省省会南昌市也印发了《南昌市对接粤港澳大湾区建设实施方案》。

---

① 杨剑峰，张旭. 闽企在港上市数量居内地首位 融资额超 1000 亿港元［EB/OL］.［2017 – 05 – 26］. http：//news. fznews. com. cn/shehui/20170526/5927846183a9e. shtml.

（二）广西对接融入粤港澳大湾区方案

广西是粤港澳重要的原材料供应地、农产品供应地、劳务输出地和产业承接地，是大湾区的直接辐射区、重要经济腹地和拓展东盟市场的便捷桥梁（魏恒、陈贻泽，2019）。正因为对接大湾区具有天然优势，广西成为内地除广东外《粤港澳大湾区发展规划纲要》提及最多的省份。2019年5月，广西印发《广西全面对接粤港澳大湾区实施方案（2019—2021年）》，聚焦交通互联、产业转移、生态合作、扶贫协作、平台引领、政策衔接、人才交流、机制协调等八个关键领域，通过推进重大项目、重大政策落地实施，全面对接大湾区建设，加快推进广西高质量发展，加快形成"南向、北联、东融、西合"的全方位开放发展新格局。同月中旬，"2019广西对接粤港澳大湾区推介会"先后走进香港和澳门，广西各市及部分单位在港澳开展对口交流活动，并签订了一批投资合作项目。2019年8月，广西壮族自治区首府南宁市也印发了《南宁市全面对接粤港澳大湾区2019年工作方案》。

（三）湖南对接融入粤港澳大湾区方案

湖南是中部地区的经济大省，是粤港澳大湾区向中部产业转移的重要通道，也是大湾区辐射的前沿阵地。广东企业在湘投资项目数量和投资额稳居全国和省区市首位，香港在湘投资项目、合同外资额、实际使用外资额三项指标均居境外来湘投资的首位，并占总数一半以上（周月佳，2019）。湖南高铁、高速公路、航空港等基础设施已颇具规模，具备承接大湾区产业转移的有利条件。为落实"一带一路"倡议，2018年8月，湖南着手开展对接粤港澳大湾区专题研究。2020年3月，湖南省印发《湖南省对接粤港澳大湾区实施方案（2020—2025年）》，提出构建便捷高效对接通道、推进现代产业协同发展、构建区域协同创新体系、促进区域旅游休闲康养联动、深化公共服务对接合作、共同深化改革开放、加强平台引领对接和共筑南岭生态安全屏障八个重点任务，推进湖南省与粤港澳大湾区的对接融合。

（四）海南对接融入粤港澳大湾区思路

海南原来隶属广东省，1988年才建省，从地理位置上看，与广东仅一海之隔，琼粤的渊源关系自不待言。2018年9月，海南省就提出积极推动湛江至海口高铁建设、琼州海峡港航一体化、生态环保合作等工作，把对接粤港澳大湾区建设作为重点，强化与泛珠各省（区）合作交流互动，促进合作共赢。《海南自由贸易港建设总体方案》特别提出要"促进与粤港澳大湾区联动发展"。海南自由贸易港范围大，为粤港澳大湾区提供足够强大的腹地，而在构建国际国内产业链、供应链上，粤港澳大湾区可为海南自由贸易港提供支撑和加速的作用（昌道励等，2020），琼粤港澳经济具有很强的互补性，可互为补充、互相支撑、互相促进，这是海南积极主动对接融入粤港澳大湾区的重要原因。

与上述四省相比，福建对接粤港澳大湾区具有一定优势，闽粤比邻而居，拥有共同的文化，均为海外华侨的祖籍地、侨居地，历史文化联系更为密切。另外，港澳两地有相当比例的闽籍乡亲，这也是福建的一个独特优势。当然，福建在对接融入粤港澳大湾区步伐上似乎比桂湘赣琼慢了半拍，目前尚未形成一个清晰的思路或规划，这个正是"十四五"规划必须补上的一课。

五、"十四五"期间福建如何融入粤港澳大湾区的若干建议

（一）对接粤港澳大湾区的基本思路

为了尽快融入粤港澳大湾区，福建省"十四五"发展战略规划应参照《粤港澳大湾区发展规划纲要》来进行谋划，做好规划上的衔接，注重顶层设计。在制定规划过程中应多展开调研，做到知己知彼，有的放矢，增强对接方案的可操作性。目前桂湘赣对接粤港澳大湾区的实施方案都比较全

面，福建经济发展水平不同于前三者，不能搞"大而全，小而全"，面面俱到，必须厘清自身的发展需求，梳理优势、长板与强项，查找差距、短板与弱项。总体上说，应该从"优势互补、取长补短、借力发力、错位发展"的思路着眼，从关键领域着手，从最容易对接的工作着力，从最容易成功的地方做起，从最有利于福建发展的产业进行对接。特别是，哪些领域或产业应加快与粤港澳大湾区对接？如何规划从政策上推动，更好地对接融入粤港澳大湾区？比如，哪些产业与投资项目能够吸引粤港澳大湾区甚至带动外资到福建来投资？哪些农产品、原材料、中间产品可以输送到大湾区？等等。

另外，对接粤港澳大湾区的一个重要目的，就是利用港澳，利用大湾区，利用闽粤作为海外华侨祖籍地、侨居地的优势，让福建、广东成为国内大循环、国内国际大循环互相促进的桥梁与纽带，共同推进"21世纪海上丝绸之路"的建设，为中国经济在海外市场的拓展提供新的增长点。

（二）建议对接粤港澳大湾区的主要领域

1. 加快基础设施特别是新基建与粤港澳大湾区对接

目前，福建连接粤港澳的交通大动脉虽已基本贯通，但仍停留在动车时代（高铁用的是动车线路），与湘桂赣皖等邻近粤港澳、长三角的省份相比，通勤时间明显偏长（见表3）。随着"双龙"高铁（福建龙岩到广东龙川）于2019年9月全面开建（工期4年），闽西对接粤港澳大湾区将率先进入高铁时代。"双龙"高铁开通后，龙岩至梅州、广州的时间分别缩短至1小时、2.5小时。应考虑将福厦高铁线路延伸到粤港澳，进一步加强闽粤、闽港、闽澳之间的互联互通。另外，同为经济特区的厦门与深圳，两市之间竟然没有互通的航班，这是很不正常的。厦门港作为国际航运中心和海峡两岸枢纽港，在转口贸易方面与粤港澳三大港口也有很大的协作空间，可实现资源共享，"并船出海"，降低航运成本，提升港口竞争力。总的说来，海陆空三方面的互联互通都需要加强。

表3　　　　　　　　　中南部几个城市高铁/动车到达广州、深圳的用时

城市	城市	城市距离（千米）	高铁最短用时（小时）	高铁最长用时（小时）	动车最短用时（小时）	动车最长用时（小时）
武汉	广州	1070.0	4.36	5.36	—	—
长沙		854.0	2.36	3.59	—	—
南昌		802.0	5.20	5.35	8.40	9.52
南宁		718.3	3.35	3.47	—	—
福州		814.6	3.17	3.35	5.07	5.49
厦门		575.1	3.34	3.44	3.05	4.00
武汉	深圳	975.0	3.38	5.06	—	—
长沙		668.0	2.17	2.59	2.47	—
南昌		779.5	3.44	4.40	—	—
南宁		556.5	2.56	3.06	2.47	3.52
福州		875.6	5.52	6.12	—	—
厦门		636.1	4.18	4.27	3.50	5.05

资料来源：根据铁路 12306 系统高铁/动车运行车次统计。

另外，在新基建方面，福建也要主动加强与粤港澳数字、信息之间的互联互通，更多地借助信息化、大数据等手段，为福建高质量发展提供重要支撑。2020 年 10 月，广东省发布《广东省推进新型基础设施建设三年实施方案（2020—2022 年）》，700 多个项目，总投资超过 1 万亿元，意在构建泛在互联一体化网络，打造四大创新能力支撑集群，推进十大智慧工程建设。福建也要在新基建方面加大投入，这样对闽粤两地的人员、资金、信息往来可以起到加速器的作用。

2. 加快数字经济与粤港澳大湾区对接

"十三五"期间，福建在数字经济方面取得长足的发展，相对于全国大多数省市有了一定的比较优势。2019 年福建全省数字经济总量 1.73 万亿元，比上年增长 20.3%，增速居全国第 2 位。福建省数字经济走在全国前列，正在加快打造国家数字经济发展高地、数字中国建设样板区和示范区，应充分利用大湾区全球大数据硅谷和国际数据经济创新中心的资源，推动互联网、大数据、人工智能与大湾区对接，寻求优势互补合作空间。粤港澳特别是深圳拥有华为、腾讯、大疆等高科技企业，在 5G 通信、云计算、无人机等科

技创新、数字技术、数字经济方面拥有明显优势，通过与之对接和融合发展，可以加快提升福建数字的发展速度，快速壮大发展规模，成为促进福建经济转型升级的新动能。

3. 加快科技创新与粤港澳大湾区对接

当前，人类社会迎来第四次科技革命，人们的生活、工作以及商业模式都在迅速发生改变，而创新是引领发展的第一动力。福建省整体创新能力方面处于全国中上水平，创新动力、创新能力和创新活力相对不足，在投入、主体、平台、人才、质量等五个方面均存在短板，特别是高端研发设计需要更多地"引进来"。由于珠三角和长三角科技创新环境和科技发展水平整体上优于海峡西岸地区，过去相当长时间内，福建省一直受两头"虹吸"，不仅高层次专业技术人才、领军人物留不住，就连技能型人才也流失严重。《粤港澳大湾区发展规划纲要》提出深化创新合作，致力于构建开放型区域协同创新共同体，打造具有全球影响力的国际科技创新中心，建设全球科技创新高地和新兴产业重要策源地。粤港澳大湾区将大力推进"广州—深圳—香港—澳门"科技创新走廊建设，共同打造科技创新平台，加快促进知识密集型产业体系的形成，新的科技创新增长极蓄势崛起。福建省也在布局"福州—厦门—泉州"科技创新走廊，应抢抓机遇，主动实现"两廊"对接，加强与粤港澳大湾区的科技创新合作，成为后者区域协同创新共同体的一员，力争在新一轮科技大革命中走在前列。

4. 加快高端产业与粤港澳大湾区对接

产业领域，主要瞄准粤港澳大湾区的先进制造业和高端服务业这两个关键领域。目前，由粤港澳三地 20 多家行业协会、商会、学会共同发起成立粤港澳先进制造业产业联盟，促进三地在先进制造业领域的交流合作、互联互通、资源共享和平台服务，构建全产业链合作模式。福建应积极主动作为，承接粤港澳的产业转移，特别是新材料、新能源、节能环保、高端装备、人工智能、生物医药等战略性新兴产业。同时，现代服务业是产业结构优化升级的主要方向，是高质量发展的重要支撑。经过"十三五"时期的发展，福建现代服务业发展潜力不断释放，对经济增长贡献率已超过 50%[①]，

---

① 刘荷. 以现代服务业助力实体经济 共创高质量发展新局面 [EB/OL]. [2018 – 10 – 24]. http://m. people. cn/n4/2018/1024/c1142 – 11784778. html.

但知识密集型高端服务业仍然是福建省的最大短板，同时也意味着发展潜力巨大。"十四五"期间，福建省应推动现代服务业向高端化发展。

长期以来，香港对福建的外商投资、转口贸易发挥着巨大的作用，近两年受到中美贸易冲突影响，香港也需依靠内地特别是国内大循环谋求新发展。基于当前国内外局势，福建应积极主动与粤港澳大湾区一起抱团取暖，拓展海外市场，谋求"一带一路"贸易投资新增长点，同时也吸引海外对福建的投资。香港凭借在航运、贸易、金融、会计、法律、仲裁、调解，基建融资、风险管理等专业服务的优势，成为"一带一路"高端服务业中心。福建制造业具有明显优势，可与香港展开密切合作，让更多的闽企顺利"走出去"。

5. 加快金融服务业与粤港澳大湾区对接

区域金融合作，离不开金融市场的深度对接。深圳前海已成为国内金融重镇，早在2012年就探索跨境人民币贷款，以跨境人民币业务为核心的跨境金融合作成为中国金融业对外开放的试验示范窗口。而香港是全球最大的人民币离岸中心，拥有6000亿元人民币的资金池，以人民币结算的每日平均成交额已超过9000亿元（潘展虹，2018）。借助深圳、香港的国内国际融资平台，福建可有效破解困扰福建广大中小企业和民营企业的融资瓶颈，也为引入外资打开重要通道。鉴于此，福建应主动加强与粤港澳大湾区金融服务对接，搭建金融资本与中小企业交流合作的共建平台，促进金融要素自由流动，推进与大湾区银行、证券、保险、基金、融资租赁、信托等金融机构的对接，实现金融服务一体化，包括金融结构协同、金融市场对接、金融产品互认、金融基建互通、金融人才互通，达到社会各方互利共赢。当然，金融服务业对接粤港澳大湾区，也要注意功能定位上的分工，实现优势互补。

6. 加快海洋经济与粤港澳大湾区对接

闽粤同属南部海洋经济圈，海域辽阔、资源丰富、战略地位突出，两地在发展海洋经济方面有共同需求，起点也差不多。2011年，广东海洋经济上升为国家战略，《广东海洋经济综合试验区发展规划》明确了四大战略定位：成为我国提升海洋经济国际竞争力的核心区、促进海洋科技创新和成果高效转化的集聚区、加强海洋生态文明建设的示范区和推进海洋综合管理的先行区。次年，福建海洋经济发展也上升为国家战略，《福建海峡蓝色经济试验区发展规划》明确了六大战略定位：成为深化两岸海洋经济合作的核心区、全国海洋科技研发与成果转化重要基地、具有国际竞争力的现代海洋产业集聚区、全国海湾海岛综合开发示范区、推进海洋生态文明建设先行区和创新海洋综合管理试验区。有了这一"蓝色引擎"，福建省在海洋经济方面获得一定的先发优势。闽粤海洋经济可合作的领域包括临海石化、能源等产业，海洋生物医药、海洋工程装备制造、海水综合利用等新兴产业，港口物流、滨海旅游、海洋信息服务等海洋服务业，以及海洋科技创新平台建设和成果高效转化等方面。此外，两省还可以携手其他国家或经济体，开展海洋经济的国际合作。

7. 公共服务加快与粤港澳大湾区对接

2020 年 9 月，漳州与潮州率先打破地方行政壁垒和信息阻隔，破解异地办事"多地跑、折返跑"难题，推动更多高频事项"一地认证、全网通办"，做到"马上办、网上办、就近办、一地办"，目前已实现 66 项政务服务"跨省通办"，大大提高政府行政效率。漳潮两地建立政务服务的合作机制、推动"跨省通办"的成功经验，不仅值得在全省域范围内复制推广，而且可拓展到所有公共服务领域，实现公共服务与粤港澳的全面对接，互联互通。

（三）充分调动各方面的积极因素

1. 充分发挥"两只手"的协同引领作用

区域一体化协同发展涉及面非常广，福建需要突出省委省政府的引领带动作用，大胆打破已有行政区划，大力破除行政壁垒和地方保护主义，主动对接融入粤港澳大湾区。可由省委省政府牵头，与粤港澳建立区域战略统筹机制、创新区域互动合作机制等，签署合作框架协议或备忘录，共商共建共享资本、技术、人才、服务综合合作平台，而远景目标是建立闽粤港澳区域共同市场。同时，注意发挥市场机制在促进区域合作方面的作用，通过设计支持对接粤港澳大湾区的政策、规划，引导民间资本、海外资本来闽投资，推动闽粤合作与融合。

2. 壮大自身实力是融入粤港澳大湾区的根本

福建需要拿出改革开放初期的锐气，学习深圳的创新意识、创新思维、创新精神，大力推动"大厦门""大福州"两个中心城市的建设，凸显大城市的规模效应，以增强福建经济自身的吸引力。因此，福建在融入粤港澳大湾区的同时，必须苦练"内功"，以"大双城"带动南北两个中心城市群和闽西南、闽东北两个协同发展区。自身底气足，对接融入粤港澳大湾区就有更大的施展空间，争取更大的作为，获得更多的利益。

3. 充分发挥海外华侨的桥梁纽带作用

由于祖籍地的原因，海外华侨华人、港澳同胞不少对福建、广东都怀有深厚的感情。华侨华人和侨乡为了自身的发展以及为获得较大的效益，都在利用业已存在的关系，参与紧密相连的多重网络（何梦笔，1996），因此，可以通过海外特别是东南亚的侨胞来加强福建跟粤港澳的联系。一方面，依托侨乡网络，包括企业网络、组织网络和资讯网络等民间或政府网络，加强与华人华侨的联络；另一方面，通过华人华侨的宗亲会、同乡会、商会（行会）等社团网络，增强与华人华侨的密切联系（郑一省，2004）。海外华侨是第三方，适合于从中穿针引线，可以更好地发挥桥梁纽带作用。

4. 充分发挥闽籍企业家的桥梁纽带作用

粤港澳三地聚集了数量可观的闽籍企业家，这是可以利用的一个重要资源，福建省、市、县（区）各级政府平时应加强与这些闽籍企业家的联络和互动，做好粤港澳闽籍企业信息收集、跟踪和服务工作，增进交流，吸引他们回归，共谋福建发展。充分发挥闽籍商会、社团对接粤港澳的桥梁纽带作用，积极探索平台招商、基金招商、以商招商，促进项目对接，实现"蝴蝶效应"。

5. 充分发挥高端智库的咨政参谋作用

智力资源是国民经济社会发展的重要资源，随着国家政策制定变得更加复杂和专业，政府科学决策需要依赖专业知识和专门机构（王蕾等，2018）。智库的生命在于研究，研究的价值在于解决经济社会发展面临的现实问题，为国家治理提供前瞻性、预见性的智力支持和决策参考。福建省委省政府可以课题委托方式，延揽福建省以及国家高端智库从事福建省区域发展战略特别是融入粤港澳大湾区的发展战略，这个需要展开经常性、长期性的研究，及时为省委省政府提供咨政建言，充分发挥科研服务国家区域经济发展的作用。

参考文献

[1] 昌道励，王彪，陈晓. 粤港澳大湾区联动海南自由贸易港 [N]. 南方日报，2020 – 06 – 03.

[2] 何梦笔. 网络、文化与社会经济行为方式 [M]. 太原：山西经济出版

社，1996.

[3] 霍朗. 福建省省长黄小晶：积极对接珠三角长三角 [N]. 第一财经日报，2005 - 07 - 25.

[4] 李金明. 闽南文化与漳州月港的兴衰 [J]. 南洋问题研究，2004（3）：75 - 81.

[5] 龙登高. 粤闽侨乡的经济变迁——来自海外社会资源的影响 [J]. 华侨华人历史研究，1999（3）：51 - 55.

[6] 潘展虹. 推动跨境金融合作 粤港澳探索建立协调机制 [N]. 时代周报，2018 - 07 - 31.

[7] 王海荣. 粤港澳大湾区承载中国三大战略 [N]. 深圳商报，2018 - 08 - 23.

[8] 王健. 江西省通过"六个对接"深度融入粤港澳大湾区 [EB/OL]. https：// jx. chinadaily. com. cn/a/201908/19/WS5d5a37daa31099ab995da420. html.

[9] 王雪，褚鑫，宋瑶瑶，等. 中国科技智库建设发展现状及对策建议 [J]. 科技导报，2018，36（16）：53 - 61.

[10] 王云峰. 明代开海后华南经济开始崛起 [N]. 辽宁日报，2019 - 06 - 03。

[11] 魏恒，陈贻泽. 加快对接大湾区共享发展商机 [N]. 广西日报，2019 - 05 - 17.

[12] 温美姬. 岭南客粤闽方言词汇的地理文化例释 [J]. 暨南学报（哲社版），2012，34（7）：74 - 80，162 - 163.

[13] 徐晓望，徐思远. 论明清闽粤海洋文化与台湾海洋经济的形成 [J]. 福州大学学报（哲社版），2013，27（1）：5 - 13，38.

[14] 许雪毅，黄鹏飞. 闽港投资贸易达千亿元 [EB/OL]. http：//www. xinhuanet. com/fortune/2019 - 01/16/c_1124000318. htm.

[15] 闫旭. 共建"一带一路"福建澳门并船出海 [N]. 消费日报，2020 - 11 - 20.

[16] 杨林. 闽粤两省经济发展比较 [J]. 开放导报，2013（4）：97 - 100.

[17] 郑碧强，杨佳钦. 台湾地区"解严"以来台商对祖国大陆直接投资的时空演进及内在逻辑 [J]. 台湾研究，2019（6）：71 - 84.

[18] 郑一省. 多重网络的渗透与扩张——华侨华人与闽粤侨乡互动关系的理论分析 [J]. 华侨华人历史研究，2004（1）：35 - 45.

[19] 周月佳. 湖南加速对接粤港澳大湾区 [N]. 湖南日报，2019 - 02 - 22.

专题八 厦门市建设金砖国家新工业革命伙伴关系创新基地研究

一、厦门金砖创新基地的内涵及主要任务

厦门金砖创新基地是由"金砖国家""新工业革命""伙伴关系"三者定义的一个创新基地,这三者界定了该创新基地的实现路径和发展方向。

"金砖国家"表明了该区域合作机制的参与成员。金砖国家合作机制,本质上是一个区域经济合作机制,与常见的区域经济一体化机制有所不同的是,该机制的参与成员并不是地域上相近或相邻的一组国家,而是分布于各大洲的具有系统重要性的新兴市场国家。中国一贯倡导"和平合作、开放包容、互学互鉴、互利共赢"的区域经济合作理念。金砖国家合作机制也将体现这一以共同发展为目标的合作理念。与此同时,基于"开放包容"的理念,厦门金砖创新基地在具体建设进程中,对区域合作对象的选择可以不必拘泥于金砖合作这一层面,而应在金砖合作基础上寻求"金砖 + ""一带一路"区域合作乃至"一带一路 +"等更广泛的区域经济合作对象。

"新工业革命"定义了厦门金砖创新基地的关键技术领域和技术方向。新工业革命带来了人工智能、大数据、区块链、信息通信等领域的联合研发与创新,通过建立金砖国家新工业革命伙伴关系,并建设厦门金砖创新基地这一国际技术创新合作平台,金砖国家在此强化技术创新和贸易投资领域的合作,推进新工业革命进程并实现包容性增长。

"伙伴关系"界定了厦门金砖创新基地的区域经济合作性质和特征。通

过金砖国家贸易、投资和金融合作机制的构建与发展，以平等互利、合作共赢的理念推动全球经济治理和国际金融体系改革创新，是新兴市场和发展中国家打破以美国为首的发达国家主导的不平等的国际经济金融治理的重大战略。美国在国际竞争中从来无所不用其极。2018 年初以来美国挑起的中美贸易摩擦，似乎着眼于经济贸易领域，但核心目标直指高新技术企业，意在争夺全球科技竞争之制高点。因此，在"伙伴关系"框架下的国际技术合作也是金砖国家打破美国企图垄断新工业革命时代前沿和关键技术的一个重要战略举措。

以上三个方面界定了厦门金砖创新基地建设任务的实现路径和发展方向，当然，"创新基地"是任务本身，一般意义上的创新基地包含技术创新及高新技术产业化两大任务，而厦门金砖创新基地所指向的是在区域合作框架下形成的互利共赢的合作伙伴关系下的国际技术创新合作，合作内容聚焦于工业与数字经济、绿色经济、知识生产与技术创新、贸易投资、人才培养与政策协调等方面。进一步地，将其置于金砖合作机制框架下，厦门金砖创新基地是旨在推进金砖国家新工业革命伙伴关系建设的一个平台和载体，通过加强金砖国家在贸易投资合作和金融合作基础上的工业化合作和国际技术创新合作，以应对新工业革命背景下国际科技竞争的挑战，避免在高新技术前沿领域受制于少数发达国家的被动局面。

二、我国与金砖国家贸易投资现状

随着金砖国家间经贸合作的不断推进，金砖国家在贸易投资领域的合作潜力逐步显现出来，尤其是近年来随着中国对"一带一路"沿线国家的贸易投资合作力度加大，进一步带动了金砖国家之间的贸易投资合作。

金砖国家进出口贸易与对外投资除受全球性金融危机及全球经济萎缩影响的个别年份以外，整体处于上升趋势。金砖国家间贸易占比与相互投资占比也呈现逐步提升的趋势，显示金砖国家在彼此对外贸易与对外直接投资中的地位逐步提升。其中，中国与金砖国家的贸易投资往来最为密切。

（一）金砖国家贸易投资合作现状

1. 金砖国家贸易关系现状

金砖国家经济合作机制本质上是一个区域经济合作机制，可以用区内成员相互间贸易占其总贸易额的比重，来衡量该区域经济合作成员间贸易关系的紧密程度。

本文根据联合国贸易和发展会议数据库（UNCTADstat）数据，整理了金砖国家成员间贸易占其总贸易额比重、金砖国家吸收外资及对外投资的数据。图1描述了2005～2020年金砖国家成员之间的进出口总额占金砖国家总进出口额的百分比，该比值衡量了金砖国家之间的贸易往来相比于整体贸易所占比重大小。图1的直线显示这一比值从2005～2020年呈现出稳步上升的趋势。该比值从2005年的9.29%到2020年的11.35%，16年间大致增长了2个百分点。

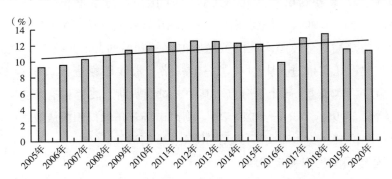

图1　2005～2020年金砖国家成员间进出口总额占总进出口额百分比

资料来源：联合国贸易和发展会议数据库。

金砖国家区内贸易占比数值可以结合中国对外贸易发展情况来看。2011～2013年，金砖国家区内贸易所占比例较高。2012年，在全球货物贸易额仅增长0.2%的情况下，中国货物贸易额仍居全球第二位，占全球份额进一步提升。随着市场多元化战略深入推进，中国对新兴经济体和发展中国家进出口保持较快增长势头，其中对东盟、俄罗斯、南非进出口分别增长为10.2%、11.2%和31.8%。① 2013年，中国货物进出口4.16万亿美元，增长7.6%，

---

① 资料来自中华人民共和国商务部发布的《2012年中国对外贸易发展情况》。

一举成为世界第一货物贸易大国，也是首个货物贸易总额超过 4 万亿美元的国家，创造了世界贸易发展史的奇迹。2013 年，中国对新兴经济体进出口总体保持较快增长，但 9 月份以后受部分新兴经济体金融市场动荡和经济增长减速影响，中国对一些新兴经济体出口有所下滑。全年来看，对东盟、南非进出口分别增长 10.9%、8.6%，对巴西、俄罗斯进出口分别增长 5.3% 和 1.1%，对印度进出口下降 1.5%。① 中国对金砖国家贸易的支撑了金砖国家成员间区内贸易份额的不断提升。

2015～2016 年，金砖国家区内贸易所占比例比较低。这与 2015 年地缘政治局势紧张、外贸面临的形势严峻复杂有关。2015 年 2 月，德国、俄罗斯、法国、乌克兰达成明斯克协议。美国和欧盟的制裁重创俄罗斯经济，俄罗斯经济陷入衰退，市场急剧萎缩，对外经贸合作受阻。2016 年，中国对"一带一路"沿线部分国家出口实现较快增长，其中对俄罗斯、孟加拉国、印度出口分别增长 14.2%、9.3% 和 6.6%。中国对欧盟和美国出口分别增长 1.3% 和 0.1%，对东盟出口下降 1.9%，对三者出口合计占中国出口总额的 46.7%。②

2017 年之后，金砖国家区内贸易所占比例开始回升。2017 年，随着"一带一路"建设扎实推进，中国对"一带一路"沿线国家进出口增长 17.8%，高出进出口总体增速 3.6 个百分点。其中，对俄罗斯、波兰和哈萨克斯坦进出口分别增长 23.9%、23.4% 和 40.7%。新兴市场开拓取得积极成效，中国对东盟进出口增长 16.6%，对金砖国家进出口增长 24.9%。③

2. 金砖国家投资关系现状

图 2 描述了 2005～2019 年金砖国家吸引外资的情况。从图 2 可以看出，2005～2019 年，中国吸引外资数值最高，增长趋势也最稳定。中国吸引外资平均值为 1068.16 亿美元，大约占到金砖国家吸引外资总额的一半；南非吸引外资最少。2005～2019 年，金砖国家吸引外资的能力整体而言在上升，其中，中国、巴西和印度吸引外资增长稳定且比较快，俄罗斯吸引外资较为不稳定甚至呈现负增长趋势。根据联合国《2021 年世界投资报告》，2020 年，中国对外资的吸引力不减反增，成为全球第二大 FDI 流入国。

---

① 资料来自中华人民共和国商务部发布的《2013 年中国对外贸易发展情况》。
② 资料来自中华人民共和国商务部发布的《中国对外贸易形势报告〈2017 年春季〉》。
③ 资料来自中华人民共和国商务部发布的《中国对外贸易形势报告〈2018 年春季〉》。

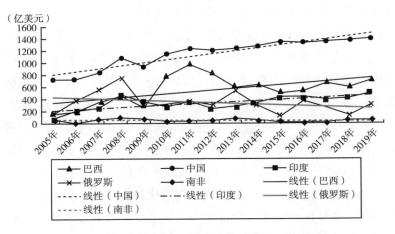

图 2　2005～2019 年金砖国家吸引外资情况

资料来源：联合国贸易和发展会议数据库。

　　与吸引外资情况相比，金砖国家对外直接投资总量较低。从图 3 可以看出，2005～2019 年，中国对外直接投资最多且增长趋势比较稳定；俄罗斯对外直接投资呈现下降趋势；巴西、印度和南非对外投资体量小且增长趋势不明显。中国对外直接投资最多，平均值为 646.90 亿美元；南非对外投资最少，其平均值为 20.24 亿美元；巴西对外投资波动非常大，自 2010 年以来，有 6 个年份对外投资都是负值，其平均值为 90.16 亿美元。

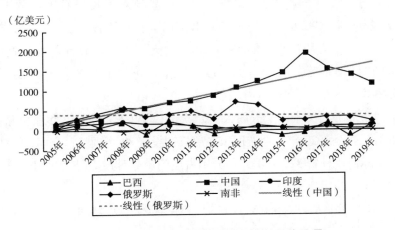

图 3　2005～2019 年金砖国家对外直接投资流量

资料来源：联合国贸易和发展会议数据库。

具体来看，2016 年中国对外直接投资流量达到峰值，2017 年，全球经济和货物贸易均创 2011 年以来最快增速，但全球外国直接投资流出流量 1.43 万亿美元，呈现两年连降的逆势，而 2017 年中国对外直接投资首次呈现负增长，但仍以 1582.9 亿美元位列全球第三①。2019 年，世界经济增速降至国际金融危机以来最低水平，全球货物贸易增速显著放缓，外国直接投资流量连续 3 年下降后同比增长 33.2%。中国经济运行总体平稳，对外开放水平不断提升，有关部门积极引导有条件的中国企业"走出去"，发展质量稳步提升。2019 年，中国对外直接投资流量 1369.1 亿美元，蝉联全球第二位②。

总体而言，金砖国家各成员的贸易规模比较大，增长速度也较快，区内贸易市场前景整体比较乐观。相比之下，除了中国，其他金砖国家各成员的对外投资与吸收外资规模都较小，投资的层次也较低，金砖国家间对外直接投资与吸收国际直接投资的前景相比区内贸易不够乐观。

（二）厦门与金砖国家投资贸易情况

1. 对外直接投资

厦门对金砖国家的投资整体体量不大，金砖国家在厦投资主要为小型企业，规模较小，实际到资项目少。截至 2021 年 2 月，厦门市累计备案对金砖国家的境外投资企业项目 28 个，占厦门累计对外投资总项目的 1.75%，总协议投资额 6496.81 万美元，占厦门累计对外投资总协议投资额的 0.29%，其中中方协议投资额 5825.25 万美元，占厦门累计对外投资中方协议投资额的 0.34%③。行业方面，厦门对金砖国家的投资主要涉及制造业、批发和零售业。

厦门市商务局关于市十五届人大六次会议第 0237 号建议办理情况答复的函中指出，截至 2020 年，金砖国家在厦累计投资 89 个项目，合同外资 4651 万美元，实际使用外资 321 万美元，分别占厦门市累计设立外资项目、合同外资

---

① 资料来自中华人民共和国商务部、国家统计局、国家外汇管理局发布的《2017 年度中国对外直接投资统计公报》。

② 资料来自中华人民共和国商务部、国家统计局、国家外汇管理局发布的《2019 年度中国对外直接投资统计公报》。

③ 资料来源：厦门市统计局、厦门市商务局相关资料。

和实际使用外资的 0.56%、0.07% 和 0.01%。2021 年 1~2 月，金砖国家在厦门累计投资 3 个项目，合同外资 71 万美元，均为俄罗斯投资者投资，无实际使用外资。① 金砖国家在厦投资主要为小型企业，规模较小，实际到资项目少，主要行业涉及进出口贸易、批发贸易、餐饮、文化传播及教育咨询。

2. 进出口贸易

根据海关数据统计，2020 年，厦门对金砖国家进出口 604.6 亿元，同比增长 7.2%，占厦门市货物贸易进出口的比重为 8.7%（中国对金砖国家进出口总额占全部进出口比重为 7.5%）。其中，2020 年厦门对金砖国家出口 170.6 亿元，同比下降 13.3%，占同期厦门出口总值的 4.8%（中国对金砖国家出口额占全部出口比重为 6.5%）；厦门对金砖国家进口 434.0 亿元，同比增长 18.3%，占同期厦门进口总值的 13.0%（中国对金砖国家进口额占全部进口比重为 8.9%）。厦门对金砖国家进出口规模不断扩大，由 2015 年的 311.1 亿元增长至 2020 年的 604.6 亿元人民币，占全市进出口额的比重也由 6.0% 提升至 8.7%。从国别市场分布来看，2020 年厦门市与巴西贸易规模最大，在厦门市与金砖国家贸易份额中占比达到 32.3%，与俄罗斯、印度贸易额占比分别为 28.1% 和 24.7%，与南非的贸易额相对较小，占比为 14.9%②。从主要出口商品看，厦门市对巴西主要出口液晶显示板、服装、电视零附件、钢材、纺织纱线；对俄罗斯主要出口服装、鞋类、水果及坚果、钢材、体育用品；对印度主要出口焦炭、铝材、纺织纱线、鞋类、钢材；对南非主要出口服装、鞋类、箱包、纺织纱线、家具。从主要进口商品看，厦门市自巴西主要进口铁矿砂、粮食、纸浆、石材荒料、锰矿；自俄罗斯主要进口煤、锯材、纸浆、铁矿、铜材；自印度主要进口石材荒料、纺织纱线、铁矿、初级塑料、纸及纸板；自南非主要进口锰矿、铬矿、铁矿、石材荒料、锆矿。

三、金砖国家金融合作及金融支持技术创新现状

本文所说的金融支持指金融体系对技术创新活动的支持，包括金融市场

---

① 厦门市商务局关于市十五届人大六次会议第 0237 号建议办理情况答复的函［EB/OL］. http://xxgk.xm.gov.cn/swj/taya/202103/t20210308_2523026.html.

② 资料来源：厦门市统计局、厦门市商务局相关资料。

投资主体对技术创新活动的融资支持和金融基础设施对技术创新活动的支持。金融市场投资主体主要指能提供贷款融资支持和股权融资支持的金融市场主体，主要包括政策性银行、商业银行以及非银行金融机构、风险投资基金、证券市场投资者等。金融基础设施支持[①]是指金融运行的硬件设施和制度安排，主要包括支付体系、法律环境、公司治理、会计准则、信用环境、反洗钱以及由金融监管、中央银行最后贷款人职能、投资者保护制度组成的金融安全网等措施和制度安排。本节从更好地发挥金融支持对厦门金砖国家创新基地建设的支撑作用的角度展开分析。

（一）金融支持对金砖国家创新基地建设的作用

1. 金融支持有助于缓解创新基地融资约束

建设厦门金砖国家创新基地的过程中主要有两处需要融资支持，一是创新基地的基础设施建设，二是创新基地中高新技术企业发展。一般来说，基础设施建设所需的资金问题可以通过财政支持得到解决，企业发展所需的资金问题则更为复杂。厦门金砖国家创新基地相关的金融支持体系则可以为企业提供贷款贴息和专项资金以及信用担保，与政策性银行达成合作，为创新基地企业争取政策性贷款支持；与此同时创新基地自身也可以倡导成立产业投资基金和风险投资基金，为创新基地企业提供外部融资，让企业的外部融资成本下降，从而吸引更多的国内外高新技术企业扎根于创新基地，形成高质量的高新技术产业生态圈。

2. 金融支持有助于推动创新基地的产业整合

金融资源的敏感性选择使得资源配置效率高的企业更易获得外部资源的青睐，资源配置效率低的企业则因缺乏资金支持而逐渐被淘汰。在创新基地建设的不同阶段，金融体系各投资主体提供的融资支持也不同，而不同投资主体对风险的偏好和容忍度不同，这会反向作用于创新基地中的企业发展，从而淘汰低水平和没有发展潜力的企业。在创新基地建设的各个阶段占主导地位的融资支持各有不同，政策性贷款融资支持和产业投资基金的股权融资支持能够完成创新基地基础设施建设以及帮助和保护创新基地中能研发高新

---

① 殷剑峰. 中美金融体系比较探析［J］. 金融市场研究，2021，109（6）：25，32.

技术的企业，商业银行的贷款融资支持以及证券市场的融资支持则会帮助那些已经具备一定优势的企业成长得更快，这种金融体系的资源配置功能能够促进企业优胜劣汰，有效培植创新基地中的优势行业或企业，从而促进创新基地内产业结构的升级和产业集群的形成。

3. 金融支持有助于创新基地企业对外投资贸易活动的开展

针对厦门金砖国家创新基地建设的国际经济合作特征，本文提到的金融基础设施支持主要指跨境支付体系、出口保险及与之相关的措施和制度安排。由银行等金融机构组成的跨国支付结算系统可以提供货币互换、票据清算、外汇支付结算等金融服务，以中国出口信用保险公司为代表的保险公司可以提供与出口相关的保险产品以及保单担保，这些制度安排和服务能实现创新基地内的企业进行国际贸易和投资的简化和安全，并且能有效提高运行效率，大大降低企业进出口过程中的交易成本。

（二）金砖国家金融合作现状

1. 金砖国家区域金融合作

（1）双边本币货币互换。

目前，金砖国家双边本币互换协议规模小、合作时长短、参与度不高。中国人民银行与巴西中央银行在 2013 年 3 月签署了《中巴双边本币互换协议》，这是中国与其他金砖国家签署的首个双边货币互换协议。迄今为止，我国已与 3 个金砖国家（俄罗斯、南非、巴西）签订过双边本币互换协议，只有南非的协议仍在有效期内。具体情况如表 1 所示。

表1　　　　　　　　　我国与金砖国家双边货币互换情况

国别	人民币清算行情况	双边本币互换情况
俄罗斯	中国工商银行（莫斯科）股份有限公司	2017 年 11 月 22 日，中国人民银行与俄罗斯央行续签双边本币互换协议，协议规模为 1500 亿元人民币/13250 亿卢布，有效期为 3 年（已到期）
南非	中国银行约翰内斯堡分行	2018 年 4 月 11 日，中国人民银行与南非中央银行续签规模为 300 亿元人民币/540 亿元南非兰特的双边本币互换协议，有效期为 3 年
印度	无	无

续表

国别	人民币清算行情况	双边本币互换情况
巴西	无	2013 年 3 月 26 日，中国人民银行与巴西中央银行签署了规模为 1900 亿元人民币/600 亿巴西雷亚尔的 3 年期双边本币互换协议（已到期）

资料来源：根据中国人民银行厦门市中心支行的相关资料整理。

（2）跨境支付结算。

跨境支付结算方面，中俄合作逐渐密切，中国与其他金砖四国合作有待加强。中国与俄罗斯逐步推进人民币与卢布的区域化，便利两国之间的贸易结算，减少因国际金融体系波动而带来的风险。另外，2011 年和 2012 年金砖国家第三、四次峰会签署了一系列有关本币结算的协议，包括《金砖国家银行合作机制多边本币授信总协议》和《多边信用证保兑服务协议》。自"一带一路"倡议提出以来，中国金融机构逐渐开始加大在金砖国家金融市场的布局，但是整体来看，中国金融机构积极性不高，体现在设立的分支机构数量少等方面，主因是金砖国家与中国的贸易投资规模相对较小，并且金砖国家均为发展中国家，其金融市场发展程度不高。例如，其他金砖四国中只有 2 个国家（俄罗斯、南非）设立了人民币清算行，另外 2 个国家（印度、巴西）尚无相关安排①；作为中国国际化程度名列前茅的商业银行，中国银行截至目前仅在其他金砖四国设立了 9 家分支机构，其中俄罗斯 3 家、巴西 1 家、南非 4 家、印度 1 家②，开展国际结算、贸易融资、代理清算等业务。我国金融机构与金砖国家金融往来情况具体如表 2 所示。

表 2   我国金融机构在金砖国家设立分支机构情况

金融机构	设立分支机构情况	按国别分支机构运行情况
中国国家开发银行	在金砖国家设立代表处和派驻工作组	（1）俄罗斯方面，总行 2010 年设立代表处，支持能源、基建高铁、航空等领域项目的合作；（2）巴西方面，2013 年在巴西首都设立代表处，支持了优质企业广泛参与油气、矿业、电力、基础设施、农业、生产制造、电信等重点领域项目建设；（3）印度方面，重点支持了电信、电力、钢铁、船舶、金融合作等领域项目建设；（4）南非方面，主要涉及电力、矿产资源、家电、建材、汽车等领域

---

① 笔者根据中国人民银行官网公开数据整理。
② 笔者根据中国银行官网公开数据整理。

金融机构	设立分支机构情况	按国别分支机构运行情况
中国银行	在亚、欧、非、南美、北美、大洋洲六大洲均设有分支机构	（1）俄罗斯方面，最早的中国银行俄罗斯分行成立于1993年，已在俄罗斯建立了良好的信誉并拥有稳定的客户群；（2）巴西方面，中国银行于2000年在巴西成立代表处，2009年3月13日正式成立中国银行（巴西）有限公司，具有综合性牌照；（3）南非方面，中国银行约翰内斯堡分行成立于2000年，是首家在南非开设的中资银行；（4）印度方面，中国银行孟买分行于2019年6月在印度孟买正式成立，依托中国银行遍布全球的国际化网络，提供公司金融方面综合业务服务
汇丰银行	在巴西、印度、南非等国家和地区设立了中国企业海外服务部	致力于在海外协助中国的国企和民企拓展当地市场
中国交通银行	在巴西设立子行、在南非设立分行	服务中资企业走出去以及在金砖国家当地提供金融服务，为国内企业参与"一带一路"、金砖国家供应链贸易等提供全球融资、结算、汇率避险等综合服务
中国工商银行	在亚、欧、南美、北美、大洋洲五大洲均设有分支机构	（1）俄罗斯方面，2007年10月成立工银莫斯科，为中俄两国进出口贸易企业及投资、生产领域的企业提供全方位的金融服务；（2）巴西方面，2013年1月成立中国工商银行工银巴西，满足重要客户在信贷与现金管理方面的需求
中国农业银行	在俄罗斯成立子银行	2014年9月成立莫斯科子行，主要业务包括为中俄两国贸易往来提供货币清结算服务以及贸易融资支持等服务

资料来源：作者根据金融机构公开资料以及中国人民银行厦门市中心支行的相关资料整理。

（3）融资渠道方面的合作。

融资渠道以信贷支持和股权融资支持为主，资金应用领域以能源、基础设施为主。金砖国家进出口银行和开发银行在2013年达成了《可持续发展合作和联合融资多边协议》《非洲基础设施联合融资多边协议》。除了签订协议，具体的融资项目包括两方面。其一为信贷支持：截至2020年9月末，中国国家开发银行在金砖国家累计发放贷款超过1000亿美元，贷款余额495亿美元，[①] 项目涵盖能源资源、基础设施、中小企业和金融合作等多个领域。其二为股权融资：提供股权融资的主要包括服务于我国企业在金砖国家投资、建设项目的各类基金，比如丝路基金、中非发展基金。丝路基金以股权

---

① 笔者根据国家开发银行厦门市分行的相关资料整理。

投资为主，配合债权投资、项目融资，超过 70% 的承诺投资额为股权投资，例如 2016 年 3 月，丝路基金以 10.9 亿欧元（约合 78 亿人民币）收购俄罗斯亚马尔液化天然气项目 9.9% 股权。① 截至 2020 年底，中非发展基金在 37 个非洲国家决策投资超过 55 亿美元，行业涉及基础设施、产能合作、农业民生、能源矿产等。②

目前融资渠道包括信贷支持、股权融资、债权融资三种，由于跨国跨地区的项目涉及的金额大，融资风险高，还款周期长，所以以上项目在融资渠道上以信贷支持和股权融资为主，而提供融资渠道的金融机构主要是多边开发性金融机构、政策性银行、专项投资基金（如丝路基金）。

（4）出口信用保险服务。

中国的保险公司主要为出口企业和跨国企业提供理赔追偿服务、国别信息咨询、风险保障和融资促进等支持，其中起关键作用的是提供出口信用保险从而负责出险后国内出口商的理赔追偿。最具代表性的是中国唯一的政策性出口信用保险机构——中国出口信用保险公司（简称"中信保"），它目前提供的出口信用保险包括海外投资保险业务、短期出口信用保险业务、短期出口特险业务、中长期出口信用保险业务以及担保业务，能帮助企业降低在金砖国家的业务往来过程中的风险和损失。

中信保近年来加紧与金砖国家的合作，截至 2020 年 12 月，中信保共在 2 个金砖国家（俄罗斯、巴西）派驻工作组，1 个国家（南非）设立代表处。2014 年 11 月，中信保与俄罗斯联邦储蓄银行签署了《中国出口信用保险公司与俄罗斯联邦储蓄银行的框架合作协议》。该框架协议旨在双方共同搭建保险融资平台，通过中信保的保险产品和俄罗斯储蓄银行的转贷或担保安排，为中俄两国之间的大型项目和贸易提供融资便利；2015 年 5 月中信保与巴西征信机构 SERASA 在巴西最大城市圣保罗签署了战略合作协议，此次合作主要涉及两机构在资信信息、保后支持服务等两个方面建立长期合作关系；2018 年 7 月，中信保与南非标准银行签署了《框架合作协议》，协议的签署为中资企业利用出口信用保险参与非洲项目增添了新的融资渠道；2019

① "带""盟"契合促中俄经贸合作务实升级 ［EB/OL］. https：//www. imsilkroad. com/news/p/7260. html.

② 中国国家开发银行 . 2020 年年度报告 ［EB/OL］. http：//www. cdb. com. cn/gykh/ndbg_jx/2020_jx/.

年 5 月，中信保与华为和南非 TELKOM 公司签署了电信项目三方合作备忘录，并在当年成功实现了电信设备供货项目的承保；2021 年 5 月，中国信保与南非 Telkom 及华为公司三方签署合作谅解备忘录。

2. 金砖国家在金融合作上的不足之处

（1）货币互换期限与额度不足，目前仍有效的仅有中国南非之间的货币互换，并且马上到期，与其他三国的货币互换早已到期并且没有继续签订货币互换相关协议。

（2）融资支持不足，缺少对科技创新前沿领域的融资支持，目前政策性金融和开发性金融（比如中国国家开发银行、中国进出口银行、金砖国家新开发银行）偏重于基础设施领域的投资，虽然亚洲基础设施投资银行和金砖国家新开发银行也开始将大数据科技领域的项目纳入投资组合中，但是当前阶段仍处于初级阶段，提供的资金支持依然不足。金砖五国之间的 GDP 对比悬殊，除中国以外的其他金砖四国在项目融资支持上远不及中国。

（3）多边金融合作中存在利益摩擦。金砖五国之间的贸易摩擦、复杂的地缘政治关系、差异较大的政治经济制度等使得中国与其他金砖国家越来越将对方视为竞争对手。在合作中，金砖五国利益诉求存在差异，在金砖国家新开发银行每个国家具有相同的投票权，可能出现的结果就是很难达成一致目标。

（4）区域经济合作仍以贸易合作为主，且贸易规模也较小。金砖国家各成员之间的经济合作仍主要表现为贸易层面的合作，即便是贸易合作，其规模相对于金砖成员与非成员之间的贸易规模来说也偏小。在产业链、资本市场等方面的深度合作尚未开展。

（三）厦门市金融机构与金砖国家的金融往来

作为沿海城市，厦门市的对外投资及贸易发展态势迅猛，伴随着对外投资贸易量上升的是出口企业的信用保险业务，目前厦门市为出口企业提供出口信用保险的公司是中国出口信用保险公司厦门分公司。中信保 2020 年短期出口信用保险项下累计服务支持出口金砖国家的厦门企业 234 家，同比增长21.9%；承保金砖国家出口额达3.7亿美元，其中承保巴西、俄罗斯出口额同比均增长近10%。①

目前，厦门市跨境结算业务基本能满足贸易投资往来的需要，但跨境支付结算系统仍待完善。厦门市的商业银行已开办俄罗斯卢布、南非兰特的即期结售汇现汇和现钞业务、即期外汇、远期外汇、掉期外汇业务，也开办了巴西雷亚尔即期结售汇现钞业务，而且巴西雷亚尔、印度卢比在中国工商银行厦门市分行已办理无本金交割外汇远期业务（NDF）。但是，厦门市与其他金砖四国在货币清算系统的建设上仍需要展开进一步合作，因为在其他金砖四国中，中国仅在2个国家（俄罗斯和南非）设立人民币清算行，而另外2个国家（印度和巴西）尚无相关安排②。

自"建设金砖国家新工业革命伙伴关系创新基地"提出以来，厦门市的金融机构以及其他与金融相关部门都积极响应，分别结合自身在货币互换、跨境支付结算、融资渠道、保险服务、金融科技等方面的优势，以及在与金砖国家金融合作过程中已经取得的成果，为厦门金砖国家创新基地建设提供金融支持。

四、金砖国家国际技术合作现状

科学技术是第一生产力。从长期来看，技术进步是推动经济增长的唯一动能，加强国际技术创新合作是金砖国家通过技术创新驱动增长的大势所趋，也是实现金砖国家经济增长和可持续发展的必要途径。金砖国家之间的技术合作对于促进深化金砖国家间的贸易、投资和金融合作有着举足轻重的作用。新工业革命带来了人工智能、大数据、区块链、信息通信等领域的联合研发与创新，通过建立金砖国家新工业革命伙伴关系，强化国际技术合作，金砖国家有望强化创新和投资领域的合作，推进工业化进程并且实现包容性增长。

---

① 笔者根据中国出口信用保险公司厦门分公司的相关资料整理。
② 资料来源：中国人民银行官网。

（一）金砖国家技术合作的发展历程与现状

2015 年，首届金砖工业部长会议，明确了扩大通信和 ICT 领域合作；2016 年，第二届金砖通信部长会议，通过了《数字伙伴关系——ICT 发展议程和行动计划》；2018 年，第三届金砖工业部长会议和第四届通信部长会议，提出金砖新工业革命伙伴关系。金砖国家都是新兴大国，面临着工业化和产业转型升级的诉求，且均处于新旧动能转换的关键期。目前，中国与另外的 4 个金砖国家在技术领域上已经有相关的双边合作。

1. 中巴技术合作

中国与巴西在科技创新领域的合作成果主要体现在航天领域。1988 年，中巴在北京签署了《中华人民共和国政府和巴西联邦共和国政府关于核准研制地球资源卫星的议定书》，中巴地球资源卫星的合作拉开了序幕，此项目也成为中巴两国政府间重要的合作内容。中巴地球资源卫星数据广泛应用于农业、灾害、水利、沙漠、城市、环境监测等领域，CBERS 系列卫星是中巴两国各行业重要、连续的数据源之一[①]。此外，中国与巴西在新一代通信技术上的合作仍在推进，尽管美国百般阻挠，巴西还是有部分州政府宣布和中国达成技术合作，与华为的 5G 交流持续进行。巴西与华为达成技术合作有一个重要的原因是华为已经在巴西驻扎了 20 多年，在这期间华为在当地也有一些投资，华为已经成为巴西新一代通信技术供应链中不可或缺的一部分，如果巴西将华为排除在外，不管是对其 5G 建设还是对巴西的国民经济发展都会造成巨大的损失[②]。

2. 中俄技术合作

中国与俄罗斯的技术合作也在持续推进中，中国雄厚的经济基础、庞大的国内市场、发达的基础设施与俄罗斯雄厚的重工业基础、极具优势的基础学科等许多有利因素为两国开展科技创新合作提供了条件，中俄技术合作的覆盖面在进一步扩大，不仅在传统技术和产业方面有着扎实的合作基础，并

---

① 开启中巴航天合作新篇章——中巴两国研制资源一号 04A 卫星纪实［J］. 中国产经，2020（3）：81 - 82.

② 无视美国十亿邀请，巴西宣布重要决定：将跟中国达成技术合作［N］. 国际观察栈，2020 - 12 - 6.

且涉及新工业革命技术层面的合作也在中俄两国之间推进。如中国石油与俄油、俄气有着长期的合作协议，俄铁与中国铁路总公司也签订了合作协议，而中核集团与俄国家原子能公司更是保持了长期稳定的合作关系①。另一方面，中国与俄罗斯在电子商务、新能源、数字货币等方面的合作也有很大的发展潜力。比如俄罗斯有类似于中国京东的互联网平台公司，需要中国方面的家用电器和代加工生产厂家，中国与俄罗斯的电子商务产业之间的合作可能有更深一步的发展；此外，中国有着先进的新能源汽车技术和发达的新能源汽车基础设施，由此，俄罗斯对于电动汽车与充电桩的需求也会刺激新一轮的中俄技术合作；中俄在数字货币方面的合作也已经处于商议阶段，技术已经到位②。在后疫情时代，中俄技术合作也在有条不紊地推进，2021 中俄国际技术对接活动在徐州高新区举办，来自俄罗斯的 6 个优选科技项目专家开展线上推介，涵盖农业、新材料、生物医学等领域，包括农业作物生物育种繁育技术、微震探测技术、无冰晶食品冷冻技术、混合石墨烯纳米材料技术③。

3. 中印技术合作

中国和印度是金砖组织保持活力的源泉，近年来，巴西、俄罗斯经济增长下滑，中印两国 GDP 占金砖国家的 84%，处于主导地位④。2014 年印度总理莫迪执政后不久就提出了"印度制造"（Make in India）计划，提出要在 2022 年前使印度制造业产值占国内生产总值（GDP）的比重达到 25%⑤。此外，为了使印度成为知识型国家，印度总理莫迪提出了"数字印度"倡议，并斥资 1.13 万亿卢比（约 170 亿美元），主要用于推进技术运用，实现数字和金融领域的公众广泛参与，全面提升国民数字素养，打造安全可靠的网络空间，确保网络及移动平台服务的公众实时共享，实施电子政务管理，实现政府各部门、各辖区间无缝融合⑥。从印度的这两个战略方向我们可以

---

① 北京大学区域与国务院. 后新冠疫情背景下的中俄科技合作：现状、特点、趋势 [EB/OL]. https：//www. thepaper. cn/newsDetail_forward_8898469.

② 欧亚数字经济联合发展委员会项目梳理 [R]. 欧亚数字经济联合发展专家委员会，2021 – 01 – 29.

③ 2021 中俄国际技术对接活动在徐州高新区举办 [EB/OL]. http：//www. xzkx. com/doc/2021/ 05/31/108686. shtml.

④ 资料来自世界银行网站（https：//data. worldbank. org）。

⑤ 刘小雪. "印度制造"，火得起来吗 [J]. 世界知识，2020（15）：38 – 39.

⑥ 周及真. 《数字印度》计划的八大亮点 [N]. 学习时报，2017 – 03 – 01.

看出，中印在新技术方面尤其是围绕数字经济的合作前景十分广阔。比如印度的手机制造行业与中国相关供应商就有着紧密的合作，目前印度市场上销售的手机 90% 都在本土组装生产，但其中绝大部分零部件来自中国。可以说，来自中国质优价廉的零部件供给对印度数字经济的普及和发展做出了很大贡献。

4. 中国与南非技术合作

南非在金砖国家中地位特殊，人口和经济总量都远低于其他金砖四国，但是南非是其他各国通往非洲大陆的门户，并且南非是非洲科技最发达的国家，科研投入占据整个非洲研发投入的四成，作为非洲工业化程度最高的国家，科技一直在为南非的经济发展做贡献。种族隔离时期，南非政府重点扶植军工、核技术、替代能源领域等。因此，中国在与其他非洲国家科技合作中大多数是单方面的技术输出，而与南非的科技合作是双向的。近几年，双方开始建立旗舰合作项目，建立了矿山空间地理信息国际合作联合实验室、天体物理学联合研究中心等联合研究机构。双方也共同参与更广泛的国际科技大合作。比如在南非建设的"平方公里阵列"射电望远镜项目，由 11 个国家组成的国际联盟联合建造，中国就是国际联盟成员并且是主要参与者之一，这个项目首台天线样机也来自中国[①]。

（二）金砖国家技术合作面临的问题

金砖国家的合作面临地缘政治、意识形态等不确定性因素。在此背景下，金砖国家技术合作仍处于较为浅层次的合作，表现为：信息沟通为主，实质性合作较少，合作主要采取国际合作论坛形式，并且这些论坛以中方主办的会议论坛为主。具体来说，金砖国家技术创新合作还存在着以下问题。

首先，金砖国家之间科研合作强度相对有限。虽然金砖国家间的科研合作正在迅速扩大，但是合作强度不高，各国主要的合作对象还是发达国家。其次，金砖国家间开展具体项目较少，比如在科技创新领域很少有实质性的项目，各方的参与度与获得感不强。此外，科技合作关系容易受国际政治与安全因素影响。印度本身和中国就是既竞争又合作的关系，双方在边境问题

---

① 橡树村. 中国与南非的科技合作 [N]，观察者网，2018 - 09 - 04.

上也存在着较大的分歧，政治问题可能成为中印国际技术合作的最大阻碍。巴西则在政治上受到美国牵制，比如美国对巴西和中国在 5G 技术方面的合作百般阻挠，试图把华为排除在巴西的 5G 建设之外。俄罗斯方面，中俄科技合作虽然取得了可喜的成果，但是，中俄科技合作现有的规模和水平与两国的大国地位以及两国已经建立起来的面向 21 世纪战略协作伙伴关系相比还不相称，从投资规模来看，中俄投资总体规模不大，双向投资不平衡，与科技相关的投资规模更小。南非方面，虽然中国与南非的科研合作在扩大，但是合作强度不高，南非科技合作的主要对象还是发达国家。与欧美国家和南非的科技合作相比，中国与南非的科技合作在深度和广度方面仍有很大差距。在高端科研领域，南非最大的国际合作伙伴是美国和英国。

五、加快厦门金砖国家创新基地建设的政策建议

（一）推进厦门金砖国家贸易投资中心建设

1. 帮助金砖经贸企业解决汇率避险问题

许多企业与金砖国家进行贸易往来的过程中都会面临结算时的汇率风险，针对这一较为普遍的问题政府可以给予更多的引导和支持。当前，人民币汇率双向波动日益常态化，外经贸企业面临的汇率风险加大，理性看待汇率波动、做好汇率风险管理，已成为外经贸企业稳健经营的必修课。我国外汇市场已具备即期、远期、掉期、货币掉期和期权等主要外汇交易产品类型，可满足企业关于汇率避险管理需求。同时凡使用外汇结算的跨境交易，也可使用人民币结算，从根本上规避汇率风险。关于如何借助金融产品进行汇率避险，商务部国际司编写的《外经贸企业汇率避险业务手册》，为企业更好应对汇率风险提供了有益参考。

2. 进一步提升贸易便利化

首先，进一步优化口岸通关流程和作业方式，提升通关效率，促进厦门金砖国家贸易投资中心建设。进一步推广应用"提前申报"模式，完善抵达前处理、预裁定、货物放行和信息技术的应用等；深化国际贸易"单一窗口"建设，推广国际航行船舶"一单多报"，实现进出境通关全流程无纸

化；公布口岸经营服务企业操作时限标准；强化口岸收费目录清单管理；推
进口岸物流信息服务；建立口岸通关时效评估机制等。

其次，应抓住《区域全面经济伙伴关系协定》签署和生效实施的契机，
强化厦门航运枢纽建设，增强厦门与金砖国家的贸易投资联系。应进一步拓
展海铁联运、海陆空联运等多式联运业务；拓展"智能关税系统"（smart
FTAX）出口服务功能，帮助企业选择"最优税率"；推广运用"原产地证书
申领一体化平台"。

3. 促进跨境电子商务

疫情防控常态化下，跨境电子商务对于规避风险以及对传统经贸活动的
补充作用愈发凸显，促进跨境电子商务为深化厦门与金砖国家的贸易投资合
作提供了新的机会。

促进跨境电子商务，可以优化跨境电商物流环境，支持开展包机业务，
吸引跨境电商货物在厦集聚并降低物流成本，打造跨境电商物流枢纽；支持
跨境电商海外仓建设及运用；实施外贸品牌专项行动计划；推进无纸化贸
易，使得以电子形式提交的贸易管理文件与纸质版的贸易管理文件具有同等
法律效力；推动电子认证和电子签名的使用；完善相关法律法规，以增强对
于线上消费者和线上个人信息的保护；分享信息、经验和最佳实践，以应对
发展和利用电子商务所面临的挑战等。

4. 充分发挥双边投资协定、区域多边投资协定的作用

增强厦门与金砖国家贸易投资联系，充分发挥现有双边投资协定、区域
多边投资协定的作用，进一步减少非关税贸易壁垒，提高贸易便利化水平，
促进厦门与金砖国家间贸易投资往来。中国与俄罗斯有共同参与的区域多边
投资协定，同时俄罗斯是中国"一带一路"建设重要合作伙伴。2018 年，
中国与欧亚经济联盟①各成员国代表共同签署了《中华人民共和国与欧亚经
济联盟经贸合作协定》。该协定范围涵盖海关合作和贸易便利化、知识产权、
部门合作以及政府采购等 13 个章节，包含了电子商务和竞争等新议题。双
方同意通过加强合作、信息交换、经验交流等方式，进一步简化通关手续，
降低货物贸易成本。

---

　　①　欧亚经济联盟成立于 2015 年，目前成员国有俄罗斯、哈萨克斯坦、白俄罗斯、吉尔吉斯斯
坦和亚美尼亚，均是"一带一路"建设重要合作伙伴。

5. 吸引更多专业人才

增强厦门与金砖国家贸易投资联系，人才是最宝贵的资源。各个城市放宽放开落户限制吸引人才的热潮，是适应经济结构和产业需求结构转型、不断增强城市经济竞争力的必然之举。在更多的企业走出去、引进来的背景下，国别和区域研究人才的培养至关重要。在加快推进厦门金砖国家贸易投资中心建设过程中，厦门既可以从外部吸纳人才，也可以在经贸联系的实践活动中培养人才。

（二）金融支持厦门金砖国家创新基地建设

按照创新基地建设分阶段进行的特点，以及根据科技创新型企业各个发展时期的不同风险特征、盈利能力以及资金需求，针对创新基地建设的各个阶段和科技创新型企业不同生命周期对资金的需求特征和适合的融资渠道，厦门市应不断完善相对应的金融服务，以金融服务支持厦门金砖国家创新基地建设。基于此，厦门市可以构建有针对性且完善的金融支持体系，助推创新基地建设。

在创新基地建设的第一个阶段，也就是建设初期和科技创新企业的技术研发期，为做好创新基地的基础设施建设和吸引企业入驻创新基地，应发挥政策性金融机构和多边开发性金融机构的引导作用，为创新基地建设提供贷款贴息和专项资金；与此同时，根据高新技术企业在发展过程中所具有的不确定性高、风险大等特点，可以通过设立政府创新支持基金和产业投资基金为科技创新企业提供股权融资；另外国开行和中信保可以提供信用担保支持，尽可能帮助创新基地企业融资。在创新基地建设的第二个阶段，也就是创新基地建设中期，由于大部分科技创新企业都已进入产品开发期甚至投产扩张期，这一时期是实现从技术到产品转变的重要阶段，需要耗费较多的时间和较大的财力投入，依然存在较高风险，对资金的需求较大，创新基地中的企业需要依靠政策性金融支持和风险投资的股权融资支持。在创新基地建设的第三个阶段，也就是基地建设中期和后期，创新基地内的项目和高新科技企业已经拥有了可供抵押的资产和相应的信用记录，投资风险降低，除了风险投资支持以外，还可以寻求金融中介的信贷融资支持。

为更好地发挥金融支持体系对创新基地建设的支持，最大限度地引导和促进现有金融机构对创新基地进行融资支持、提供保险服务以及优化货币结算业务，厦门市还应倡导金融机构在以下 3 个方面继续改进。

（1）拓宽融资渠道，加大政策性金融机构、商业银行以及多边金融机构合作，以满足建设创新基地多元化、综合化的金融需求。在创新基地建设初期应充分发挥政策性银行低成本的资金优势，扩大政策性贷款的覆盖面，中期以及后期则应发挥商业性金融多元化产品与服务方面的优势，同时发挥好出口信用保险在分担风险方面的独特作用，吸引更多国际国内资本支持创新基地的项目，提高综合性国际金融服务水平，另外可尝试建立政府和社会资本合作（PPP）领域合作框架，为创新基地建设提供新的融资思路和渠道。

（2）实施更高水平的贸易投资便利化和资本项目便利化。在经常项目下，进一步简化和优化与金砖国家贸易往来过程中跨境人民币的使用，基于这个思路，可尝试建立人民币与金砖国家货币的直接兑换机制，在厦门设立金砖国家货币清算总部，进一步完善与金砖国家之间的支付清结算体系。在资本项目方面，可以尝试取消厦门与金砖国家在引进来走出去投资业务中的外汇登记，转而凭借真实相关材料在银行直接办理，提高业务办理效率。从而，从便利经常项目和资本项目两方面的跨境清结算和资金流动，来吸引金砖国家高新技术项目在厦门市的创新基地扎根。

（3）优化保险服务和提高保险限额。充分发挥出口信用保险作用，加强对金砖国家政治风险和当地企业商业风险的研究，丰富投保项目的风险评级指标，保障创新基地企业在向金砖国家出口、投资等经济活动中所面临的信用风险，并且提供更具有针对性的保险产品和其他保险，从而减少创新基地企业与金砖国家贸易投资往来过程中的损失。

（三）加强金砖合作机制框架下的国际技术合作

国际合作与开放性特征是金砖国家开展技术创新合作的基础。但是金砖国家普遍存在着创新能力不足与技术进步缓慢的特点，并且核心技术比如半导体元件的制作与应用高度依赖于发达国家的技术。尽管如此，金砖国家在促进技术创新上各有优势，而且在创新体系中并未出现无法克服的弱点，因此，金砖国家应该在新一代工业革命的核心领域，如信息技术、智能制造、数字科技等领域展开新一轮合作，并且强化对科技成果的产业化，以及加快对世界先进科技成果的吸收和利用。

1. 通过并购开展金砖国家国际技术合作

并购指的是两家或者更多的独立企业合并成一家企业，通常由一家占优势的公司吸收一家或者多家公司。福建及厦门市的企业有不少成功的海外并购案例，2019 年，紫金矿业全面收购了加拿大的一家矿产企业 Nevsun，获得了其分布在全球矿产基地的采矿权①。安踏在 2019 年以 46 亿欧元的价格收购了芬兰体育用品集团亚玛芬，这一收购让安踏进一步切入专业和小众市场，快速提升规模，同时进一步提升安踏主品牌综合竞争力，向耐克、阿迪达斯进一步靠拢②。我们从这些案例中得到启示：在技术领域，我国的本土企业也可以并购国外有着相关技术的企业，以这种方式来与其他国家开展国际技术合作，这些国家不仅仅局限于金砖国家，也可以是其他有着相关技术基础的国家。在这样的背景下，我们还可以承接国外无法产业化的技术，发挥我国的产业基础优势和市场优势，让国外的相关技术产业在中国落地。但是注意到欧美国家对我国关键技术的打压，遏制我国高新技术产业的发展，海外并购之路可能并不会一帆风顺。

2. 把厦门建设成为国内国际技术合作的大平台

目前来看，重大科技项目很少有在厦门落地，可能的原因是厦门的科研实力落后于经济实力，虽然有着成熟的市场，但是技术创新能力仍然有所欠缺。为了打破这一僵局，我们建议把厦门打造成这样一个平台：既然厦门科研实力不足，很少有重大科技项目落地，那么我们可以把厦门金砖国家创新基地当作一个国际国内科技资源汇聚的载体，吸引国内国际的项目和技术团队在厦门落地，厦门这个平台起到服务的作用，负责国内与国外创新资源的对接。围绕落地厦门的项目与产业发展的需求，举办成果对接会、推介会、交流论坛等各类国内国际交流合作活动，建立国内国际合作的高新技术园区与孵化器。甚至可以引进国际级的技术创新型的项目，积极对接国内和国际技术创新资源，把厦门打造成国内与国际技术合作的一个创新枢纽城市。

3. 建立以高新技术研发及产业化为目标导向的战略联盟

以空中客车为例，金砖国家之间也可以成立一个类似的跨国公司或者战

---

① 综合 . 千亿巨头紫金矿业 80 亿元增发，海外并购新项目［J］. 福建轻纺，2019（12）：6.
② 李凌 . 安踏的三次豪赌［J］. 经理人，2019（9）：18 – 31.

略联盟，共同与发达国家在高新技术领域相竞争。空客公司是一家集法国、德国、英国、西班牙的公司为一体的欧洲集团，空中客车公司作为一个欧洲航空公司的联合企业，其创建的初衷就是为了和美国波音这样的公司竞争，最终打破其对全球市场的垄断。这为我们推动建设厦门金砖国家创新基地提供了一个新的思路：金砖国家之间是否也可以在某一高新技术领域成立一个战略联盟，各个国家之间优势互补，共同与技术领先的国家在人工智能、数字经济、半导体等高新技术领域竞争。以半导体产业为例，半导体产业是数字化和信息化的基础，我国虽然有着不错的半导体研发设计能力，但是高精尖半导体的生产还是严重依赖国外的技术。美国这次制裁华为就为我们敲响了警钟，我国是全球最大的半导体设备市场，在全球市场中占据将近50%的份额，而美国和日本的企业在全球半导体设备行业有着垄断地位，这使得我国每年都要耗费大量的资金去进口设备①。要想让国家发展不受制于人，我们必须发展自己的高新技术产业。因此我们可以尝试着和有一定半导体产业基础并且愿意与中国相关企业结成长期战略联盟的国家合作，比如俄罗斯。我们组成这样一个战略联盟就是为了能长期打破这样的垄断局面，使得核心技术不再受制于人。从城市的角度出发，我们致力于把厦门打造成为服务于半导体行业国际技术合作的大平台，把厦门建设成为促进中国企业与外国企业组建战略联盟并且加强这种联盟关系的枢纽，建立国际合作的高新技术园区与孵化器。这样一来，推动建设厦门作为金砖国家新工业革命伙伴创新基地的研究就意义非凡了。

参考文献

［1］蔡春林，刘美香. 金砖国家贸易投资合作现状和机制创新方向［J］. 亚太经济，2017（3）：33－39，193.

［2］段秀芳，苏梦玲. 中国与其他"金砖国家"制成品贸易：竞争、互补与贸易潜力［J］. 欧亚经济，2020（3）：39－58，125－128.

［3］开启中巴航天合作新篇章——中巴两国研制资源一号04A卫星纪实［J］. 中国产经，2020（03）：81－82.

---

① 全球半导体设备龙头：中国企业落榜，日美独占8家，几乎垄断市场［EB/OL］. https：//baijiahao. baidu. com/s？id＝1695651247256317526&wfr＝spider&for＝pc.

[4] 李凌. 安踏的三次豪赌 [J]. 经理人，2019（9）：18－31.

[5] 联合国贸易和发展会议数据库（UNCTADstat），https：//unctadstat. unctad. org/wds.

[6] 联合国贸易和发展会议数据库. 2020 年世界投资报告 [EB/OL]. http：// www. suibe. edu. cn/gfhy/2020/0628/c12038a125512/page. htm.

[7] 刘小雪. "印度制造"，火得起来吗 [J]. 世界知识，2020（15）：38－39.

[8] 梅冠群. 金砖国家投资贸易机制研究 [J]. 国际经济合作，2017（11）：13－19.

[9] 欧亚数字经济联合发展专家委员会，欧亚数字经济联合发展委员会项目梳理 [R]. 2021－01－29.

[10] 千亿巨头紫金矿业 80 亿元增发，海外并购新项目 [J]. 福建轻纺，2019 （12）：6.

[11] 钱燕. 苏州先进制造业基地建设的金融支持体系研究 [J]. 苏州科技大学学报（社会科学版），2017，34（3）：29.

[12] 区域全面经济伙伴关系协定（RCEP）[EB/OL]. http：//fta. mofcom. gov. cn/ rcep.

[13] 全球半导体设备龙头：中国企业落榜，日美独占 8 家，几乎垄断市场 [EB/ OL]. https：//baijiahao. baidu. com/s？id＝1695651247256317526&wfr＝spider&for＝pc.

[14] 王霞，蒋茜. 中国生产性服务贸易开放水平及影响因素——来自金砖国家的对比分析 [J]. 商业经济研究，2020（24）：142－146.

[15] 无视美国十亿邀请，巴西宣布重要决定：将跟中国达成技术合作 [N]. 国际观察报，2020－12－06.

[16] 厦门市促进外贸发展若干措施操作细则 [EB/OL]. http：//xxgk. xm. gov. cn/ swj/qtzfxx/202104/t20210406_2530389. htm.

[17] 厦门市提升跨境贸易便利化实施方案 [EB/OL]. http：//xxgk. xm. gov. cn/swj/ zcfg/gfxwj/201901/t20190121_2211022. htm.

[18] 橡树村. 中国与南非的科技合作 [N]，观察者网，2018－09－04.

[19] 殷剑峰. 中美金融体系比较探析 [J]. 金融市场研究，2021，109（6）：25，32.

[20] 中国国家开发银行. 2020 年年度报告 [EB/OL]. http：//www. cdb. com. cn/ gykh/ndbg_jx/2020_jx/.

[21] 中华人民共和国商务部，国家统计局，国家外汇管理局. 2019 年度中国对外直接投资统计公报 [EB/OL]. http：//www. mofcom. gov. cn/article/tongjiziliao/dgzz/202009/ 20200903001523. shtml.

［22］中华人民共和国商务部．中国对外贸易形势报告［EB/OL］．http：// zhs. mofcom. gov. cn/．

［23］中华人民共和国商务部．中国对外投资合作发展报告2020［EB/OL］．http：// fdi. mofcom. gov. cn/go-yanjiubaogao - con. html？id = 7961.

［24］周及真．《数字印度》计划的八大亮点［N］．学习时报，2017 - 03 - 01.

专题九　第一家园建设中的海峡两岸税收差异研究

一、引　言

　　闽台一衣带水，原本一家，有着相同的文化，渊源关系密不可分。自古交往频繁、密切的关系使福建成为两岸经贸合作关系最紧密的区域之一，也成为大陆对台经济合作的前沿。自 20 世纪 80 年代开始，台胞台企就积极布局福建，从最初投资食品饮料、纺织、塑胶、轻工、消费性电子产品、化工等传统劳动密集型产业开始，逐步扩张到消费性电子产品、汽车、电子信息、精密机械等资本和技术密集型产业。如今，台企已逐渐成为福建高质量发展的主力军之一。为落实台胞台企同等待遇，进一步促进闽台交流合作成为福建省工作的重中之重。近年来，福建先后获批设立平潭综合实验区、自由贸易试验区等对台先行先试平台，推出促进闽台经济文化交流合作的 66条实施意见以及 42 条惠台措施，积极探索两岸融合发展新路，努力打造台胞台企"登陆"第一家园。在此基础上，本文主要着眼于分析闽台产业对接台企来闽投资重点行业的税收负担情况，并将其与在台湾地区的企业税负进行比较，以此从财税角度分析制约福建省台企发展的原因，并给出相对应的财税政策建议，从而为进一步吸引台胞台企来闽投资创业，促进两岸深度融合发展提供决策参考。

二、福建省台企基本情况

（一）入闽台企登记户数、规模均呈上升趋势

截至 2019 年，全省台资企业（含间接投资台企）合计已达到 9745 家，并且新纳税登记户数仍呈上升趋势，特别是 2018 年国务院"惠台 31 条"措施以及福建省"惠台 66 条"措施发布以来，台资来闽经营热情高涨，2018 年全年新登记台企 1411 户，同比增长 14.6%，增幅创 30 年来新高。其中，福建省作为教育和医疗对台开放先行先试地区，共有 41 户相关台企，其中就有 17 户为 2018 年以来的新登记企业。另一方面，除了数量的增多，新登记入闽的台企规模也在不断地扩大。2014～2019 年新登记台企注册资本大于 500 万元的企业占比达到 11.4%，而 2014 年之前登记的台企该比例仅为 4.1%，提高了 7.3 个百分点。2018 年福建新批台资项目同比增长 22.5%，居大陆各省份第一位，实际使用台资约占大陆使用台资总额的 19%，仅次于江苏，居大陆第二位。① 可以看出，福建省近年来良好的政策环境和对台服务确实取得了较好成效，投资规模大的台资新项目纷至沓来。

（二）总体发展势头向好，但仍存在较大发展空间

2019 年，在除厦门市以外的全省的 3965 户台企中，台企 884 户盈利，1740 户申报亏损，2341 户零申报，盈利户数较之前年份逐年增加，盈利面达到 22.2%，接近福建省全部企业平均盈利面 23.5%。2016～2019 年台企营业收入均保持千亿以上，2019 年全年度累计营业收入达 1039.1 亿元，盈利企业利润总额 65 亿元，同比增长 48.8%，超过涉外企业、全部企业的同比增幅 26.5、11.9 个百分点。另外，重点税源监控数据也显示，全省 190 户重点税源台企上半年营业收入同比增长 10.2%，快于全省水平 2.7 个百分点。其中，交通运输、仓储和邮政业营业收入同比上涨 62.1%，居所有行业

---

① 上述数据由调研对象国家税务局福建省分局税收经济分析处和国际税收管理处提供。

首位；制造业营业收入同比上涨 3.7%。可见台企在闽发展的总体势头良好，企业经营活力在不断增强，这一结论也可以通过一些涉税数据观察得到。2019 年 1~7 月，全省 9745 家台资企业入库税费 65.55 亿元，占全省入库税费的 8.0%。其中，入库税收 51.15 亿元（占全省入库税收比重为 9.0%），入库社保费 14.4 亿元（占全省入库社保费比重为 4.4%）；全省有税台企数同比上涨 5.2%。其中，企业所得税有税台企数同比上涨 5.7%，增值税有税台企数同比上涨 2.5%。[①]

尽管整体势头向好，相较于涉外企业和在闽全部企业的表现，台企在福建仍存在较大的发展空间。2019 年度在闽台企的盈利户数虽然有所上升，但其盈利面 22.2%，仍少于福建省全部平均盈利面 23.5%，少于涉外企业盈利面 3.5 个百分点。2015~2019 年，台企的营业收入虽均保持在千亿以上，2018 年、2019 年却存在小幅度下降，其中 2019 年同比下降 5.7%，而同期全部企业的营业收入的增幅为 2.9%。此外，2019 年度台企中盈利企业利润增幅远超其类型企业，但其营业利润率（8.8%）仍然略低于涉外企业（12.7%）、全部企业（9.8%）[②]。不难看出，台企的整体表现与涉外企业、在闽全部企业仍有一定差距，存在一定的发展潜力。

（三）分地区情况：厦门台企户数过半，各地台资产业特征明显

台资企业在福建省布局呈现从沿海向山区推移的阶梯式格局，其中厦门台企数占比超五成，且各地台资的产业特征十分明显。厦门台企数占全省台企总数的 51.5%，福州、漳州、平潭三地台企数占比分别为 16.1%、10.3%、10.1%。其中，厦门、平潭、福州三地台企增速迅猛，2015~2019 年新登记总数占比分别为 50.8%、16.8% 和 16.6%。此外，厦门也贡献了最多的台企税收收入。2019 年 1~7 月，厦门台企入库税收 24.76 亿元，占全省台企入库税收总额的 48.4%，同比上年小幅回落 3.4 个百分点；福州台企入库税收 9.54 亿元，占全省台企入库税收总额的 18.6%，位居全省二位。从地区产业特征看，厦门计算机及通信设备制造业税收贡献最大，1~7 月入库税收 4.78 亿元（占厦门台企入库税收总额的 19.3%）；福州形成了一定的

---

①② 上述数据由调研对象国家税务局福建省分局税收经济分析处和国际税收管理处提供。

规模汽车产业集群，入库税收 2.04 亿元（占福州台企入库税收总额的21.4%）。宁德仓储业发展较为迅猛，入库税收 3311.95 万元（占宁德台企入库税收比重为 58.4%），同比增长 171.4%；平潭房地产开发业税收贡献最大，入库税收 4355.64 万元（占平潭台企入库税收比重为 37.7%）。具体如表 1 所示。

表1　　　　　　福建省台资企业 2019 年 1～7 月分地区税收情况

地区	入库税收（亿元）	税收占比（%）	主要台资行业	行业税收占比（%）
厦门市	24.76	48.4	计算机、通信和其他电子设备制造业	19.3
福州市	9.54	18.6	汽车制造业	21.4
漳州市	8.92	17.4	电力、热力生产和供应业	45.4
莆田市	3.28	6.4	皮革、毛皮、羽毛及其制品和制鞋业	60.9
泉州市	2.36	4.6	其他制造业	15.7
平潭区	1.15	2.3	房地产业	37.7
宁德市	0.57	1.1	装卸搬运和仓储业	58.4
龙岩市	0.32	0.6	皮革、毛皮、羽毛及其制品和制鞋业	35.9
三明市	0.16	0.3	零售业	72.9
南平市	0.11	0.2	文教、工美、体育和娱乐用品制造业	25.2

资料来源：根据国家税务局福建省分局税收经济分析处和国际税收管理处提供的数据计算而得。

（四）总体税负情况：在闽台企税收负担轻于其他类型企业

据统计，2018 年度、2019 年度中国台湾地区实现地区生产总值约为17.77 万亿和 18.9 万亿新台币，对应的其年租税收入分别为 2.38 万亿和2.45 万亿新台币，其税负分别约为 13.4% 和 12.9%[①]。同期数据低于中国香港地区总体税负。而 2018 年度、2019 年度，福建省实现生产总值分别为38668.77 亿元和 42395 亿元人民币，对应的年度税费总收入分别为 5359.9亿元、5821.10 亿元人民币，其中税收收入分别为 4285.65 亿元、4322.38 亿元，剔除社保等费金收入，整体税负分别为 11.08% 和 10.19%。但如果加

---

① 中国统计数据库中的《台湾统计年鉴 2019》《台湾统计年鉴 2020》。

上社保等费金收入，则总体税负分别达到 13.86% 和 13.73%①。闽台税负比较详见表2。

表2   **闽台总体税负比较**   单位:%

地区	2018 年	2019 年
台湾地区	13.4	12.9
福建省（不含费金收入）	11.08	10.19
福建省（含费金收入）	13.86	13.73

资料来源：根据中国统计数据库中的《台湾统计年鉴》和《福建统计年鉴》数据计算而得。

从表2可以看出，如果单从名义税负（包含费金收入）看，福建省的总体税负高于台湾地区，来闽发展的台企可能由此会承担比其在台湾地区发展更高的税负。但从实际的税负情况来看，在闽台企的税负水平并不高。据税务系统汇算数据显示，近年来台企入库税费从 2016 年的 72.37 亿元下降到 2019 年的 63.67 亿元，总体呈下降趋势。2019 年在闽台企的全部入库税费为 63.73 亿元，约为全部企业总体税费的 1.6%；营业收入为 1039.1 亿元，实际税费负担率为 6.1%，分别低于涉外企业、全部企业 1.2、0.7 个百分点（见表3）②。综合表2和表3分析，相较于台湾地区和福建省 2019 年的名义税负数值（13.1% 和 13.73%），在闽台企承担的实际税负水平仅约 6%，且轻于福建省的全部企业和福建省的涉外企业水平，可见台企在闽的税收待遇较为优越。

表3   **2019 年台资企业在闽税负情况**

企业类型	税费		营业收入		税费负担率（%）
	绝对额（亿元）	占比（%）	绝对额（亿元）	占比（%）	
全部企业	4044.9	100.0	59382.7	100.0	6.8
台资企业	63.7	1.6	1039.1	1.7	6.1
涉外企业	560.6	13.9	7673.1	12.9	7.3

资料来源：根据国家税务局福建省分局税收经济分析处和国际税收管理处提供的数据计算而得。

---

① 中国统计数据库《福建统计年鉴 2019》《福建统计年鉴 2020》。

② 资料由国家税务局福建省分局税收经济分析处和国际税收管理处提供。

三、闽台对接产业税负分析

（一）在闽台资企业经营情况分行业概况

从登记户数来看，相对集中的行业有：制造业，批发和零售业，租赁和商务服务业，科学研究和技术服务业，农、林、牧、渔业等 5 个（见表 4）。这些产业集群在福建省乃至国内的制造业中都具有重要的地位。

表 4　　2019 年福建省台资企业分行业具体经营情况

项目	报送户数（户）	营业收入			本期利润总额（亿元）	营业利润率＝利润总额/营业收入（％）
		本期累计（亿元）	同期增加额（亿元）	同期增长率（％）		
合计	3965	1039.11	－62.13	－5.64	3.12	0.30
A－农、林、牧、渔业	310	4.20	1.22	40.94	0.21	5.00
B－采矿业	4	0.63	－0.20	－24.10	0.00	0.00
C－制造业	1417	874.18	－78.22	－8.21	－24.67	－2.82
D－电力、热力、燃气及水生产和供应业	14	65.28	－0.09	－0.14	17.77	27.22
E－建筑业	51	2.25	－2.14	－48.75	－0.35	－15.56
F－批发和零售业	933	51.49	1.45	2.90	1.72	3.34
G－交通运输、仓储和邮政业	32	10.58	2.61	32.75	0.90	8.51
H－住宿和餐饮业	54	3.62	0.23	6.78	－0.20	－5.52
I－信息传输、软件和信息技术服务业	135	0.83	0.30	56.60	－0.08	－9.64
J－金融业	7	2.00	0.17	9.29	0.86	43.00
K－房地产业	96	20.43	12.68	163.61	4.31	21.10

项目	报送户数（户）	营业收入			本期利润总额（亿元）	营业利润率＝利润总额营业收入（％）
		本期累计（亿元）	同期增加额（亿元）	同期增长率（％）		
L－租赁和商务服务业	399	2.09	－0.30	－12.55	3.00	143.54
M－科学研究和技术服务业	336	0.72	0.07	10.77	－0.19	－26.39
N－水利、环境和公共设施管理业	12	0.03	0.00	0.00	0.00	0.00
O－居民服务、修理和其他服务业	40	0.31	－0.05	－13.89	0.01	3.23
P－教育	6	0.01	0.01	0.00	0	0
Q－卫生和社会工作	10	0.03	0.02	200.00	0	0
R－文化、体育和娱乐业	109	0.43	0.11	34.38	－0.16	－37.21

资料来源：国家税务局福建省分局税收经济分析处和国际税收管理处提供的《福建台资企业2019年度经营情况简要分析》报告。

从行业利润来看，金融业，电力、热力、燃气及水生产和供应业，房地产业，这3个行业营业利润率超过10％（租赁和商务服务业因个别企业营业外收入大幅度超过营业收入，不统计在内）。总体出现亏损的行业有制造业，建筑业，住宿和餐饮业，科学研究和技术服务业，信息传输、文化、体育和娱乐业，软件和信息技术服务业。

（二）闽台对接十大产业经营与税负概况

1. 经营情况

表5列示了在闽台企除新兴产业、物流业以及冶金产业外的其他七大产业具体经营情况。由表5可见，从登记户数来看，除金融业和建材产业外，其余产业相对较为集中。金融行业营业利润率超过10％。总体出现亏损的行业有信息产业、机械产业、建材产业3个行业。其中机械产业、石化产业、纺织制鞋产业和食品产业均为制造业大类下的子产业。

表 5 **2019 年福建省台资企业七大产业具体经营情况**

部分产业	报送户数（户）	营业收入			本期利润总额（亿元）	营业利润率 = 利润总额/营业收入（%）
		本期累计（亿元）	同期增加额（亿元）	同期增长率（%）		
信息产业	135	0.83	0.3	56.6	-0.08	-9.64
机械产业	88	99.3	-58.7	-37.1	-1.2	-1.2
石化产业	94	67.3	4.6	7.4	0.1	0.2
纺织制鞋产业	129	78	-10	14.7	0.8	1.02
食品产业	92	15.4	0.5	3.2	0.3	2.1
建材产业	51	2.25	-2.14	-48.75	-0.35	-15.56
金融业	7	2	0.17	9.29	0.86	43

资料来源：国家税务局福建省分局税收经济分析处和国际税收管理处提供的《福建台资企业2019 年度经营情况简要分析》报告。

2. 税负情况

从行业税负角度看，建材业、金融行业由于行业特性，无论在闽还是在台，其税负相较于其他行业较高。横向对比，建材业、纺织制鞋业、石化行业、金融业在闽台企税负分别为 5.25%、1.02%、1.81%、3.78%，均低于台湾地区本土企业（见表 6），有利于吸引四个行业的台企来闽发展。而食品和物流行业在闽台企税负高于台湾地区本土企业，其中物流行业的税负差距较小，仅为 1.6%。因此总体而言，在闽台企的相应总税负较低，有利于吸引台企入闽。

表 6 **2019 年闽台对接产业税负对比**

行业	台湾地区上市代表公司税负均值（%）	在闽台企行业总税负均值（%）
食品产业	1.65	3.19
建材产业	10.40	5.25
物流产业	2.07	2.23
纺织制鞋产业	1.35	1.02

行业	台湾地区上市代表公司税负均值（%）	在闽台企行业总税负均值（%）
石化产业	2.14	1.81
金融业	4.07	3.78

注：①在此定义的税负为"纳税额÷营业收入"。其中仅纳税额包括所交税额，不包括缴纳的各类费用。

②台湾企业以行业上市前十大公司为代表性企业，仅小部分企业披露了税捐费用，以"所得税＋税捐"衡量纳税额。电子产业、机械产业、石化产业、新兴行业均未披露税捐费用。

资料来源：台湾地区上市公司年报。

（三）台企重点行业经营和税负概况

1. 经营情况

制造业为在闽台企的第一大行业，是所有行业中营业收入占比（84.1%）最高，也是亏损额（－24.67亿元）最多的行业（见表7），主要是计算机、通信和其他电子设备制造业，黑色金属冶炼和压延加工业，非金属矿物制品业，汽车制造业亏损所致；其中计算机、通信和其他电子设备制造业亏损26.4亿元，超过制造业总体亏损额。

第二大行业为电力、热力、燃气及水生产和供应业，其营业收入占比仅次于制造业（6.3%），营业利润率较高为27.22%。批发和零售业（户数第二、营收占比5%）为第三大行业，共有933户，行业集中程度较高。

表7　　　　　2019年在闽三大重点行业台企具体经营情况

行业	报送户数（户）	营业收入			本期利润总额（亿元）	营业利润率＝利润总额/营业收入（%）
		本期累计（亿元）	同期增加额（亿元）	同期增长率（%）		
C－制造业	1417	874.2	－78.2	－8.2	－24.7	－2.8
（二十七）、计算机、通信和其他电子设备制造业	71	221.8	－28.8	－11.5	－26.4	－11.9
（二十四）、汽车制造业	88	99.3	－58.7	－37.1	－1.2	－1.2
（十九）、黑色金属冶炼和压延加工业	5	98.3	7.0	7.7	－6.4	－6.5

续表

行业	报送户数（户）	营业收入			本期利润总额（亿元）	营业利润率 $=\dfrac{利润总额}{营业收入}$（%）
		本期累计（亿元）	同期增加额（亿元）	同期增长率（%）		
（十七）、橡胶和塑料制品业	94	67.3	4.6	7.4	0.1	0.2
（七）、皮革、毛皮、羽毛及其制品和制鞋业	66	61.2	−10.4	−14.6	0.0	0.0
（二十一）、金属制品业	109	54.3	6.5	13.7	−0.2	−0.4
（一）、农副食品加工业	102	47.6	−2.5	−4.9	0.2	0.4
（十四）、化学原料和化学制品制造业	49	28.5	−2.4	−7.9	1.6	5.6
（二十六）、电气机械和器材制造业	43	26.8	1.4	5.4	1.1	4.0
（三）、酒、饮料和精制茶制造业	31	24.3	0.9	3.8	1.8	7.2
（二十）、有色金属冶炼和压延加工业	7	20.4	4.3	26.9	2.2	10.7
（十八）、非金属矿物制品业	69	16.9	−2.0	−10.6	−3.3	−19.5
（五）、纺织业	63	16.8	0.4	2.1	0.8	4.5
（二）、食品制造业	92	15.4	0.5	3.2	0.3	2.1
（二十二）、通用设备制造业	79	14.7	0.1	0.9	1.4	9.7
（二十三）、专用设备制造业	67	11.6	0.7	6.7	0.7	6.4
（十二）、文教、工美、体育和娱乐用品制造业	100	10.8	0.1	0.9	0.1	0.6
D - 电力、热力、燃气及水生产和供应业	14	65.28	−0.09	−0.14	17.77	27.22
F - 批发和零售业	933	51.49	1.45	2.90	1.72	3.34

　　资料来源：国家税务局福建省分局税收经济分析处和国际税收管理处提供的《福建台资企业2019 年度经营情况简要分析》报告。

2. 制造业税收情况

从税务登记数看，福建省制造业台企占比达 31.7%，居所有行业首位。其中，文教体美及娱乐用品制造、橡胶和塑料制品制造、纺织服装制造以及金属制品业 4 个行业分布较为集中，共计占制造业台企总数的 28.7%。同时食品制造业发展迅猛，2015～2019 年新登记数占制造业新登记总数的 8.9%，增速居所有行业首位。

从税收贡献看，2019 年 1～7 月制造业入库税收 35.82 亿元，占入库税收总数的 70%，同比上年提升 0.9 个百分点。计算机及通信设备制造业和橡胶及塑料制品业占制造业入库税收总量的 18.6% 和 12.9%，居制造业前两位。台资制造业转型升级态势也有所显现，显示器件、计算机外围设备、集成电路等高技术制造业税收占比同比提升了 1.8、1.0、0.8 个百分点。

从税收优惠角度看，制造业台企减税降费获益最为明显。新增减税降费政策惠及台企 20 个行业，共有 11 个行业减免金额超百万元，其中制造业获益最为明显。2019 年 1～6 月，制造业台企新增减免 4.26 亿元，占减免总额的 79.5%，惠及台企 1922 户，占总减免户数的 51.3%，户均减免 22.16 万元，减免规模和惠及户数居所有行业首位。具体分行业看（见图 1），计算机通信设备制造、金属制品制造、金属制品制造 3 个行业减免规模最大，共计减免 1.78 亿元，占制造业减免总额的 41.8%。橡胶塑料制品制造、金属制品业、专用设备制造业 3 个行业减免户数最多，共计惠及 445 户（占比 23.7%）。高技术制造行业升级动能也得到加强，共计减免 8253.9 万元（占比 19.4%）。除制造业外，批发零售业、能源供应行业、金融业分别减免 3370.9 万元、2963.6 万元、1381.22 万元。

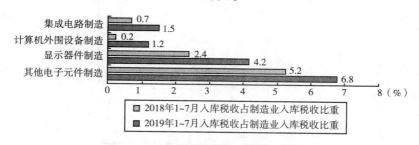

图 1　福建省台资制造业税收结构变动情况

资料来源：国家税务局福建省分局税收经济分析处和国际税收管理处。

3. 闽台企业实际税负对比分析

从表 8 可以看出，台湾地区本地企业虽然所得税税率低于在闽台资企业，但缴纳所得税数额高于在闽台资企业，且所得税税负高于在闽台资企业。从总体税负来看，扣除社保因素，2018 年度、2019 年度，在闽台资企业税负远低于台湾地区本土企业，这也说明了虽然大陆地区名义税率高于台湾，但近年来随着减税降费力度的不断加大，在闽台资企业的整体税负持续下降，已远低于在台企业。

表 8   闽台制造企业 2018 年和 2019 年税负对比

项目	2018 年		2019 年	
	福建制造企业	台湾制造企业	福建制造企业	台湾制造企业
营业收入	97733056 （元）	747671918 （元新台币）	84309164 （元）	707305530 （元新台币）
缴纳所得税额	335458 （元）	12320566 （元新台币）	407355 （元）	11281395 （元新台币）
其他税额 （不含社保）	89460 （元）	6117300 （元新台币）	410407 （元）	4115100 （元新台币）
所得税税负	0.34%	1.65%	0.48%	1.59%
总税负 （不含社保）	0.45%	2.4%	0.97%	2.17%

资料来源：国家税务局福建省分局税收经济分析处和国际税收管理处。

四、制约福建省台企发展的因素分析

（一）对台合作税收政策现存问题

1. 闽台税制协调存在的问题

（1）闽台税收制度比较。

闽台的现行税制在具体规定上存在较大差异。祖国大陆实行统一的税收制度，即以所得税及流转税为双主体，其次为资源税类、财产税类及行为税类。而台湾地区则是以所得税为主，其次为流转税类、财产税类等。闽台税种不仅在名称上存在差异，在税率、征收方式等具体规定上也存在较大差异（见表9）。

表9   主要税种及税率比较

类别	台湾地区		福建省	
	税种	基本税率	税种	基本税率
所得税	综合所得税	5%~40%（五级累进）	个人所得税	3%~45%（七级累进）
	营利事业所得税	特定税率（低于25%）	企业所得税	25%
流转税	加值型营业税	5%	增值税	11%、9%、6%
	非加值型营业税	特定税率		
	货物税	2%~120%	消费税	特定税率+定额
	烟酒税	特定税率		
财产及其他税	土地增值税	按涨价总数：40%、60%	土地增值税	30%~60%
	房屋税（自住；自营）	住家用房屋：1.2%~2% 自住房屋：1.2% 非家用房屋：3%~5%	房产税（营业；出租；个人住房）	
	契税	2%、4%、6%	契税	3%~5%
	遗产及赠与税	遗产：2%~60% 赠与：4%~60%		
	使用牌照税	定额	车船税	定额
	娱乐税	特定税率		

（2）闽台税收协调存在的问题。

第一，重复征税问题。重复征税问题主要体现在所得税方面。企业所得税方面，大陆为属人主义与属地主义双重税收管辖权征收，台湾地区也采用属人主义和属地主义双重原则。个人所得税方面，大陆仍采用属人主义与属地主义的双重税收管辖权征收税收，而台湾仅采用属地原则。但是由于台湾地区，对台湾地区民众来源于大陆地区的所得也征收个人所得税，因此可能会导致某些纳税人具有双重居民纳税人身份，即在台湾被认定为居民纳税人，又在大陆被认定为居民纳税人，进而导致双重征税。

第二，税收饶让问题。大陆早年为了吸引台资实行了较大力度的税收优惠政策，但台湾地区限制内地资本在台湾地区投资，极少存在台湾地区给予大陆资本税收优惠的问题。大陆资本难以得到台湾地区的税收优惠，大部分台商担心将投资利润汇回台湾后遭遇高额税收而选择了将利润留存于大陆。两岸之间的资本流动仍为台湾至大陆的单向流动为主。而在《海峡两岸避免双重课税及加强税务合作协议》中也没有针对税收饶让的条款。

2. 当前对台税收政策方面存在的问题

我国现行税收制度是与当前国情相适应的现代化税收制度，能够在一定程度上促进经济的发展，从而为推进我国经济治理现代化提供重要的制度保障。但当前打造对台合作先行区的政策目标对福建现行税收政策提出了更高的要求，福建省在对台特殊税收政策方面仍存在亟须解决的不足之处。

（1）对台特殊税收优惠政策缺乏。

福建与台湾一衣带水，血脉相连。在对台经贸合作交流上，福建具有独特的"五缘优势"，更是在推动祖国完全统一上具有重要的战略地位。近年来，福建省也推出了多项惠台政策，但在全省内专门面向台胞台企的税收优惠政策尚属空白。而平潭综合试验区作为对台开放开发的唯一窗口，其对台特色税收优惠政策也较为缺乏，需要进一步创新。

（2）税收产业调节功能不足。

现行的税收优惠政策对产业结构的调节力度不够，具体主要体现在两个方面。一是现行税收优惠政策对闽台经贸往来的特色产业（农业、旅游业等）倾斜力度不够。来闽投资农业的台资企业规模较小、农业产业化进程缓慢，而税收政策在涉农方面受惠范围小、力度轻，闽台经贸往来的特色产业未得到有力推进。二是现行的税收优惠政策产业性质有待于加强，且主要通过降低所得税税负等较为直接的税收优惠，方法单一，成效不足，需要优先发展、重点发展的产业并无特别的鼓励措施，一定程度上弱化了税收优惠政策的结构性调节功能。

（3）吸引台湾人才的税收激励不足。

虽然福建省对台具有独特的"五缘"优势，但当前福建省经济发展水平与北上广深等一线城市相比仍存在一定的差距，吸引人才的相关硬件环境处于劣势。加之，福建自贸试验区的税收优惠侧重于促进投资、消费方面，吸引台湾人才的税收激励力度和范围略显不足。

（4）对台税收协调机制不健全。

当前，两岸税收关系存在着税收协定、重复计征等问题，闽台经贸往来缺乏一个涉税沟通平台来促进双方的税务交流；两岸的税种名称及征收规定存在差异，且福建省，针对台商投资的税收优惠政策有时公布存在滞后性，导致企业无法享受税收优惠；纳税人与税务机关之间的互动不理想，纳税人不了解税收政策，税务机关缺乏相应的辅导等。一系列相关税收制度的不完善，直接影响税收职能的发挥。

3. 闽台社保费协调存在的问题

（1）福建省社会保险费征收现状。

2019 年 4 月 29 日，福建省印发《福建省降低社会保险费率综合工作方案》，统筹推进降低社会保险费率、完善社会保险制度和社会保险费征收体制改革。同时，根据"31 条措施"精神，在大陆的台资企业和台湾同胞均同等享受降低社保费率相关政策并直接受益。

（2）台湾地区社会保险费征收现状。

目前台湾社会保障政策分为劳动保险和健康保险两大块。

台湾的劳动保险类似于大陆的养老、工伤、失业等险种，并且根据职工的薪酬划定了不同的投保档次，所有的社保待遇都基于投保档次所决定。根据规定，企业职工强制缴纳劳保，且除了劳保外还需根据不同职业而缴纳不同保险如公保、农保、渔保等。

台湾社会保障制度中另外一个重要项目是"全民健康保险"。根据规定，全台湾除符合退休年龄人员外所有人都须缴存"健保"。根据台湾的医疗制度，台湾居民可以自由到任何一家医院免费就诊，小到牙痛、大到癌症，医疗开支均可由"健保"埋单。

（3）两岸社保费协调存在的问题。

为维护在内地（大陆）就业、居住和就读的香港和澳门居民中的中国公民以及台湾居民依法参加社会保险和享受社会保险待遇的合法权益，加强社会保险管理，中华人民共和国人力资源和社会保障部研究起草了《香港澳门台湾居民在内地（大陆）参加社会保险暂行办法（征求意见稿）》〔以下简称《暂行办法（征求意见稿）》〕。根据该办法规定，已在香港、澳门、台湾参加当地社会保险，并继续保留社会保险关系的港澳台居民，可以持相关授权机构出具的证明，不在内地（大陆）参加养老保险和失业保险。本暂行办法于 2020 年已开始实施。

第一，重复参保。根据《暂行办法（征求意见稿）》，已在台湾参加当地社会保险，并继续保留社会保险关系的台湾居民，可不在大陆参加养老保险和失业保险。但对于医疗、工伤和生育保险，目前并不适用这一规定。来大陆就业的台湾居民一般在台湾已经参加了这些方面的社会保险，因此要求他们同时在大陆参保，仍会造成重复参保，增加缴费负担。

第二，减税降费影响。2019 年福建省新出台"降费"举措，将全省企业职工基本养老保险单位缴费费率从 18% 降至 16%，机关事业单位养老保险单位缴费费率从 20% 同步降至 16%。这项举措减轻了企业的负担，但对职工个人（包括台胞）的缴费负担并无显著影响。

第三，养老保险。《暂行办法（征求意见稿）》实施后，目前仍有部分台湾居民两头缴纳养老保险或只在大陆缴纳养老保险。受"落叶归根"的传统家庭观念影响，大多数来大陆就业的台湾居民在退休之后，会选择回故乡台湾养老。在大陆缴纳养老保险的台湾居民实际享受不到大陆养老保险的福利，便会造成"浪费"，给台胞增加一定的经济负担。

第四，医疗保险。台湾地区的医疗制度支持台湾居民可以到台湾任何一家医院免费就诊。由于大陆的医疗成本较高，在大陆工作、生活的台胞一旦患病，很有可能选择回到台湾接受治疗。这便"浪费"了台胞在大陆缴纳的医疗保险，给台胞带来一定的经济负担。

4. 台企在税收征缴便利性方面的现存问题

为进一步优化税收营商环境，全面提升为纳税人服务的质效，国家税务总局福建省税务局开发的网上办税平台——"中国电子税务局 - 福建"于2018 年 6 月 1 日正式上线。

电子税务局是以大数据平台和云平台作为基础资源，包括纳税人端应用和税务端电子工作平台的智慧型税务生态系统，通过实名办税机制、数字证书和"电子印章"技术以及电子档案系统等应用的支持，电子税务局可以实现"全方位覆盖、全流程电子化、全程无纸化"的互联网办税服务。然而，台胞台企使用电子税务局办理涉税事项的便利性仍存在改进空间。

（1）电子税务局实名认证功能。

由于大陆使用的网上办税平台需要进行实名认证，而电子税务局的实名认证功能需要连接公安数据库进行数据比对，暂不支持台胞通过台胞证编码进行登录并实名。因此，台胞在进行电子税务局的首次注册时，必须由本人到税务局进行实名登记后方可在网上进行涉税事项办理，这给台胞台企办理涉税事项造成不便。

（2）信息共享机制。

台胞、台企的信息共享机制尚未建立，与海关、公安机关、金融监管机构等相关行业主管部门的信息共享不足。

（二）其他影响当前台资企业落地第一家园的难点分析

尽管上文数据分析显示，在闽台企税负在多个维度都低于在台同类企业税负，但在实际工作中，税务部门通过随机抽取不同类型、不同行业、不同规模在闽台资企业进行实地走访调研，发现仍有多个因素降低了台商落地第一家园的积极性，主要包括：

1. 台商对减免税政策可持续性和倾向性的担忧

现存的减免税政策对企业的发展具有至关重要的支持作用，根据"31条措施"精神，在大陆的台资企业和台湾同胞均同等享受相关政策并直接受益。但台商对于政策的持续性和倾向性存在一些担忧。首先，企业的土地使用税与房产税负担较重，一旦税收减免和优惠不再持续，企业税收负担将加大。其次，社保费征收率高、社保费的征收力度大是企业担忧的重点问题。特别是对于用人较多的制造企业来说，社保费如果按实征收，将极大增加企业的负担，企业将无力承受。

2. 传统制造业所占比重较大，闽台对接十大产业企业数量和规模较小，企业转型难度大

制造业是福建台商主要投资领域。2019年，福建省制造业台企户数占全省台企总户数的比重达到31.7%，居所有行业首位。[①] 就台资投资福建主要产业占比情况来看，制造业占绝对主导地位，2012～2017年制造业占台资投资福建主要产业比重一直在70%以上（见表10）。相比之下，其他产业在闽投资数量和规模较小，尚未形成可观的规模和效益，实现企业转型难度较大。加上海峡西岸物流覆盖面和市场腹地有限，可供台资企业选择的合资载体或合作伙伴对比京津冀以及长三角地区相对较少，一定程度上制约了台资企业在经营上的转型。

---

① 根据国家税务局福建省分局税收经济分析处和国际税收管理处提供的数据计算而得。

表 10		台资投资福建主要产业占比情况		单位:%
年份	制造业	金融保险业	不动产业	批发零售业
2012	89.48	0	0	1.83
2013	90.97	4.31	0.08	1.81
2014	82.85	3.56	0	10.05
2015	75.81	11.43	6.15	3.46
2016	75.16	4.35	5.56	11.88
2017	81.14	3.24	5.50	3.87

资料来源：根据台湾地区"经济部投资审议委员会"统计数据整理获得。

3. 用工成本过快上涨

重点税源监控数据显示，2019 年上半年福建省重点税源台企人均职工薪酬支出同比上涨 13%，其中厦门同比上涨 15.3%。分行业看，租赁和商务服务业、居民服务业以及房地产业分别上涨了 36%、26.6% 和 21.9%；制造业上涨了 13%。受此影响，虽通过企业所得税申报数据显示 2019 年上半年台企盈利面有所扩大，但盈利规模呈现下降态势。2019 上半年重点税源台企利润总额同比下滑 24.1%，其中制造业利润总额同比下滑 30.9%。[①] 随着福建省用工成本的上涨，台企存在外迁隐忧。一些位置优越、交通便利、人力资源丰富的内陆城市如成都、重庆、武汉、郑州等开始备受"西进"台商青睐。

4. 中美贸易摩擦冲击

重点税源监控数据显示[②]，美国是福建省台企最主要的产品出口地，2019 年上半年重点税源台企对美出口退税 6.07 亿元，占比 53.4%，中美贸易摩擦对福建省台企冲击较大。典型企业调研情况显示，福州某汽车零部件制造台企 2019 年因美国加征关税预计将增加约 1300 万美元的额外关税成本；福州某纺织业台企超五成订单出口美国，因中美贸易战加征 25% 的关税影响，部分订单已出现亏损。

5. 第三产业布局不够

2019 年消费对我国经济增长的贡献率达到 57.8%[③]，是经济增长的主要

[①②]　上述数据为由国家税务局福建省分局税收经济分析处和国际税收管理处提供的全省重点税源监控数据。

[③]　根据《中国统计年鉴》2020 年数据计算。

引擎。而台资在闽的产业布局以制造业为主，与消费相关的第三产业投资不多。2019 年 1 ~ 7 月，福建省台资第三产业扣除房地产业后入库税收占比仅为 14.2%，远低于全省平均水平，其中金融、交通、住宿等行业税收占比分别仅为 2.5%、2.1%、0.5%[①]。

6. 市场腹地制约

随着台商投资形态从加工出口型向市场占领型转型，海峡西岸物流覆盖面有限的弱势逐渐显现出来，市场腹地有限，可供台资企业选择的合资载体或合作伙伴对比京津冀以及长三角地区相对较少，一定程度上制约了台资企业在经营上的转型。

五、推进福建成为台胞台企登陆的第一家园的建议

（一）提高政治站位，充分认识建设"第一家园"的政治意义

习总书记提出要"努力把福建建成台胞台企登陆的第一家园"[②]。这既是对福建的期望，让我们充分发挥闽台地缘的天然优势；也是为福建更好地服务于国家发展大局和祖国统一大业指明了方向。"第一家园"建设，不仅仅有经济层面的意义，更是有着不一般的政治意义。充分认识"第一家园"建设的重要意义，需要我们从经济层面跳出来，从条条框框中跳出来，敢于先行先试，勇于先行先试。

（二）建议出台在闽台胞台企的"台企台税、台人台税"政策

（1）建议参照广东省在大湾区建设中推出了"港企港税、港人港税"政策，充分运用"先行先试"的便利条件，在福建省制定出台"台企台税、台人台税"政策。对已在闽的台胞台企以及来闽新办企业、创业的台胞，参

---

① 本数据由调研对象国家税务局福建省分局税收经济分析处和国际税收管理处提供。

② 参见 2019 年 3 月 10 日习近平总书记在参加十三届全国人大二次会议福建代表团审议时重要讲话。

照现有招商引资的相关政策，给予一定的财政补贴。

（2）建议在现有对台政策的大环境下，加大对"老"台企的关怀与政策扶持，发挥好"老"台企、"老"台胞对台宣传的窗口作用。由于受政治因素影响，在台的台胞、中小型台企很难接收到我们的优惠政策以及相关的信息，台胞要咨询来闽投资的很多信息大多来自这些"老"台胞、"老"台企，他们的宣传将对台胞台企来闽投资起到一个很重要的引导作用。加大对"老"台企的政策支持，提升他们在闽投资的获得感和满意度，将是一个对台宣传的优良窗口。

（三）着力规划引导宣传，注重新兴产业招商落地，提升台企在闽投资的盈利能力

（1）建议制定闽台产业合作转型升级规划。立足福建省经济发展需要，对未来几年福建省台资企业转型升级进行规划和指导。

（2）建议大力推动闽台主导产业向纵深配套发展。充分发挥各地比较优势，形成错位发展的格局，重点扶植三大台资主导产业集群。同时，结合台资主导产业集群的特点，出台相应的税收政策以推动产业发展。例如，放宽福建省内台企符合高新技术企业及科技型中小企业的认定标准，将认定企业资格的权限下放到市一级，由当地政府根据实际情况出台认定标准，助力在闽科技型台企成长。又如，参照平潭综合实验区的企业所得税优惠政策及优惠目录，针对福建省内处于鼓励类产业（包括电子信息产业、装备制造业等）且主营业务收入占总收入的70%以上的台资企业减按15%征收企业所得税。通过政策引导辅以税收优惠，推动闽台产业对接向纵深方向配套发展。

（3）建议大力引进服务产业。一方面，重点推进闽台金融合作，探索建立海西金融试验区，进一步放宽台资银行、保险、证券机构进入条件；另一方面，允许台资参股地方股份制金融机构，并指定几家商业银行作为两岸货币清算的指定银行，推动人民币在两地的使用和结算。同时，还可参考平潭综合实验区的经验，允许商业银行试点人民币新台币直接清算；并在税收领域出台相应的政策，如对福建省内从事人民币与新台币直接清算业务的台企的该部分业务收入免征或减半征收企业所得税。

（四）加强人才引进，强化闽台新科领域技合作

（1）建议加快闽台人才市场和人才机构的衔接。完善闽台科技人才流动机制，探索两岸学历、资格证书互认办法，打破户籍、身份、档案、人事关系等人才流动中的刚性约束，对福建省内的台湾人才适当延长台胞证的签发期限或给予长期居住证的签发。同时，还可搭建台胞台企信息共享平台，由海关、税务机关、公安部门和金融监管机构等相关部门协同共管，畅通信息渠道，实现信息共享，为台胞台企来大陆生活、工作、创新创业提供更加有利的条件，共享大陆发展机遇。

（2）建议制定闽台人才合作开发和交流计划。支持和鼓励闽台高等院校、科研院所和科技企业开展联合办学，培养发展高科技产业所需的高层次技术人才和管理储备人才。

（3）建议设立闽台科技合作"创新基金"。重视人才激励制度，完善引进台湾高科技人才项目奖励制度，增强人才支撑效应。

（4）建议针对在闽工作的台胞实行个人所得税优惠。由于大陆的个人所得税负重于台湾，这样的两岸税负冲突可能会让准备跨海工作的台胞望而却步。故可给予在福建省内工作的台胞一定的个人所得税优惠，以减缓两岸税负冲突，激励更多台湾优秀人才来闽就业。例如，对在闽工作的台湾居民按不超过大陆与台湾地区个人所得税税负差额给予补贴，该补贴免征个人所得税，真正落实"台人台税"；再如，对福建省内企业以股份或出资比例等股权形式给予台湾高层次人才、高端人才和紧缺人才的奖励，实行股权奖励个人所得税分期纳税政策，对于获得奖励人员一次性申报缴纳税款有困难的，可分期缴纳个人所得税。

（五）扩大经济腹地，深化闽台港口物流合作

（1）建议整合闽台港口资源，建成以高雄港、厦门港为一级核心港，以基隆港、福州港、台中港、泉州港为二级港，以湄州湾、苏澳港等为辅助港的多层级闽台港口体系。

（2）建议加快铁路、公路以及空港一体化建设，尤其加快福建与内陆的

公路、铁路、航空运输连接，以海运、空运、陆运多位一体的运输体系为支撑，构建以福州、厦门、高雄、基隆等综合物流枢纽中心为核心，以泉州、莆田、漳州、宁德、台中等区域物流枢纽中心为辅助的多功能、多层次、强辐射的港口物流体系。

（六）完善服务体系，不断优化台资企业营商环境

（1）建议建立常态性的专门机构。借鉴粤港澳大湾区的建设经验，在福建省内建立对台合作先行区政务服务中心，即集企业服务、涉税业务、人才服务、自助服务和通关贸易等功能的"一站式"政务服务综合体，使台胞台企在中心享受"一门式""一窗式"高效服务。这样既能实现营商环境的优化，进一步吸引台湾企业来闽投资，又能方便政府部门在机构框架内对闽台产业合作进行协调管理。

（2）建议建立维护台商投资企业合法权益的执法监督机制，保障台商合法利益，增强台商入闽投资的信心。

（3）建议持续细化落实福建省"66 条惠台措施"以及最新颁布的"42条惠台措施"，注重政策执行成效，加强政策宣传力度，并强化地方政府惠台政策落实情况的考核考评。

（4）建议突显平潭作为综合实验区的独特作用。平潭作为福建省率先开放开发的地区和两岸交流合作的前沿平台，应加快"先行先试，大胆探索"的步伐。福建省应大力支持平潭开展"一区两标"试验，争取在经济、文化、社会管理等领域，进一步融合两岸的行业标准，探索服务贸易领域全面采认台湾资格、资质标准。

参考文献

［1］福建省地税局"台湾税收研究"课题组．海峡两岸税制比较研究［J］．福建论坛（经济社会版），2002（10）：68－72.

［2］黄晓珊．各国自贸区税收优惠政策比较研究［J］．国际税收，2017（10）：6－10.

［3］李刚．海峡两岸税收程序法律制度比较与协调问题研究［M］．厦门：厦门大学出版社，2018.

［4］厦门市国家税务局课题组，李华泽，修兴高，罗绪富，付景红．海峡两岸税收

协调问题研究［J］．涉外税务，2011（7）：50－52.

　　［5］叶少群．海峡两岸税收制度比较［M］．北京：中国财政经济出版社，2008.

　　［6］张金水．支持海峡西岸经济区建设的税收政策选择［J］．涉外税务，2006（7）：11－14.

　　［7］张思源．海峡两岸增值税制度比较研究［D］．温州：温州大学，2013.

　　［8］张贻奏．浅谈闽台自由贸易区建设与税收协调［J］．涉外税务，2009（1）：25－29.

　　［9］周立新．海峡两岸税制比较研究［J］．扬州大学税务学院学报，2005（1）：34－36.

专题十　厦门经济特区成立四十年来的经验研究

作为中国改革开放的排头兵，厦门经济特区积极探索，勇于实践创新，成立四十年来，经济规模快速增长，经济结构日趋合理化，在对外贸易、金融服务发展、高新技术等各方面取得较大成就，社会经济发展发生了翻天覆地的变化。

一、厦门经济特区成立四十年来取得的成就

（一）经济持续增长

经济规模大幅增长。1978 年改革开放伊始，厦门社会底子薄，经济规模仅有 4.8 亿元人民币；经历经济特区建设 40 年，经济领域实现了从小到大、由弱变强的转变；在 2005 年首次突破千亿元大关，此后在 2010 年、2013 年、2017 年分别突破了 2 千亿元、3 千亿元、4 千亿元，到 2020 年，厦门生产总值（名义）已经高达 6384 亿元人民币，是 1978 年的 1330 倍。财政收入是经济发展的晴雨表，四十多年间，厦门财政收入实现了量和质的提升，全市财政收入由 1978 年的 1.55 亿元增长为 2020 年的 1351.29 亿元，年平均增长率达到 17.5%。[①]

经济增速位居前列。在 2012 年以前，厦门经济除了 1979 年、1981 年、1983 年、1985 年、2009 年这五年增长速度为个位数，其余各年都保持了两

---

① 厦门经济特区年鉴（2020）.

· 237 ·

位数的增幅。全市经济发展最快的是"八五"时期，生产总值五年平均增长速度达到 24.9%，比其他几个五年计划时期平均增长速度均高出近十个百分点。① 经过"八五"时期的快速发展，从"九五"到"十四五"，全市经济呈现平稳较快的发展态势。厦门的经济增速在福建省及全国副省级城市中位居前列。从全国副省级城市看，2020 年厦门市经济增速赶超西安、南京和杭州，连续两年保持在第一位。

经济发展保持较高效率。1981 年起，厦门企业纷纷由单纯的生产型转变为生产经营型，各工业企业根据市场变化情况，及时调整产品结构，经过 40 多年的改革和发展，经济效益有了显著提高。2020 年，厦门以福建全省 1.4% 的土地面积，创造全省 14.5% 的地区生产总值、26.2% 的财政收入、近 50% 的外贸进出口额。土地产出率达到 3.76 亿元/平方公里，每度电创造地区生产总值为 21.90 元，人均地区生产总值超过 2 万美元，这些指标在福建省以及全国大中城市保持前列。规模以上工业经济效益综合指数为281.47，比 2019 年提高 19.75 个点。随着经济的发展和科技的进步，全市工业劳动生产效率大幅提升，从 1986 年的 1.97 万元/人到 2000 年的 7 万元/人，再提升至 2020 年的 29.55 万元/人。②

"三驾马车"各显神通。改革开放 40 多年来，消费成为拉动厦门经济增长的重要引擎，零售、餐饮、住宿多点开花。投资成为促进经济社会发展的重要抓手，投资规模大幅增长。1981 年，固定资产投资额仅有 1.81 亿元，2020 年达到 2455 亿元，是 1981 年的 1356 倍。2016～2020 年五年间固定资产投资年均增长 10.5%，比福建省年均增幅高 2.8 个百分点，比全国年均增幅高 4.6 个百分点。出口对厦门经济增长的贡献越来越大。1985 年，厦门口岸的进出口贸易总额为 4.44 亿元，2020 年厦门市货物贸易进出口 6915.8 亿元，是 1985 年的 1557.6 倍，且 2020 年的同比增速高于全国增速 5.9 个百分点。其中，出口 3572.9 亿元，同比增长 1.2%，进口 3342.9 亿元，同比增长 16%。全年进口、出口、进出口三项规模均创历史新高，进出口总值占福建省外贸的 49.3%。贸易伙伴遍及全球 223 个国家和地区，对"一带一路"

---

① 壮丽 70 年，走进新时代的厦门经济特区 [EB/OL]. [2019 - 08 - 19]. https：//mp. weixin. qq. com/s/p9MsO7snWyzX1lM-FmjZSw.

② 2020 年厦门经济"成绩单"出炉 [EB/OL]. [2021 - 02 - 01]. https：//www. sohu. com/a/448000718_120207622.

沿线国家进出口 2290.1 亿元，同比增长 13.2%。①

（二）产业结构优化升级

经济结构逐步调整优化。厦门工业化进程加快，第一产业、第二产业、第三产业的结构日趋合理化，第三产业逐渐占据主导地位。1978 年，厦门一二三产业结构的比例分别为 22.3%、56.7% 和 21.0%，2020 年，一二三产业结构优化为 0.45∶39.47∶60.08。② 从构成上看，第一产业所占比重明显下降，第二产业所占比重略有下降，第三产业所占比重大幅上升，产业结构在调整中不断优化。

现代服务业蓬勃发展。在 2000 年后，厦门开始重视现代服务业的发展，努力提高服务业在保增长、促发展中的贡献份额，使之成为经济增长的新引擎。近几年以来，厦门重点发展现代服务业，信息传输、计算机服务和软件业、租赁和商务服务业等现代服务业已进入发展快车道，2020 年营业收入合计近 900 亿元。③ 目前厦门形成了以金融、商贸、物流、软件、信息、房地产、旅游会展等为主的产业格局，服务业占国民经济的比重稳步提高，成为推动厦门经济增长的新引擎。

高新技术产业实现高质量发展。2003 年，以柯达、戴尔、厦华、TDK为代表的一批高新技术企业生产迅速发展，有力推动了厦门市工业经济的快速增长。④ 2020 年厦门规上高技术产业占比居福建省首位，规模以上高技术产业实现工业增加值 765.67 亿元，占全市规模以上工业增加值的 39.8%，增长 8.9%，高于全市规模以上工业增幅 2.9 个百分点。⑤ 信息技术、生物技

---

①　6915.8 亿元 进出口总值创新高 [EB/OL]. [2021 – 01 – 22]. https：//www. 163. com/dy/article/G0U9G4A60514TTO0. html.

②　改革开放四十年，一次产业结构优化的新征程——改革开放四十年厦门经济结构调整综述 [EB/OL]. [2018 – 12 – 05]. http：//tjj. xm. gov. cn/tjzl/tjfx/201812/t20181205_2180355. htm.

③　"十三五" 时期厦门国民经济运行情况 [EB/OL]. [2021 – 04 – 06]. http：//tjj. xm. gov. cn/tjzl/tjfx/202104/t20210406_2530117. htm.

④　GDP 增长 22.3%，我市经济实现 "开门红" [EB/OL]. http：//tjj. xm. gov. cn/tjzl/ndgb/201803/t20180328_2091017. htm.

⑤　厦门市 2020 年国民经济和社会发展统计公报 [EB/OL]. [2021 – 03 – 17]. http：//tjj. xm. gov. cn/tjzl/ndgb/202103/t20210319_2525636. htm.

术、新材料技术、新能源技术、空间技术和海洋技术六大领域发展迅速。

战略性新兴产业快速崛起。近年来，厦门把握科技革命和产业变革带来的机遇，战略性新兴产业稳定增长。2020 年规模以上战略新兴产业实现工业增加值 651.92 亿元，占全市规模以上工业增加值的 33.9%，占规上工业比重居福建省第二位，增长 3.1%。① 大数据产业提速，以区块链占据创新制高点。2019 年国家网信办发布第一批境内区块链信息服务备案编号，福建省入选的 4 个区块链信息服务项目全部来自厦门，同年获批成为跨境金融区块链服务平台全国试点地区。人工智能产业蓄势待发。截至 2020 年，厦门市聚集了人工智能相关企业近 200 家，取得相关专利超 12000 件，基本实现人工智能产业链全覆盖。互联网行业成绩亮眼。② 战略性新兴产业代表新一轮科技革命和产业变革的方向，是培育发展新动能、获取未来竞争新优势的关键领域。

金融服务业贡献增大。厦门设立经济特区之前，只有四家国有银行，即人民银行、农业银行、中国银行和建设银行，业务范围基本是内向型的。随着厦门经济特区范围的扩大，许多外资银行陆续申请到厦门设立分行或代表处，使厦门金融业成为厦门特区经济发展的重要支柱之一，金融业对地区生产总值增长贡献逐步加大。银行业金融机构资产负债规模稳步扩大，存贷款增速回升，新增贷款优先投向小微企业、民营企业，融资成本继续下行；证券期货市场经营机构数量较为稳定，市场交易活跃度提升；保险公司主体数量持平，业务规模扩大，保险密度提高。

（三）科技创新成效显著

科技创新能力增强。1985 年厦门各类自然科学研究机构仅有 46 个，科技创新能力亟待提高。2020 年，厦门已经是国家自主创新示范区的核心城市，国家高新技术企业突破 2280 家，有国家技术先进型服务企业 46 家，科技小巨人企业 1025 家，科技企业孵化器 43 家，国家、省、市级重点实验室

---

① 2020 年厦门规模以上工业生产持续提速［EB/OL］.［2021 - 02 - 02］. http：//tjj. xm. gov. cn/zfxxgk/zfxxgkml/tjsjzl/tjfx/202102/t20210202_2517056. htm.

② 厦门加速人工智能产业发展：赋能实体产业 打造人工智能创新应用新高地［EB/OL］.［2021 - 05 - 26］. https：//baijiahao. baidu. com/s？id = 1700775916339164650&wfr = spider&for = pc.

138 家、工程技术研究中心 128 家、企业技术中心 214 家、企业博士后工作
站 34 家、新型研发机构 40 家。国内专利授权量 29598 件，其中发明专利授
权量 3066 件。每万人有效发明专利拥有量达到 37.93 件，为福建全省平均
值的 3 倍，全国的 2.42 倍。①

　　创新创业环境优好。厦门经济特区发展早期，在 1990 年，厦门市各项
科技经费 1036 万元，共安排 160 项科研项目，发展高技术产业的"火炬计
划"开始实施。2015 年，厦门市科技投入 18.58 亿元，2020 年增加至 41.22
亿元，年均增幅 24%。厦门市积极推进了嘉庚创新实验室、国家集成电路产
教融合平台等项目建设，并引进清华海峡研究院等新型研发机构，着力提升
科技原始创新能力。目前全市拥有省级创新实验室 1 家，国家级重点实验室
5 家、省级 21 家、市级 113 家，国家工程研究中心和工程实验室 14 家。②

　　创新服务体系完善。2016 年 6 月，随着国务院同意建设福厦泉国家自主创
新示范区的正式批复，厦门自主创新示范片区先后出台"科技创新 25 条""成
果转化 19 条""创新驱动 9 条"等系列重磅政策，推出 129 项改革创新举措，③
形成了"互联网 + 技术转移""科技信用贷款"等一批具有全国重要影响力
的创新案例，有效降低了企业研发成本，增强了企业创新动力。

（四）实现了高水平的开放发展

　　外贸释放出活力和韧劲。厦门进出口总额大幅增长，排名位居前列。
1978 年，厦门出口总额 8208 万美元，没有进口；1980 年，厦门外贸进出口
总额 1.4 亿美元；十年之后，1990 年厦门外贸进出口总额突破 10 亿美元，
达到 11.5 亿美元；又过十年，2000 年外贸进出口总额突破百亿美元大关，
达到 100.5 亿美元；跨入 21 世纪的厦门外贸更加突飞猛进，2010 年达到
433.1 亿美元，对外贸易持续向好。2020 年全年实现外贸进出口总值

---

①　厦门市 2020 年国民经济和社会发展统计公报［EB/OL］．［2021 – 03 – 17］．http：//tjj. xm.
gov. cn/tjzl/ndgb/202103/t20210319_2525636. htm.
②　近年推出 129 项改革创新举措 厦门创新能力指数全国第 11［EB/OL］．［2021 – 08 – 28］．ht-
tps：//baijiahao. baidu. com/s? id = 1709320879856112823&wfr = spider&for = pc.
③　集聚发展动力 布局未来产业［EB/OL］．［2021 – 06 – 03］．https：//baijiahao. baidu. com/s?
id = 1701476877550078599&wfr = spider&for = pc.

6915.77 亿元。①

使用外资保持较快增长。改革开放初期，厦门市利用外资总量小、水平低，资金来源单一。随着改革开放的不断深入和经济特区营商环境越来越好，厦门利用外资规模显著扩大，实际使用外资从 1983 年的 0.08 亿美元增加到 2020 年的 24.07 亿美元（166 亿元人民币，按 2020 年人民币平均汇率 1 美元兑 6.8974 元人民币换算），增长了 300.84 倍，年平均增长 16.7%。2020 年全年实际使用外资规模、增速均居福建省首位，再创历史新高。②

高新技术产业成为新的经济增长点。厦门经济特区成立 40 多年来，设立了火炬高新区、两岸新兴产业园区、自创区等高技术园区，为厦门经济强劲发展带来新的增长点；其中创建于 1990 年的火炬高新区是全国首批国家级高新区，以占厦门不到 1% 的土地，实现厦门近 43% 的工业总产值，其中高技术产业产值占规上工业总产值比重达 82% 以上，聚集各类企业 8000 多家，其中世界 500 强企业在高新区设立项目 31 家，年产值超百亿元企业 7 家，超亿元企业 300 多家。③

对台交流合作方面成就显著。厦门作为东南沿海的重要中心城市，在对台交流方面有着明显的区位优势。改革开放 40 多年来，厦门积极贯彻落实中央对台工作方针和部署，在对台交流合作方面成就显著。厦门已成为台商投资大陆的重要聚集地、重要的对台贸易口岸、台胞出入大陆的重要通道和两岸交流交往的重要基地。先后设立了集美、杏林、海沧三个台商投资区，建立了大陆规模最大的台湾水果销售集散中心。厦门先后开通了与高雄集装箱试点直航、厦金航线、厦门航点两岸包机等航空服务。

（五）创意兴城成为新亮点

文化创意产业质量与数量得到提升。2007 年厦门市的文化产业增加值仅

---

① 厦门商务事业不断取得新突破 [EB/OL]. [2018 - 08 - 13]. http：//www. xinhuanet. com/2018 - 08/13/c_1123259491. htm.

② 厦门 2020 年利用外资创新高！实际使用外资占全省 47.7%，规模、增速均居首位 [EB/OL]. [2021 - 01 - 27]. https：//mp. weixin. qq. com/s/JJziqn6j - SgGDHejyWPYrA.

③ 厦门火炬高新区：创新路上乘风破浪 [EB/OL]. [2020 - 11 - 23]. https：//baijiahao. baidu. com/s? id = 1684138417279929753&wfr = spider&for = pc.

占全市生产总值的 7.48%，2010 年，厦门就把文创产业列为"战略性新兴产业"和"十大千亿"产业链之一进行重点培育扶持。"十二五"期间，厦门市文化创意产业逐渐形成自身的特色，呈现良好的发展态势，保持较快的增长速度，年均增长超过 15%。2018 年，厦门市文化产业收入首次突破千亿元。2020 年厦门市规模以上文化产业企业共有 538 家，实现营业收入 1193.49 亿元、营业利润 84.51 亿元，资产总计 1094.34 亿元，企业共吸纳就业人员 7.56 万人。[①] 近年来，厦门还举办了海峡两岸文博会、海峡两岸图书交易会、厦门国际动漫节、厦门国际时尚周、全国电子竞技大赛等国家级、国际性文化展览和赛事，大大促进了文化创意产业的发展。

文创产业以园区模式集聚发展。厦门以"文创园"为名的产业园区有 20 多个，其中大部分集中于厦门本岛。龙山文创园等文化产业园区形成规模，厦门市形成了文化产业集聚发展的新态势。随着厦门跨岛发展战略的推进，在岛外集美、翔安等区也兴起了集美文化创意产业园等以当地文化特色为依托的文创园。

政策支持厦门创意产业发展成效显著。2018 年厦门出台被称为"新十八条"的《厦门市进一步促进文化产业发展的补充规定》，提出对企业投建文化平台、分离发展创意设计服务、建设影视产业园区、创作优秀文化作品等内容进行相应的资金奖励和补贴。这一重要政策对文化创意产业的扶持达到了一个新的高度。

（六）社会事业发展不断完善

城乡居民人均收入大幅度增长。从人均地区生产总值水平的角度看，厦门居民收入连攀新高，居民收入增速领先于地区生产总值增速，城乡居民收入水平稳居福建省首位。2020 年厦门全体居民人均可支配收入 58140 元，分别比全国、福建全省平均水平高 25951 元、20938 元，年均增长 7.9%，比厦门生产总值年均增速高 0.5 个百分点。厦门市城镇居民人均可支配收入从 1978 年的 451 元提升至 2020 年的 61331 元，年平均增长 12.1%。农村居民

---

① 2020 年厦门市规模以上文化产业发展情况报告［EB/OL］. ［2021 - 09 - 08］. http: //tjj. xm. gov. cn/zfxxgk/zfxxgkml/tjsjzl/tjfx/202109/t20210908_2581621. htm.

人均可支配收入从 1979 年的 208 元提升至 2020 年的 26612 元。①

城市化水平进一步提高。随着城乡一体化发展政策的不断发力，城镇化进程迎来重大转折点。城镇户籍人口从 1978 年的 30.77 万人，提高到 2020 年的 237.65 万人，占总人口比重从 1978 年的 33.9%，至首次超过农村户口的 2000 年的 50.4%，再到 2020 年的 86.99%。城镇常住人口从 2000 年的 330 万人上升至 2017 年的 401 万人。② 厦门市城乡居民生活质量不断改善，收入水平不断提高。

多项政策促进就业创业。一是促进高校毕业生就业创业，贯彻落实国家、省级要求并结合厦门市实际提出具体贯彻实施意见；二是突出抓好困难群体就业，规范就业失业信息登记，动态完善就业困难人员数据库，明确就业困难人员 7 种退出方式；三是持续对口支援和精准扶贫，持续开展就业扶贫；四是通过加强创业基地建设、举办创业创新大赛加快推进促进创业带动就业工作；五是通过健全就业失业登记制度、推动公共就业服务城乡常住人口全覆盖等措施优化提升公共就业服务质量；六是通过为用人单位提供招用就业困难人员社会保险费补贴等兑现促进就业创业优惠政策。

加快补齐民生社会事业短板。住房方面，2006 年，厦门在全国率先开始建设"社会保障性住房"，被誉为解决中低收入家庭住房困难的"厦门蓝本"，在全国推广。教育方面，厦门致力于推动学校与新城、幼儿园与住宅同步规划、同步建设、同步使用，并努力缩小城乡教育差距，同时教育投入稳定增长。医疗方面，为引进优质医疗资源，与复旦大学创新开展市校合作，成功开办了复旦大学附属中山医院厦门医院，厦门市民在"家门口"就可以向国内一流专家面对面求医问诊，享受全国顶尖的医疗资源。交通方面，厦门加快连接岛内外交通设施的建设，四桥一隧不仅是厦门岛内外互通的主要通道，也意味着更多公共资源正加快向岛外延伸、向农村覆盖、向困难群体倾斜。

---

① 2020 年厦门居民人均可支配收入 58140 元 高出全国水平 25951 元 [EB/OL]．[2021 - 01 - 28]．http：//www. xmbmw123. com/jingji/5396. html.

② 改革开放四十年，一次产业结构优化的新征程——改革开放四十年厦门经济结构调整综述 [EB/OL]．[2018 - 12 - 05]．http：//tjj. xm. gov. cn/tjzl/tjfx/201812/t20181205_2180355. htm.

（七）生态文明建设走在国内前列

岛内外一体化战略和乡村振兴战略助力生态文明建设。先行先试是经济特区的一项重要职责，作为中国最早设立的四个经济特区之一，厦门扛起历史责任，大胆探索，持续在重点领域和关键环节攻坚突破。厦门推行岛内外一体化战略，城市发展由本岛和岛外部分重点片区扩大至全市域范围，通过落实主体功能区规划、细化各区域的核心功能及发展重点，优化城市生态格局、实现经济社会发展和生态保护的协调统一。厦门还深入实施乡村振兴战略，坚持农业农村优先发展，加快一二三产业融合发展，进一步优化厦门市生态空间、生产空间和生活空间，实现经济社会高质量发展和生态环境高水平保护的齐头并进。

厦门着力打好碧水保卫战。在改善水环境方面，厦门在全省率先实现了溪流养护全覆盖，并创新开展生活污水分散式处理，实现全市农村生活污水治理全覆盖、全处理。厦门还成为福建省首个实行排污权有偿使用和交易的地市。1989 年厦门工业废水处理量为 654 万吨，经处理达标仅有 218 万吨。[①] 2020 年，厦门主要流域国控断面、流域省控断面、小流域省控断面、小流域"以奖促治"断面、饮用水源地和黑臭水体等水质实现"6 个 100%"达标。

空气环境质量保持全国领先。一方面，自 1986 年开始，厦门市就在本岛及鼓浪屿实现了"无黑烟控制区"，工业固体废物产生量及工业粉尘排放量逐年减少。另一方面，随着高排放机动车限行措施的落实以及高污染燃料禁燃区和高排放非道路移动机械禁止使用区域的划定，厦门市在福建省率先对机动车尾气污染进行了更加彻底、全面的治理，同时大气污染防治的应急响应和联勤联动机制也进一步健全。2020 年，按照空气质量指数（AQI）进行评价，空气质量综合指数 2.53，较 2019 年改善 15.1%，在全国 168 个重点城市排名第四，空气质量优良率为 99.7%，比上年上升 2.2 个百分点，全国排名并列第三。[②] 六项主要污染物年均浓度均优于国家二级标准，其中二氧化硫、二氧化氮、一氧化碳、可吸入颗粒物符合一级标准要求，PM2.5 浓

---

① 厦门经济特区年鉴（1990）.
② 厦门经济特区年鉴（2020）.

度 18 微克/立方米全省并列第一，优于世界卫生组织《空气质量准则》第二阶段标准。[①]

土壤环境质量良好。2020 年厦门受污染耕地安全利用率达到省考核目标（91%），污染地块安全利用率 100%；全市危险废物产生量 11.50 万吨（不含医疗废物），全部安全处置；全市医疗废物产生量 0.59 万吨，处置率 100%；医疗废物处置能力由 6000 吨/年提高至 15000 吨/年。[②]

园林绿化成绩显著。1989 年，厦门园林绿地总面积为 916 公顷，绿化覆盖率为 26.0%。1997 年，厦门获得了"国家园林城市"称号。2013 年，厦门被授予"国家森林城市"荣誉称号。2019 年，厦门荣获"国家生态园林城市"称号，这是"国家园林城市"的更高层次，厦门也成为福建省第一个获此殊荣的城市。至 2020 年，厦门市拥有公园 150 个，占地面积 3794.40 公顷，建成区绿化覆盖面积 18295.66 公顷，建成区绿地率、建成区绿化覆盖率分别为 41.3%、45.5%，人均公园绿地面积达到 14.60 平方米。[③]

二、厦门经济特区成立四十年来的发展经验

（一）紧抓经济特区政策优势

厦门作为我国最早设立的经济特区之一，改革开放以来坚持用好改革自主权，发布了多项法规，在促进本地经济发展的同时积累了经验，具体包括以下几个方面。

第一，落实税收优惠，做好对台招商引资。鉴于厦门经济特区对台的特殊性，针对台湾地区政策，设计了鼓励性的税收优惠，包括 15% 的优惠税率，职工教育培训经费扣除、结转，高层次人才工资薪金所得税超额部分给予补贴等。

第二，放宽外来资本准入。厦门经济特区从早期放宽台企部分行业的资

---

①② 厦门经济特区年鉴（2020）.

③ 厦门市 2020 年国民经济和社会发展统计公报 [EB/OL]. [2021 - 03 - 17]. http://www. xm. gov. cn/zfxxgk/xxgkznml/gmzgan/tjgb/202103/t20210317_2525076. htm? ivk_sa = 1024320u.

格限制，逐步进化为在多领域保障台企与大陆企业享受同等待遇。截至 2019 年底，已有 120 多个国家和地区的外商来厦投资，60 多个世界 500 强企业在厦投资百余个项目，全市约 70% 的工业产值、60% 的经济增长、40% 的进出口由外资企业创造。①

第三，服务创新为企业经营提供便利和保障。政务服务方面，加快推行"互联网＋政务服务"；推进商事制度集成化改革，建立"一表申报、一口受理"的工作机制。知识产权保护方面，《厦门经济特区知识产权促进和保护条例》一定程度上缓解了发明应用、保护力度、裁诉与调诉对接等知识产权法律问题。平台搭建方面，支持设立跨境电子商务综合试验区、纳入海峡两岸电子商务经济合作实验区。

第四，坚持体制改革，优化政府职能。厦门经济特区在全国率先提出"小政府、大社会"原则。近年来厦门市一直坚持打造服务型政府，因此，厦门多次获得"中国服务型政府十佳城市"称号，公众服务满意度优势明显。

第五，扩大对外开放。厦门突出政策优势，大力发展外向型经济，形成了从区域保税区到自由贸易区，再到有限度地在全岛放开自由港的"三步走"构想。近年来，厦门市已经实现了保税区和自贸区的成功试验，并形成了招商引资、管理运营、基建完善等多方面的先进经验，向全国推广。

（二）始终坚持市场经济的发展导向

厦门之所以能够实现快速发展，并积累改革开放成功经验，关键在于以市场经济引领经济发展方向。具体可以概括为以下几点。

第一，激发民营经济活力。包括鼓励民间资本参与混合所有制改革，对教育、医疗、养老行业的民营企业，提供补助和支持等。2018 年厦门民营经济（含港澳台）总量 2414.87 亿元，增加值占全市生产总值的比重为 50.4%；全市私营企业数（不含港澳台）34.1 万户，占全市企业数的 94.2%。②

---

① 招商引资人：众流合注汇成大川 蓄能发展城市提质 [EB/OL]. [2020 - 10 - 20]. http：// epaper. xmnn. cn/xmrb/20201020/202010/t20201020_5397520. htm.

② 加大投资扩大布局 民企与鹭岛共成长 我市民营企业家为厦门进一步优化营商环境、加快高质量发展建言献策 [EB/OL]. [2019 - 11 - 12]. http：//epaper. xmnn. cn/xmrb/20191112/201911/ t20191112_5325273. htm.

第二，推动国有企业改革发展。厦门市国资委遵循市场发展规律，坚持"管住、管少、管活、管好"原则，使得厦门市国有企业集团市场化运作，保持着较高的竞争力。另外湖里区机关事务管理局广泛接触学习市场化企业的能源管理方案，并尝试引进合同能源管理模式这一市场化机制。

第三，促进市场化交易与产业对接。2017 年厦门市首次出台《厦门市促进科技成果转移转化若干规定》，对科研机构、高等院校在科技成果开发、处置、收益等环节给予更高的自主度。例如，厦门火炬高技术产业开发区企业有专门的技术交易平台，提供技术买卖、研发合作、在线交易等服务。

（三）不断优化经济结构

厦门改革开放的成功也在于坚持产业升级转型，不断优化经济结构，从早期以水产种植产业为主，逐渐发展到信息技术、大数据、机械制造等高技术含量、高附加值的新兴产业。

第一，促进传统优势产业转型升级，通过高新技术研发和应用推动传统产业的高技术化和效率化。具体包括推动企业技术和厂房改造；发展智能制造，推动制造业自动化、数字化、网络化、智能化发展；实施制造业单项冠军培育工程；支持建设企业技术中心和技术创新示范；支持质量品牌建设，奖励中国驰名商标和标杆示范称号企业。

第二，积极培育新兴战略产业，带动整体产业结构升级。以新产业、新业态、新商业模式为代表的新经济发展势头良好，高新技术产业占工业比重近七成。随着云计算、大数据、区块链、人工智能等技术逐步成熟，以数据的深度挖掘和融合应用为主要特征的智慧化也成为厦门未来产业发展的重点建设领域，并与实体经济深度融合。厦门自贸片区先行先试，以培育数字化产业链条为目标，强化数字产业建设，加快打造"数字自贸区"，加强政企数字合作，例如，厦门市政府与华为联合成立了 DevCloud 创新中心，合作搭建"智能制造云"和"软件开发云"。

（四）以科技创新驱动内生增长

科技创新是经济增长的动力源泉，也是现代化建设的核心，"十三五"

期间，厦门市科创投入从 18.58 亿元增加到 41.21 亿元；累计 16 项成果获得国家科学技术奖，支持转化高新技术成果项目 736 项，累计促成技术交易 23000 多项，合同金额近 400 亿元；2020 年底全市资格有效国家高新技术企业 2282 家，占全省高新技术企业数的 35.1%。① 具体举措包括以下几个方面。

第一，加强科技企业培育孵化与扶持。厦门市大力开展"三高"企业培育工作，对于"高技术、高成长、高附加值"的优质企业，推进落实领导挂钩帮扶机制。市科技局致力于健全"厦门市科技金融服务平台"的服务功能，提供科技信用贷款、科技担保贷款、科技保证保险贷款，有力缓解了科技型中小微企业融资难题。

第二，促进研发合作与成果转化。积极筹建嘉庚创新实验室、福建省生物制品技术创新实验室，开展产学研合作。依托未来产业骨干企业推进多项重大技术攻关和成果转化示范项目、科技成果转化和应用场景覆盖、技术交易。

第三，增加科技人才储备。增加高校人才资源，全面实施"百城千校万人"引才行动；积极引入重点产业人才、海外人才，发布《厦门市引进海外高层次人才暂行办法》《厦门市重点产业紧缺人才引进指导目录》等多项文件；启动"三个六"引才计划，升级"双百计划"；在福建省率先搭建"人才登鹭·C 位无限"直播间，开展线上人才引进活动；推动"白鹭英才"服务体系升级。

（五）积极拓展对台合作，服务祖国统一大业

厦门改革开放最大的经验在于结合自身特点，挖掘自身的对台、对侨、对外优势，化优势为动力。截至 2018 年 10 月，厦门市累计批准台资项目 6763 个，批准赴台投资项目 59 个，台湾百大企业有 20 多家在厦门投资落地，台企工业产值占厦门规模以上工业总产值 1/3，全市台资企业 3000 多家，其中有 4 家年产值超百亿元。② 厦门对台引资的经验主要包括三个方面。

---

① 厦门国民经济和社会"十三五"发展成就及"十四五"展望［EB/OL］.［2021 - 04 - 09］. http：//tjj. xm. gov. cn/zfxxgk/zfxxgkml/tjsjzl/tjfx/202104/t20210409_2532149. htm.

② 对台交流合作的"厦门经验"［EB/OL］.［2019 - 04 - 13］. http：//www. taihainet. com/news/xmnews/ldjj/2019 - 04 - 13/2254935. html.

第一，促进两岸交流。厦门在台胞落地办证、涉台法庭、新台币现钞清算等方面起到了模范带头作用，并成功承办多届海峡论坛，加快两岸连通交通建设，推动厦门和台湾地区两地海关合作。

第二，坚持平等和关怀原则，吸引台企入驻。在厦台企参与"中国制造2025"行动计划、"一带一路"、用地、注册资本金、办展办会、科研创新、知识产权、惠农、税收优惠等方面，适用与大陆企业同等政策；支持台企参与基础设施建设、政府采购、国有企业混合所有制改革。自贸区内，放宽台资持股比例、资质证书等方面的限制，打通两岸征信查询，大陆标准与台湾地区标准包容共存。

第三，发挥台商投资大陆的中转站职能，不断增强自身实力。促进两岸合资与合作，成立了全国首家两岸合资消费金融公司和两岸合资证券公司。大力推进海沧、杏林、集美台商投资区建设，鼓励在厦门的台资企业拓展内需市场和国际市场、共同参与"一带一路"建设。

（六）以高水平开放，促进高质量发展

近年来，厦门市立足自身条件，积极探索发展保税区为自由贸易区，争当对外开放"潮头兵"。2019 年，厦门市货物贸易进出口 6412.9 亿元，增长 6.9%，占福建省进出口总值的 48.2%；[①] 高新技术产品增速喜人，纺织机械及零件、集成电路等产品出口增速均高于全国平均水平。具体的对外开放措施是多方面的。

第一，发挥自贸区高水平开放职能。自贸区主要通关业务均实现"一个窗口、一次申报、一次办结"，2019 年报关报率近 100%，数据申报简化率达 32.7%，申报效率提升 50% 以上，船舶滞港时间由原来的 36 小时缩短为最快 2.5 小时。[②] 2021 年，自贸片区内台企按大陆企业同等待遇政策率先落地，台企可按内资注册，放宽了台企在外商投资准入负面清单的限制，免去了外管局报批和作为外商投资转入的烦琐程序。

---

① 厦门，全国第五！"2019 年中国外贸百强城市"新鲜出炉［EB/OL］．［2020 – 07 – 31］．http：//www. taihainet. com/news/xmnews/ldjj/2020 – 07 – 31/2411077. html.

② 开放之门——记厦门经济特区建设发展的探索与实践［EB/OL］．［2019 – 11 – 23］．https：//baijiahao. baidu. com/s？ id = 1650961276351426364&wfr = spider&for = pc.

第二，发挥港口优势，深度参与国际投资贸易。"一带一路"国际综合物流服务品牌和"丝路海运"在厦门率先开行，2019 年厦门已开通直达欧洲铁路固定线路 5 条、海运航线 43 条，中欧班列累计开行 560 列次、运送货值 108 亿元。① 2021 年 9 月，第二十一届中国国际投资贸易洽谈会在厦门举办，是新一轮高水平对外开放的重要平台。

（七）把民生发展放在优先位置

在发展经济的同时，厦门也致力于加强民生保障，助力社会协调、全面发展。以 2020 年为例，厦门荣获全国文明城市"六连冠"，厦门市委、市政府为民办实事工作有 10 个大项、37 个子项，计划投资 102 亿元。② 具体经验可以从教育、医疗、住房、交通等方面展开。

第一，保障基础教育资源设施和教育公平。厦门市一方面积极推进学校建设项目、推进小区配套整治，增加学位缓解优质教育资源稀缺问题；另一方面大力开展各类教改项目、校园扩建升级、建设人工智能实验室和智慧校园、培育示范学校，实施"名校跨岛"战略，寻求教育公平和均衡发展。

第二，提升医疗卫生条件。厦门市积极促进跨省高校合作，建设四川大学华西厦门医院。为解决医疗资源不平衡问题，侧重向岛外布局，如建设海沧区马銮湾医院。大力推进医学领先学科建设项目、继续医学教育项目和家庭医生签约服务。

第三，完善住房保障体系。对于城市低保家庭和特困人员，通过"常态化受理、定期审核保障"建立"应保尽保"长效管理机制。对于有利于产业和地区发展的高层次人才，综合采取"租、售、赠、补"相结合的方式，及时推进人才配租配售工作。

第四，完善交通设施，提供出行保障。增设地铁线路，推动岛内岛外交通一体化进程。推进翔安大桥、海沧隧道等跨岛通道重点工程建设，逐步形成区域综合立体交通网络。

---

① "十三五"时期厦门国民经济运行情况［EB/OL］.［2021 - 04 - 06］. http：//tjj. xm. gov. cn/tjzl/tjfx/202104/t20210406_2530117. htm.

② 10 大类 37 个项目 厦门市委市政府努力办好民生实事［EB/OL］.［2019 - 11 - 23］. http：//news. xmnn. cn/xmnn/2020/03/02/100679981. shtml.

（八） 促进经济与生态协调发展

厦门经济特区成立四十年来，致力于建设"高颜值的生态花园之城"，积累了一系列绿色发展、循环发展的经验，在生态文明建设方面走在福建省乃至全国前列，具体举措可以分为以下几个方面。

第一，完善环境评价机制。2014 年，厦门在福建省率先启动实施环境信用评价机制，建立起完善的信用体系和奖惩机制。2021 年发布《厦门市近零碳排放示范工程之近零碳景区验收技术规范（试行）》，是国内首次发布的近零碳排放示范区建设评价体系。

第二，严格污染源头审批把控。2014 年厦门市生态环境局率先福建省启动了工业全行业排污权交易工作，对特定项目实施储备排污权优先保障。2018 年，《厦门市进一步深化环境影响评价审批制度改革方案（试行）》出台，率先开始环评审批制度改革，明确把生态保护红线融入厦门市"多规合一"一张图体系。

第三，加强环保指标监督管控，落实责任。2015 年，厦门市在福建省率先实施《轻微污染天气应对办法》，打造了一套"陆海空"立体化的大气污染应急指挥系统。同年出台《网格化环保监管工作实施方案（试行）》，建立起覆盖"市—区—镇街—城乡社区"的四级网格化环保监管体系。2017 年，厦门市出台《关于推行环境污染责任保险制度的意见》，形成"政府、相关部门负责引导，排污单位、保险公司和保险经纪机构落实各环节主体责任"的全链条式管理服务保障机制。

（九） 以城市创意促进创意城市发展

厦门市充分利用历史文化底蕴，大力发展文化和创意产业，逐步形成了独特的城市风景和氛围，具体包括以下几个方面的发展经验。

第一，在城市保护的基础上做好更新设计。20 世纪 80 年代设立厦门经济特区之后，城市改造逐步展开，在尊重城市特色和发展规律的基础上维持了旧城特色和平面分布，并提出了发扬鼓浪屿的风景、海洋、琴岛以及人文四大系列。

第二，支持文化创意产业发展。从 2018 年起举办厦门文创季和厦门好创意设计大赛，为城市注入活力，在文创赋能实体产业的基础上，有效推动了文创设计者与产业渠道的对接合作，以及优秀创意的市场化。在特色创意区方面沙坡尾艺术西区对旧厂房进行改造形成青年文化艺术区，给当地创业者、艺术爱好者提供了交流和从业的平台，也带动了区域旅游业的繁荣。

第三，加强文化创意、城市建设方面的对外交流合作。厦门市 2009 年就厦门和斯旺西两个城市的历史、港口城市、传统、风俗等方面进行了交流活动。2021 年，中国创意城市系列教材第三次编审会在厦门大学社会与人类学院举行。

（十）促进跨岛一体化发展

厦门经济特区改革开放四十年来，积极从全市、整个闽南地区、福建省、邻近省等视野来探索经济发展的问题，具体可归结如下四个方面。

第一，以全域思路关注岛外发展。经济特区从最初湖里的 2.5 平方公里逐步发展壮大；1986 年建立了同安第一个工业园区；逐步推进功能区建设，提出以厦门岛和鼓浪屿为中心，以集美文教风景区、杏林工业区、海沧新工业区为衬托的"众星拱月"型城镇结构。

第二，明确跨岛发展战略。加快海岛型城市向海湾型生态城市转变，坚持"四个结合"的"跨岛发展"战略，即提升本岛与拓展海湾相结合，城市转型与经济转型相结合，农村工业化与城市化相结合，把突显城市特色与保护海湾生态相结合。

第三，开展内联协作工作。内联协作是 20 世纪 80 年代一种地区之间贸易平台、横向经济合作平台。厦门一方面打破驻厦办只能设到省一级的限制，允许县一级设置；另一方面组建"经济协作办公室"这一专门机构来推进工作，建立起利益相容的机制。实行特区内内联企业出口创汇分成，横向联合借贷资金，内联企业劳动工资管理。

第四，推进区域协作发展。一方面，加快建设福建省内城市群，1986 年福州、莆田、三明、宁德、建阳（今南平）五地市召开了首次横向经济联合恳谈会，1994 年编制《闽西南区域经济合作与发展规划》。另一方面，推进外省邻近区域间的协作发展，1994 年 9 月开展了闽、粤、赣、湘邻近地区的经济发展问题研讨会，制定相关规划纲要和协作章程。

（十一）利用经济特区政策优势，不断进行体制机制创新

体制和机制创新是经济发展的活力源泉，习近平同志在经济特区建设初期为厦门市乃至福建省的政务质量和效率提升打下了良好基础，近年来厦门市进一步转变政府职能，具体举措包括以下四个方面。

第一，大力建设基础配套设施，保障生产要素。包括：建立变电站、电话专线；修建道路；加快建设新网络、新算力、新融合、新平台基础设施。

第二，简化审批流程，提供营商便利。推行各项手续环节推行电子化、多环节合并为一个环节，缩短全流程审批时间；全面推广"提前申报""两步申报"，便利进出口贸易；小型投资项目水电气接入"四免"（免费用、免审批、免材料、免报装）；企业非住宅不动产登记、新设企业首套公章免费。

第三，提供投融资帮扶和招商支持。厦门市坚持定期召开企业融资需求对接会，推行"百行进万企"、中小微企业融资增信基金，优化"信易贷"平台，创新纯信用信贷产品。疫情防控期间，厦门大数据服务中心（云招商中心）尝试"不见面招商"。

第四，做好产业园区运营。近年来，厦门逐渐改变低端产业链的模式，转为政府参与的集基础设施提供、知识产权保护、技术交流和合作平台、提供品牌营销等企业服务为一体的多功能综合园区。

三、进一步推进厦门高质量发展的对策研究

（一）进一步发挥厦门经济特区先行先试功能

厦门经济特区应继续发挥重要的先行先试作用，推进以制度型开放为重点的高水平开放，通过投资便利化、贸易便利化、加强知识产权保护等促进

对外开放水平不断提升。

1. 促进投资便利化

建设数字厦门，建立覆盖厦门经济特区企业全生命周期的智慧平台，助力企业"上云"，降低企业办事成本；拓展电子营业执照"一照通"应用领域，提升统一社会信用代码的社会认知度，真正实现市场主体"一照一码"；打造区块链税务管理服务云平台，实现"云上办税、云上办事"，拓展区块链发票在税务、政府和企业的应用场景；进一步便利台湾专业人士来厦跨境执业，在现有跨境执业管理制度的基础上，研究更加自由、便捷、高效的跨境执业管理制度，推动形成境外国际通行执业资格认可清单，建立过往资历认可机制，全方位便利金融、法律、税务、会计、建筑、医疗等领域台湾或国际专业人士在厦跨境执业。

2. 提升贸易便利化水平

对标国际先进水平，继续深入推进和不断完善国际贸易"单一窗口"制度，逐步实现国际贸易业务全流程全覆盖。在对外贸易环节上，推动从货物和船舶申报向贸易许可办理、外贸企业资质获取、原产地证办理、税费支付、结汇付汇、出口退税等对外贸易所有环节拓展；在对外贸易方式上，推动从一般贸易方式商品拓展到所有贸易方式商品，包括邮递物品、跨境电商、海运快件等，并探索逐步向部分服务贸易领域拓展；在对外贸易载体上，推动从船舶出入境拓展到飞机、火车等出入境；在信息服务上，整合归类口岸相关部门、各类企业等数据信息，实现监管信息系统和物流信息系统之间的数据交换共享，打造公共信息服务平台。

3. 率先形成最严格的知识产权保护体系

率先建立完善最严格的知识产权保护体系，保护外商投资合法权益，保护知识产权，创造国际一流营商环境；贯彻落实《厦门经济特区知识产权促进和保护条例》，实施惩罚性赔偿制度，明确侵犯知识产权行为的违法经营额计算、赔偿标准问题；率先界定证据妨碍排除规则的适用标准，破解知识产权侵权"举证难"；完善行政执法和刑事司法衔接机制，构建知识产权违法行为信用惩戒机制；实施行政执法和司法审判技术调查官制度，准确查明认定技术事实；创新知识产权"速裁＋快审＋精审"审判工作模式，降低知识产权维权成本。

（二）大力发展战略性新兴产业

调整产业结构，大力发展战略性新兴产业，是全方位推进高质量发展超越、更高水平建设高素质高颜值现代化国际化城市的必然要求。

1. 大力发展战略性新兴产业

实施战略性新兴产业集群发展工程，在新材料、新能源、节能环保、生物与新医药、海洋高新等重点领域，培育一批特色鲜明、优势互补、结构合理的战略性新兴产业集群。大力发展人工智能、区块链等未来产业，推进产业数字化，打造具有较强竞争力的数字产业集群。持续强链、补链、延链，推动电子信息、先进装备制造、石油化工、现代纺织服装等制造业主导产业全产业链优化升级。

2. 重点发展生物医药与健康产业

新冠肺炎疫情缩短了生物经济时代由孕育期向成长期的过渡周期，应重点发展作为厦门千亿产业链之一的生物医药与健康产业，进一步培育在新型疫苗、基因工程蛋白药物、化药制剂改良等领域的创新能力，加速生命科学领域前沿技术储备和重大核心关键基础技术研发，大力提升对研发创新与产业化的支持力度，壮大产业发展能级，鼓励生物医药企业增产增效，打通生物医药研究临床、检验检测、审评审批，以及进入市场的各个关键环节，全面优化生物医药与健康产业生态环境。

3. 以高新技术产业赋能传统产业

以高新技术产业赋能水产种植、低端制造等传统产业，使传统产业向高新技术化方向发展，加大技术开发投入，坚持技术进步的投入导向，用高新技术改造和提升传统产业的设备和生产工艺，利用信息技术和自动化控制技术改造设计、工艺和质量控制流程，引进新型材料和先进制造技术装备；用高新技术改造传统产品，开发一批拥有自主知识产权的高新技术产品，促使传统产品更新换代，提高产品附加值，构建高附加值产业发展模式。

4. 推进海洋经济高质量发展

做大做强厦门海洋经济，建设现代海洋产业体系，打造南方海洋创业创新基地欧厝主基地和火炬分基地、沙坡尾分基地等科研产业化服务平台，联动形成合力，推动海峡实验室落地，持续推进海洋科技创新与金融创新；吸引一批海洋新兴产业项目进驻欧厝高新产业园区，通过招商引资，加快推进欧厝高新产业园区建设；主动走访和联系厦门现有涉海企业，做好疫情防控中的复工复产工作和传统产业升级工作，扩大在新兴技术和项目上的投资，努力谋划一批、签约一批、开工一批、投产一批、增资一批海洋项目。

（三）把科技创新发展放在重中之重的地位

科技创新是创新驱动的核心，必须将科技创新作为重中之重，建立"基础研究＋技术攻关＋成果产业化＋科技金融＋人才支撑"全过程创新生态链。

1. 率先形成基础研究长期持续稳定投入机制

厦门应制定出台科技创新条例，以法定形式明确政府投入基础研究和应用基础研究的资金比例，加强基础研究、应用基础研究，培养科技人才。同时，大力引导支持企业及其他社会力量通过设立基金、捐赠等方式，加大对基础研究和应用基础研究的投入力度。

2. 建立关键核心技术攻关新机制

改革重大科技项目立项和组织管理方式，实行"揭榜挂帅"项目遴选制度，择优选定攻关团队；实行"赛马式"制度，平行资助不同技术路线的项目；实行"项目经理人＋技术顾问"管理制度，对项目实施全生命周期管理；实行"里程碑式"考核制度，对项目关键节点约定的任务目标进行考核，确保产业链的关键核心环节自主可控。

3. 建立科技成果"沿途下蛋"高效转化机制

布局建设一批重大科技基础设施，设立工程和技术创新中心，构建"楼上楼下"创新创业综合体，"楼上"科研人员利用大设施开展原始创新活动，"楼下"创业人员对原始创新进行工程技术开发和中试转化，推动更多科技成果沿途转化，并通过孵化器帮助创业者创立企业，开展技术成果商业化应用，缩短原始创新到成果转化再到产业化的时间周期，形成"科研—转化—产业"的全链条企业培育模式。

4. 发挥政府投资杠杆作用组建创业投资引导基金

以政府投资撬动社会资本，按照市场化、法治化原则，成立创业投资引导基金，构建引领和促进科技创新的风险分担机制。按照"全球化遴选顶级管理人、全球化引进早期硬科技、全球化招募合伙人、全球化让渡属地收益"的经营理念，成立完全市场化运作的早期创业投资子基金，引导社会资本投向早期创业类项目和种子期、初创期企业，助力种子期、初创期企业跨越"死亡谷"。

5. 发挥人才支撑科技创新发展的作用

建立科技人员双向流动制度，促进科技人才在高等院校、科研机构和企业之间合理流动，支持和鼓励事业单位科研人员按规定离岗创业和在职创办企业。重构市场导向的人才分类评价激励体系，区分竞争领域和非竞争领域，对市场发挥主导作用的竞争领域，以人才市场价值、经济贡献为主要评价标准；对政府主导投入的非竞争领域，由用人主体自主评聘"高精尖缺"人才，加快建立以创新价值、能力、贡献为导向的科技人才评价体系。

（四）进一步促进厦门跨岛发展的对策

厦门是全国副省级城市中面积最小的城市，发展面临着严峻的人口问题和土地问题，跨岛发展则是厦门实现高质量发展、共同富裕的必然要求。

1. 坚持市场主导作用，发挥政府的引导调控作用

市场主导、政府推动是当前区域经济合作的必由之路，必须坚持市场机制和价值规律对资源的配置作用，但同时各级政府的推动和协调力量也必不可少。运用市场经济手段，合理引导市场力量，促进功能分工、共同发展，构建统一的区域市场，促进城市关系由竞争向合作转变，为海峡西岸城市群协同发展提供不竭动力。与此同时，应适当发挥政府促进城市及区域合作的调控作用，构筑海峡西岸城市群合作发展的总体框架，进一步完善以福州、泉州、厦门、温州、汕头 5 大中心城市为核心，包含福建、浙江、江西以及广东 4 省的共计 20 个地级市所组成的国家级城市群，共同开展对台合作，进一步促进海峡两岸经济紧密联系，互利共赢。

2. 加强海峡西岸城市群产业合作

城市群内城市之间的合作关键在于产业合作，应大力构建区域产业链，推动城市群内产业转移与承接，优化城市群产业分工格局。鼓励厦门与省内福州、漳州、泉州等毗邻城市以及台湾成立园区合作联盟，建立常态化协作联动机制，共享项目信息，共同举办招商推介活动，打造双向承接产业转移平台，以联合出资、项目合作、资源互补、技术支持等多种方式共建跨区域产业园区；充分发挥行业协会、商会的桥梁和纽带作用，搭建城市群产业协作平台，推进建设产业园区等各种形式的跨区域合作；进一步扩大农业、高端制造业、服务业等领域区域间合作；发挥厦门在旅游会展业的比较优势，打造以厦门为中心的旅游＋农业、工业、交通、体育等产业链，为相关产业和领域发展提供旅游平台，形成新业态，提升其发展水平和综合价值。

3. 统筹公共设施建设，推动公共服务共享

城市之间的合作离不开基础设施和公共服务的支撑。完善城际交通网络，将厦门打造成 21 世纪海上丝绸之路核心枢纽、国家区域经济联动发展战略支点、海峡两岸融合发展战略支柱、两大协同发展区高质量发展战略支撑，构建福州、厦门、漳州、泉州各城市 1 小时通勤都市圈；推进基本公共服务合作，促进基础设施联网、公共服务对接，可统筹规划、联合共建一批重要能源储备基地，健全跨市能源基础设施和服务共享机制，提高资源配置效率；加强教育科技交流，推进优质教育资源区域共享，开展联合办学、课程互选、学分互认、教师互聘等多种形式的校际交流与合作；推进医疗卫生合作，完善综合医院、专科医院和社区卫生服务机构等医疗服务体系，共享医疗卫生资源，推动医疗卫生信息化建设，完善区域医疗业务应用系统的互联互通和业务协同。

（五）进一步加强生态文明建设

生态文明建设是推动绿色低碳发展、持续改善环境质量、提升生态系统稳定性的必经之路，有巨大的生态、经济和社会效益。

1. 完善生态环境保护法制法规

坚持以习近平生态文明思想为指导，践行"绿水青山就是金山银山"理念，"用最严格制度最严密法治保护生态环境"，完善生态环境保护法制法规，创新构建生态文明制度体系，超常规补齐水污染治理短板，建设高素质的创新创业之城、高颜值的生态花园之城。

2. 率先实现碳达峰、碳中和

把碳达峰、碳中和纳入厦门市生态建设布局，以降碳为重点战略方向，以绿色低碳循环发展为主线，推进绿色循环低碳发展。组织实施绿色产业指导目录，加快构建绿色制造体系，推进绿色产业示范基地建设。持续推进生态产品市场化改革，建立生态产品价值实现机制。加快培育壮大节能环保、清洁生产、清洁能源产业，加快传统产业绿色转型、清洁化改造，不断培育绿色发展新动能，稳步推进生态文明治理体系和治理能力现代化。

3. "全流域、全要素、全联动"推进水污染治理

成立城市流域管理机构，统筹"厂、网、河"等涉水全要素，联合调度水质净化厂、管网、泵站、水闸等设施，对流域涉水事务实行统筹协调、统一管理和精准调度。制定《厦门经济特区排水条例》，采取"排水户分类管理""排水管理进小区"等先进排水精细化管理举措，打通排水管网管养的"最后100米"。

4. 打造"公园里的城市"

率先构建"自然公园—城市公园—社区公园"三级公园建设体系，在城市中央构建各具特色、定位鲜明的综合公园，将可用的绿地、住宅区边角"见缝插绿"形成社区公园，将城市近郊山体绿地转化为郊野公园、森林公园，建成"千园之城"，让市民群众出门500米可达社区公园，2公里可达城市综合公园，真正实现推窗见绿、出门见园。

5. 创新生活垃圾分类与处理设施建设模式

开展"无废城市"建设，推行"集中分类投放＋定时定点督导"垃圾分类模式，按照"大分流细分类"原则，建立覆盖全市的垃圾分类收运体系，提高生活垃圾回收率；采取去工业化理念设计垃圾焚烧厂，设置循环再生博物馆、休闲驿站等惠民设施，打造集"生活垃圾焚烧发电＋科普教育＋休闲娱乐＋工业旅游"四位一体的能源生态园，增强群众接受度，解决垃圾处理设施选址难、落地难等问题。

（六）进一步加强城市设计，发展创意之都

加强对厦门的规划和管控，保留厦门特有的地域环境、文化特色、建筑风格等"基因"，从公共服务供给、教育、儿童友好城市和文化创意之城着手，全方位打造创意厦门。

1. 创新优质均衡的公共服务供给体制

进一步推进厦门高质量发展，需要创新优质均衡的公共服务供给体制；

满足人民对美好生活的向往，需要系统性地从公共服务供给方式、公共服务需求管理、公共服务财政体制等层面进行制度创新、体制创新和技术创新。要加强政府与社会资本合作，拓宽公共服务资金融资渠道；探索众包模式的公共服务供给，精准对接公众公共服务需求，培育社会组织的自治能力；应用"互联网＋"公共服务供给，加速公共服务供给技术创新；根据百姓对公共服务的需求变化，做好有效对接管理；公共财政适时进行动态调整，提升公共服务供给效果。

2. 创新优质教育与职业教育"二马并驱"

推动集团化办学，实施"名校＋在办校""龙头校＋新办校"的集团化办学和联盟式发展模式，通过骨干教师流动、教育教学资源共享等方式，缩小校际教育质量差距，力争率先实现学有优教；建立职业教育产教深度融合模式，以学生学习成效为导向，推进产教融合、职普融合、理实融合、教育与生活融合、技术与文化融合、现代信息技术与教学融合等"六融合"；联合企业建设一批特色产业学院，实施共同建设高水平专业、共同开发课程标准、共同打造师资团队、共同设立研发中心、共同开发高端认证证书、共同"走出去"等"六个共同"，探索形成了适合中国国情的育人模式。

3. 打造文化创意之城

利用厦门丰富多样的历史文化、侨乡文化、博物馆文化、庙宇文化以及乡村文化打造一座文化创意之城。以胡里山炮台和皓月园等历史文化遗迹为根，重视厦门海港商业城市和华侨进出口岸的重点侨乡身份，传承侨乡文化，保护好以南普陀寺、梵天寺为标志的寺庙文化，保护并宣传鼓浪屿钢琴博物馆、厦门奥林匹克博物馆和华侨博物院等国内珍稀博物馆，推动建设"全国最文艺村落"曾厝垵以及厦门台湾民俗村等集文化、艺术、游乐、度假于一体的多元化村落，全方位多角度共同打造文化创意之城。

4. 大力发展影视产业

以厦门全域的自然、人文景观作为影视外景拍摄地，打造无季差、全天候的海滨都市、时尚等现代剧拍摄基地，将厦门打造成全国一流的影视拍摄基地；把握全球影视科技革命和产业变革趋势，运用新技术、新手段、新模式，培育原创网络视听内容，搭建网络视听产品展示交流平台，建设全国领先的网络视听产品孵化、渠道分发、人才培训基地，推动影视产业数字化、网络化、智能化发展；大力打造影视产品交易平台，通过建立规范、规模、开放的交易市场，有效对接影视产业中创作、融资、放映及后产品开发等各环节，优化影视产业要素资源配置，加快影视项目孵化及产业化过程，带动影视产业价值链的建立和完善。

（七）推进以制度型开放为特征的开放发展

我国进入中国特色社会主义新时代，全面深化改革开放进入新阶段，厦门推进新时代的高水平开放，必须完成从商品要素开放，到规则、标准、管理、规制的制度型开放转变。

1. 推进以制度型开放为重点的高水平开放

建设国际法律服务中心和国际商事争议解决中心，探索不同法系、跨境法律规则衔接，引入境外高端法律专业人才参与法治建设，选任港澳台地区陪审员、调解员参与涉外、涉港澳台纠纷化解和案件办理，建立国际化专家咨询委员会。允许境外知名仲裁等争议解决机构经福建省政府司法行政部门登记并报国务院司法行政部门备案，在厦门设立业务机构，就涉外商事、海事、投资等领域发生的民商事争议开展仲裁业务。完善域外法律查明与适用体系，制定《域外法查明办法》《适用域外法裁判指引》等系列制度，确保域外法律"认得全、查得明、用得准"，增强境外投资者"引进来"和境内企业"走出去"信心。

2. 扩大金融业对外开放

开展本外币合一银行账户试点，为市场主体提供优质、安全、高效的银行账户服务。支持符合条件的金融机构开展跨境证券投资等业务。支持国际保险机构在厦门发展，为中资企业海外经营活动提供服务。开启厦门与台湾绿色金融合作，探索建立统一的绿色金融标准，为内地企业利用台湾市场进行绿色项目融资提供服务。探索跨境贸易金融和国际支付清算新机制。支持厦门推进监管科技研究和应用，探索开展相关试点项目。依托技术监测、预警、处置等手段，提升厦门内金融风险防范化解能力。

3. 促进财政科研资金跨境便利流动

允许台湾高校、公营科研机构等单独申报深圳科技计划项目，市财政资助资金可依据立项合同在厦门与台湾使用，促进科研资金便利流动，支持厦门高校、科研机构、企业与台湾高校、科研机构开展合作，推动两岸产学研融合。适应台湾科研习惯，在项目申报、合同签订、经费使用、项目验收等方面加强与台湾规则衔接。

4. 高水平参与国际合作

健全投资保险、政策性担保、涉外法律服务等海外投资保障机制，支持厦门企业走出去。加强与国际港口和自由贸易园区合作，建设跨境贸易大数据平台，推动境内外口岸数据互联、单证互认、监管互助互认，开展双多边投资贸易便利化合作。以市场化方式发起成立国际性经济、科技、标准、人才等组织，创新国际性产业和标准组织管理制度。稳妥有序扩大文化领域对外开放，建设多种文化开放共荣的文化交流互鉴平台，打造文化软实力基地。支持厦门机场充分利用现有航权，不断与海上丝绸之路国家和地区扩大合作。依托厦门国际会展中心，推动会展与科技、产业、旅游、消费的融合发展，打造国际一流系列会展品牌，积极承办主场外交活动。

（八）进一步转变政府职能，提升营商环境质量

转变政府职能是深化经济体制改革和行政体制改革的关键，营造各类市场主体自由竞争、公平交易的市场环境，进一步提升厦门营商环境质量。

1. 提升政务服务质量和效率

大力推行标准服务、集成服务、网上服务、主动服务，实现政务服务标准化、智能化、便利化；加快产业项目落地见效，实施审批流程再造，精简优化评估审查，整治改善施工环境，放宽生产经营准入，进一步优化产业项目建设环境；建设全流程一体化在线政务服务平台，推动线下和线上政务服务融合，整合公共数据资源，加强业务协同办理，优化政务服务流程，推动市场主体办事线上一个总门户、一次登录、全网通办。

2. 依法保障市场主体的合法权益

营造良好的法治环境和信用环境，依法保护产权，推进政务诚信建设，加强事中事后监管，有效保障市场主体的合法权益。政府及有关部门在政府资金安排、土地供应、税费减免、资质许可、标准制定、项目申报、职称评定、人力资源政策等方面应当依法平等对待各类市场主体，不得制定或者实施歧视性政策措施。

3. 依法帮助企业破解各类难题

政府及其有关部门应当按照构建亲清新型政商关系的要求，建立畅通有效的政企沟通机制，充分尊重市场主体意愿，采取多种方式及时听取市场主体的反映和诉求，了解市场主体生产经营中遇到的困难和问题，并依法帮助其破解各类难题，提升服务企业、服务基层的质量和效果，降低实体经济企业成本，在税费、融资、用电、用工、物流等方面实施一批降本减负措施，让企业轻装上阵。

4. 营造平等的市场环境

营造平等的市场环境，应贯彻落实市场准入负面清单制度，依法平等保护各种所有制市场主体的合法权益，促进要素流动自主有序、配置高效公平，保障各类市场主体公平参与市场竞争。建立统一的清单代码体系，使清单事项与行政审批体系紧密衔接、相互匹配。建立市场准入负面清单信息公开机制，提升准入政策透明度和负面清单使用便捷性。建立市场准入评估制度，定期评估、排查、清理各类显性和隐性壁垒，推动"非禁即入"普遍落实。

5. 保证优化营商环境工作顺利推进

厦门市、区两级人民政府应当加强对优化营商环境工作的组织领导，统筹推进简政放权、放管结合、优化服务改革；完善优化营商环境的政策措施，建立健全统筹推进、督促落实优化营商环境工作的相关机制，主动积极协调、解决优化营商环境工作中的重大问题；政府及其有关部门应当建立便利、畅通的渠道，受理有关营商环境的投诉和举报。

参考文献

［1］彭海阳，詹圣泽，郭英远. 基于厦门前沿的福建自贸区对台合作新探索［J］. 中国软科学，2015（8）：72－88.

［2］厦门经济特区年鉴编辑委员会. 厦门经济特区年鉴（1986）［M］. 北京：中国统计出版社，1986.

［3］厦门经济特区年鉴编辑委员会. 厦门经济特区年鉴（1990）［M］. 北京：中国统计出版社，1990.

［4］厦门统计局，国家统计局厦门调查队. 厦门经济特区年鉴（2010）［M］. 北京：中国统计出版社，2010.

［5］厦门统计局，国家统计局厦门调查队．厦门经济特区年鉴（2020）［M］．北京：中国统计出版社，2020．

［6］厦门统计局．厦门经济特区年鉴（2006）［M］．北京：中国统计出版社，2006．

［7］徐莉萍，王静．国外出口加工区、经济特区、自贸区的效率评价及对中国的借鉴［J］．上海经济研究，2015（11）：104－112．

专题十一 厦门打造总部经济集聚区的挑战、优势与实施策略研究

　　总部经济是指某区域由于特有的资源优势吸引企业将总部在该区域集群布局，将生产制造基地或企业研发总部或服务总部布局在具有比较优势的地区，而使企业价值链、产业链与区域各类优势资源得到最优空间耦合，由此对该区域经济发展产生重要影响的一种经济形态。总部经济的发达程度反映一个城市或地区经济辐射力、影响力，对区域产业转型升级具有重要的引领作用。企业总部具有成本投入小、收入产出大的特点，被业界誉为"无烟经济""循环经济""楼宇经济"。

　　厦门市从 2006 年首次提出发展总部经济，经过多年培育和发展，厦门市从鹭江道中央商务区（CBD）、环筼筜湖、观音山国际商务营运中心、五缘湾营运中心等地汇聚了一批总部企业，成为推动厦门市经济新增长点的有力支撑。目前，厦门拥有戴尔服务中国总部、亚马逊南方营运总部等跨国公司总部，中国移动手机动漫基地、建行研发中心等国内大型企业研发总部，中绿集团、恒安集团、英蓝集团等大型企业的全国总部。2019 年，厦门总部性质的企业营业收入占全市企业营业收入的 29.07%，提供了 22 万个就业岗位，实现利润总额占全市企业利润的 43.09%。①

　　2020 年 10 月，厦门总部经济发展大会提出了厦门市 2025 年总部经济发展目标为：新增总部企业超过 100 家（营收超 100 亿元的 20 家、超 50 亿元的 30 家），总部经济营收和利润均超过全市企业的一半，税收收入达到全市

---

① 潘抒捷. 厦门需要持续发展总部经济 ［EB/OL］. http：//www. jrjonews. com/2021 – 01/13/content_1066560. htm.

税收收入的30%，成为国际知名、海上丝绸之路沿线和我国东南沿海领先的总部经济核心区。[①]

一、厦门打造总部经济集聚区的挑战

（一）厦门市经济总量有较大的提升空间

经济规模涉及城市或区域的生产总值、区域内的消费总量（以社会商品零售总额为代表）、区域的资本总量等对发展区域总部经济都有很大的影响。

1. 厦门城市经济总量有巨大提高空间

厦门2020年生产总值为6384.02亿元，居全国第34位[②]。远逊于北上广深等一线城市，在五个计划单列市中也暂处于末位，在全国副省级城市中仅高于哈尔滨市（见表1）。

表1　　　　　　　　　　2020年我国城市生产总值排名

排名	城市	生产总值（亿元）	同比实际增速（%）
1	上海	38701	1.7
2	北京	36103	1.2
3	深圳	27670	3.1
4	广州	25019	2.7
5	重庆	25003	3.9
6	苏州	20171	3.4
7	成都	17717	4.8
8	杭州	16106	3.9
9	武汉	15616	-4.7
10	南京	14818	4.6

---

① 付敏. 厦门发力打造总部经济集聚地［EB/OL］. http：//www. gov. cn/xinwen/2020 – 10/23/content_5553702. htm.

② 本文的厦门在国内的经济排名，都是除了港澳台以外的城市排名。全文都是如此，不再特别标注。

排名	城市	生产总值（亿元）	同比实际增速（%）
11	天津	14084	1.5
12	宁波	12409	3.3
13	青岛	12401	3.7
18	泉州	10159	2.9
23	福州	10020	5.1
29	大连	7030	0.9
34	厦门	6384.02	5.7
44	哈尔滨	5184	0.6

资料来源：各个城市的 2020 年统计公报。

2. 厦门市消费市场有巨大的提高空间

2020 年厦门市社会商品零售总额为 2293.87 亿元，位居全国城市的第 37 位。五个计划单列市深圳最高，为 8664.83 亿元；青岛为 5203.5 亿元（全国第 12 位）；宁波为 4238.3 亿元（全国第 18 位）（见表 2）。厦门是我国五个计划单列市中社会商品零售总额相对较少的城市，一定程度上也制约了厦门总部经济的发展。

表 2　　　　　　2020 年全国部分城市社会商品零售总额及排名

排名	城市	社会商品零售总额（亿元）	同比增速（%）
1	上海	15932.5	0.5
2	北京	13716.4	-8.9
3	重庆	11787.2	1.3
4	广州	9218.66	-3.5
5	深圳	8664.83	-5.2
6	成都	8118.5	-2.3
7	苏州	7701.98	-1.4
8	南京	7203.03	0.9
9	武汉	6149.84	-20.9
12	青岛	5203.5	1.5

排名	城市	社会商品零售总额（亿元）	同比增速（%）
18	宁波	4238.3	-0.7
24	大连	3490.0	-11.5
37	厦门	2293.87	1.6

资料来源：各个城市的 2020 年统计公报。

3. 厦门市城市资金总量有巨大改善空间

资金的流动与变化是区域经济、产业结构发展变迁的映射；其中，城市"金融机构各项存款余额"即"资金总量"，反映了一个城市对资金的吸附能力。截至 2020 年末，我国资金总量前十的城市分别是北京、上海、深圳、广州、杭州、成都、重庆、南京、苏州和天津。这 10 个城市中包括 4 个直辖市、5 个副省级城市以及 1 个普通地级市。其中，北上深三城超过 10 万亿元，广州、杭州位列四、五位。而厦门 2020 年资金总量 13117.08 亿元，排在第 34 位（见表 3），这说明厦门的现代金融（银行、证券、保险）业存在巨大的提高空间。

表3　　　　　　　　　2020 年我国部分主要城市的资金总量

排名	城市	资金总量（亿元）	增速（%）
1	北京	188446	9.9
2	上海	155931	17.4
3	深圳	101897	21.4
4	广州	67799	14.7
5	杭州	54246	19.8
6	成都	43654	12.8
7	重庆	42854	8.5
8	南京	40056	12.7
9	苏州	37584	11.8
10	天津	34145	7.41
15	宁波	23988.2	15
18	青岛	20507.1	13.3

续表

排名	城市	资金总量（亿元）	增速（%）
26	大连	16003.8	5.0
34	厦门	13117.08	13.0

资料来源：各个城市的 2020 年统计公报。

（二）厦门市人口规模效应不够

根据第七次全国人口普查结果，城市常住人口前十位的分别是重庆（包括农村）、上海、北京、广州、深圳、天津、西安、苏州、郑州。厦门常住人口为 5163970 人，与 2010 年相比，增加 163.26 万人，但人口总量而言，位居全国各大城市的第 87 位（见表 4）。相对较少的人口总量一定程度上不利于总部经济的发展。

表 4 　　　　　　　　　　　2020 年我国城市人口总量排名

序号	城市	人口规模（万人）
1	重庆	3205.42
2	上海	2487
3	北京	2189
4	成都	1984
5	广州	1867
6	深圳	1756
7	天津	1386
8	西安	1295
9	苏州	1275
10	郑州	1260
16	青岛	1007.17
23	宁波	940.43
45	大连	745.07
87	厦门	516.40

资料来源：全国各省区市第七次人口普查数据。

（三）厦门市发展总部经济的科创环境有巨大的改善空间

由于计划经济沉淀下的高教资源以及长期处于对台前线等历史因素，厦门是我国计划单列市中大学数量和在校大学生数量相对较少的城市（见表5）。在五个计划单列市中，2020年厦门市大学有16所大学，数量仅次于大连（31所）和青岛（27所），但厦门市"985""211"高校只有厦门大学1所。

表5　　　　　　　　　　2020年我国五大计划单列市科创环境

项目	深圳	厦门	宁波	青岛	大连
大学数量（所）	14	16	15	27	31
大学生量（万人）	13.62	18.86	17.7	43	32.5
高新技术企业（家）	18650	2282	3102	4396	2475
国际专利申请量（件）	20209	534	677	1755	—
全职院士（人）	54	14	23	18	31

注：大连市的国际专利申请量未查到。

资料来源：各个城市的2020年统计公报。

在校大学生方面，厦门市2020年为18.86万人，数量上仅次于青岛的43万人和大连的32.5万人。2020年五大计划单列市的全职院士厦门只有14人，远低于深圳的54人、大连的31人、宁波的23人和青岛的18人。2020年，五大计划单列市中国际专利申请量（PCT）深圳最多有20209件，厦门与其他计划单列市还有较大差距。高新技术企业数量厦门也在这五个城市中垫底。

（四）城市规模较小一定程度制约了总部经济发展

厦门市域面积狭小。2020年厦门市市域面积为1700.61平方公里，是我国副省级以上城市中面积最小的，也是五个计划单列市市域面积最小的城市（见表6）。

表6   2020 年我国五个计划单列市市域面积

项目	深圳	厦门	宁波	青岛	大连
面积（km²）	1997.47	1700.61	9816	11293	12573.85

资料来源：2020 年各城市统计年鉴数据。

厦门是典型的海湾型城市，可利用土地资源十分有限。虽然厦门市政府规划了一批总部经济区，但相对面积较小，分布较分散，没形成完整的总部经济带。在笔者的调研过程中，不少企业说要把总部经济放在厦门，需要不少的土地资源配套，厦门全市的土地资源稀缺已成为厦门良性发展总部经济的薄弱环节。

（五）厦门市有九大千亿元产业链，产业链规模有巨大提升空间

2020 年厦门市实现了 9 个千亿元产业链，有巨大的发展。但是相对于国内一线和部分二线城市，厦门的 9 大千亿元产业链（平板显示、计算机与通信设备、机械装备、旅游会展、金融服务、软件信息、航运物流、文化创意、现代都市农业）没有一个超过 5000 亿元或以上的产业链，说明厦门市集群内产业链条较短；产业集群创新能力不强，与参与国内外竞争的要求不适应。这需要进一步进行强链、扩链、补链，注重引进产业链内部上下游渠道商，让更多产业链聚集在厦门，从而促进厦门总部经济发展。

（六）高房价、房价收入比高等因素一定程度上制约了引进或留住厦门发展总部经济的人才

根据上海易居房地产研究院发布的《2019 年全国 50 城房价收入比报告》，2019 年，50 城房价收入比均值为 13.3，深圳以 35.2 的房价收入比遥遥领先，上海房价收入比为 25.1，北京房价收入比为 23.9，广州房价收入比为 16.5，厦门房价收入比为 22.8。

另外，厦门房价租售比不理想。厦门 2020 年平均租金水平为 47.51 元/平方米·月，房价已经达到 46335 元/平方米的水平，厦门以 1：975 成为

租售比最低城市，成为仅次于深圳、上海、北京的第四大高房价城市。① 相对过高的房价一定程度上制约了发展总部经济的人才总量。如《厦门大学2019 届毕业生就业质量年度报告》表明，厦门大学 2019 届毕业生中只有22.5% 留在厦门工作。而根据智联招聘 2020 年 20 城市人才吸引力，厦门位居全国第 17 位，其中硕士及以上人才流入占 0.8%，高层次人才发展需求得不到满足，不利于厦门市发展总部经济的各类人才的需求。由此可见，厦门对于人才的吸引力有巨大的改善空间。

（七）厦门市所有制结构也在一定程度上制约厦门总部经济的高质量发展

2020 年财富世界 500 强，厦门建发股份、厦门国贸、厦门象屿三家国企上榜，根据这三家公司 2019 年的财务报表计算，它们 2019 年的营收合计超过了 9200 多亿元，几乎是厦门生产总值的两倍。2021 年，根据上市公司半年财务报告，建发股份、厦门国贸和厦门象屿三家公司上半年营收均在 2000亿元以上，合计实现营业收入 7556.5 亿元，占厦门 62 家国内上市公司营业收入比重约 80%；建发股份的毛利率为 3.30%，厦门国贸的为 2.15%，厦门象屿的为 2.35%。笔者调查发现，这些大国企几乎涉及房地产、旅游会展、医疗、物流、综合金融等多行业，从"米袋子""菜篮子""钱包子"等无所不涉及。

由中国企业联合会和中国企业家协会联合发布的 2020 年"中国企业 500强"中，厦门企业有 5 家（建发集团、国贸控股、象屿集团、路桥工程物资有限公司和盛屯矿业集团），只有盛屯矿业集团是民企。

"中国制造业 500 强"的厦门企业有 4 家，包括盛屯矿业、金龙汽车集团、厦门钨业和三安集团，只有盛屯矿业和三安集团是民企。② "中国服务业企业 500 强"厦门企业有 19 家，其中国企 12 家，民企 7 家。③

---

① 50 城房租报告：租金房价差距拉大，平均租金回报率不足 2%［N］. 第一财经，2020 - 12 - 17.

② 2020 中国制造业企业 500 强排行榜［EB/OL］.［2020 - 09 - 28］. https：//top. askci. com/news/20200928/1507061232064. shtml.

③ 2020 中国服务业企业 500 强排行榜［EB/OL］.［2020 - 09 - 28］. https：//top. askci. com/news/20200928/1533101232068. shtml.

改革开放以来，作为四大特区之一的厦门，未来要进一步做大做强。根据厦门市政府"十四五"规划目标，到 2025 年地区生产总值超过一万亿元，并且打造成"五中心一基地"，即国际航运中心、国际贸易中心、国际旅游会展中心、区域创新中心、区域金融中心和金砖国家新工业革命伙伴关系创新基地建设。[①] 要实现这个目标厦门要花大力气发展民企，促进中小微民企的发展、壮大。

（八）国内兄弟城市发展总部经济对厦门形成的竞争

厦门面临长三角、珠三角以及周边城市发展总部经济所急需的人才、产业、资金的竞争，这些活跃的区域经济体对厦门经济发展所需要素产生虹吸效应，影响了厦门发展总部经济的要素集聚。

大长三角经济区是以总部经济密集区域的上海为核心，以江浙的常州、无锡、苏州、宁波作为加工制造基地的"总部—加工基地"，形成了"一核（上海）四辅（南京、杭州、宁波、合肥）"的总部经济发展模式。珠三角经济区则是背靠港澳地区的总部资源优势，初步形成了以香港、广州和深圳为中心，周边的佛山、中山、东莞等制造资源聚集的区域为基地的总部经济模式。厦门在省内面临着福州、泉州甚至平潭自贸区等城市发展总部经济的竞争。

进入 21 世纪以来，闽商房地产公司受制于省内福州、厦门等地的资金、人才、城市知名度等各类资源的限制，为了寻求更大，更高、更好的平台，纷纷"走出"，将总部转移至上海，谋求以上海为基点，辐射长三角地区，进而推行企业全国化扩张的政策。笔者通过对这些企业的高管调查发现，他们普遍认为，总部布局于上海有利于企业在全国发展，更便利的财税优惠、更好的融资条件和人才资源有利于提高公司的市场美誉度、知名度和品牌度。

（九）国内外复杂多变的政治经济环境影响了厦门总部经济的发展

根据厦门市统计局的数据，2013~2018 年厦门外贸进出口主要单一经济

---

① 中共厦门市委关于制定厦门市国民经济和社会发展第十四个五年规划和二〇三五年远景目标的建议 ［N］. 厦门日报，2021－01－04.

体占同期全市进出口总值比重最大的一直是美国，除 2016 年小幅下降外，基本呈前升后降趋势但振幅较小，2018 年占全市外贸进出口比重达17.26%。从出口看，这六年来美国一直是厦门出口最大的单一经济体，且出口比重不断上升，2018 年已占全市出口 21.55%。从进口看，2013～2016 年虽然厦门进口最大的单一经济体是中国台湾地区，但美国一直保持第二位，2017 年美国成了厦门进口最大的单一经济体，占全市比重为 13.13%，2018 年有所回落，占全市比重下降约 2 个百分点（见图 1）。

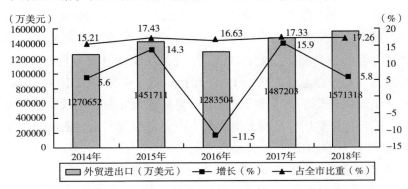

图 1　2014～2018 年厦门市对美国进出口贸易总值

资料来源：根据 2014～2019 年的《厦门经济特区年鉴》计算所得。

2013 年我国台湾地区与厦门贸易额占厦门外贸总额的 9.63%，2018 年占 6.64%。2020 年厦门和中国台湾地区贸易额为 402.36 亿元，占厦门外贸总额的 5.82%。

2020 年，厦门外贸进出口总值 6915.77 亿元，比地区生产总值 6384.02亿元多 531.75 亿元。[①]

虽然 2016 年以来，厦门市外贸进出口总值持续增长，但中美贸易摩擦、海峡两岸关系发展的不确定性、经济新常态和疫情都会对厦门经济、产业链布局、贸易等产生重大影响，进而影响厦门打造总部经济集聚区。

（十）厦门发展总部经济的政策优惠力度不如部分兄弟城市

目前厦门出台的相关政策，虽然在财税优惠、引进人才等方面给予了总

---

① 厦门市 2020 年国民经济和社会发展统计公报［N］. 厦门日报，2021－03－17（A08）.

部经济相关补贴，但是对比其他经济发达城市，如北京、上海、深圳、广州、杭州、南京、成都、重庆等，在落户激励、补贴种类、公共服务的政策方面，还有巨大的挑战空间。

1. 落户厦门的总部经济的奖励力度面临兄弟城市竞争

根据 2021 年 5 月《武汉市加快推进总部经济高质量发展的政策措施》，被认定为武汉总部的企业，按照企业实缴注册资本的 2% 给予落户奖励，最高奖励 4000 万元。根据 2015 年《成都市总部经济发展支持政策》，成都设立总部开办奖，在本市实缴注册资本在 10 亿元及以上或经认定为亚太区及以上区域的企业总部，奖励 3000 万元；注册资本 5 亿～10 亿元或经认定为大中华区总部的企业总部，奖励 2000 万元；注册资本 1 亿～5 亿元或经认定为中西部总部的企业总部，奖励 1000 万元。而《中共厦门市委、厦门市人民政府关于加快总部经济高质量发展的意见》未设立落户奖励，仅有经营贡献奖励、能级提升奖励、品牌升级奖励、产业链引进奖励，而此类都是企业缴纳的税款达到一定数额后的补贴优惠。

2. 对于总部企业的优惠政策种类有一定的挑战性

相对于《西安市支持总部企业发展若干政策（修订版)》设有总部企业投资奖、总部企业出口奖、总部企业上市奖等奖励，厦门市还没有类似的设立总部经济的优惠政策，这对厦门引进总部经济有一定的影响。

3. 对总部企业的公共服务政策方面也具有一定的挑战

《中共厦门市委、厦门市人民政府关于加快总部经济高质量发展的意见》中几乎没有提供对于总部企业的政府服务，但是反观杭州和西安，这两市都出台了细致的服务政策，提高了服务总部企业的政府效率。当然这主要也是由于厦门市域面积较小，公共交通发达，现代营商环境优越（在国内名列前茅），因此有的方面不需要全面细致的规定。

二、厦门打造总部经济集聚区的优势

（一）厦门具有打造总部经济集聚区的区位优势

（1）厦门市是位于我国长三角和珠三角之间经济最活跃的城市之一。在珠三角国家中心城市广州到长三角国家中心城市上海 1400 公里之间，厦门是除了深圳以外沿海地区经济最活跃的，经济发展质量最好的城市之一，也是国家"十四五"规划粤闽浙沿海城市群中的核心城市；厦门也是福建省委省政府确定的闽西南城市群的中心城市。

（2）厦门市拥有对台的"地缘近、血缘亲、文缘深、商缘广、法缘久"的"五缘"优势，是大陆构建对台交流合作最重要的前沿平台。具体表现为：其一地理上，厦门港距离高雄 160 海里，厦门是因台湾地区设立的经济特区。其二，厦门最早开通与台湾金门县的直接往来；厦门是祖国大陆对台贸易中心，国家部委在厦门设立了 20 多个对台交流合作基地，海峡论坛等涉台盛会，影响力持续扩大。其三，台湾居民中有 80% 祖籍来至福建，其中最多的就是闽南人和客家人。因此，厦门要发挥对台的"五缘"优势，全力吸引台商、台资、台企，促进厦门总部经济的发展。

（3）厦门市有毗邻港澳地区的地缘优势。福建乡亲是香港特别行政区的第二大族群，人数达百余万。厦门市和香港、澳门经贸联系密切。香港是厦门重要的贸易伙伴，2018 年厦门市对香港地区进出口额 236 亿元人民币，其中出口 233.9 亿元。中国香港是厦门仅次于美国的第二大单一出口市场。香港也是厦门吸收投资的最主要来源地。截至 2019 年 9 月，香港累计在厦投资项目共 4955 个，合同金额 382.0 亿美元，累计实际利用港资 200.1 亿美元，约占全市实际利用外资总量的 50.9%。香港还是厦门企业境外投资的主要目的地。截至 2019 年 9 月，厦门累计在香港投资项目 587 个，累计投资项目金额达 64.4 亿美元。[①]

（4）厦门市和东南亚各国政治经贸关系紧密。目前菲律宾、新加坡和泰国在厦门设立了领事馆。厦门市是福建人尤其是闽南人联系东南亚最紧密的城市。东南亚一些国家知名企业家绝大多数是从厦门港出发去东南亚各国的。2020 年厦门和东盟 10 国的进出口贸易高达 1299.9 亿元，东盟是厦门第一贸易伙伴。[②]

---

① 闽港"一带一路"高峰研讨会在厦门召开 12 个项目达成投资协议［EB/OL］.［2019 - 11 - 04］. http：//www. tzxm. gov. cn/xwzx/201911/t20191104_12465. html.

② 2020 年厦门市货物贸易进出口增长 7.8% 高于全国 5.9 个百分点［EB/OL］. https：//m. gmw. cn/baijia/2021 - 01/21/1302060586. html.

（二）厦门拥有打造总部经济完善的基础设施优势

1. 厦门市港口资源优势明显

（1）海港资源优势。1996 年 8 月，厦门港被确定为海峡两岸直航试点的两个口岸之一。2006 年 1 月 1 日，厦门港突破厦门行政区范围，向漳州行政区延伸。2011 年厦门港被国务院确认为国际东南航运中心；2013 年厦门港被确定为全国性综合交通枢纽，2016 年厦门被确定为全国性综合交通物流枢纽；2017 年 3 月 2 日厦门港被国务院确定为国际性综合交通枢纽。

改革开放以来，厦门港历经 40 多年发展，如今的厦门港已具备接待全球最大集装箱、国际豪华邮轮的能力，码头、航道水平世界一流，世界知名航商悉数进驻，航线通达全球 44 个国家和地区的 138 个港口。2020 年底，厦门港拥有生产性泊位 176 个（含漳州），其中万吨级以上泊位 78 个；全年港口货物吞吐量 2.07 亿吨，港口集装箱吞吐量 1140.53 万标箱，同比增长 2.5%。2020 年厦门港在全球集装箱吞吐量排名为第 14 位，国内第 7 位。[1]

（2）厦门空港优势明显。截至 2020 年底，厦门空港已开通运营城市航线 175 条，含国际（地区）航线 36 条，其中洲际航线 13 条（连接北美洲、大洋洲、欧洲、东盟等，具体涉及澳大利亚、美国、加拿大、荷兰、俄罗斯等国家）；在厦门机场通航运营的境外航空公司 11 家，与 17 个境外城市通航；空港旅客吞吐量 1671.02 万人次，位列全国第 13 位，国际旅客中转流量全国第 5 位。[2]

正在修建的厦门翔安国际机场，强化厦门新机场区域综合交通枢纽功能，构建以轨道交通为核心、公共交通为主体、多种交通方式紧密衔接的机场集疏运系统，辐射厦漳泉龙都市区。建成后，它将成我国重要的国际机场、枢纽机场、国际货运口岸机场和对台主要口岸机场。

2. 铁路交通运输便捷

福厦高铁、厦深高铁、龙厦高铁、杭福深高铁、渝长厦铁路、渝厦高铁、鹰厦铁路等把厦门和我国的东北、华北、长三角、粤港澳大湾区、中部、西北和西南的省区市连接起来。厦门出发的中欧班列实现历史性跨越，

---

[1][2]　厦门市 2020 年国民经济和社会发展统计公报［N］. 厦门日报，2021－03－17（A08）.

截至 2020 年底通达亚欧 12 个国家，累计开行 905 列，实现"海丝"与"陆丝"无缝衔接。①

3. 高速公路众多

厦门拥有厦蓉高速、福厦高速公路等，以及 G228、G324、S318 国道省道，将厦门和祖国各地联系在一起。根据厦门市交通运输局公布的数据，截至 2020 年底，厦门全市公路通车里程 2223 公里，"环湾放射"的路网骨架基本建成。

（三）厦门具有多区叠加的政策优势，有利于发展高质量的总部经济集聚区

1980 年 10 月 7 日，国务院正式批复设立厦门经济特区。厦门经济特区从湖里 2.5 平方公里扩大到厦门全岛 131 平方公里；2010 年 6 月，厦门经济特区扩大到全市。1989 年和 1992 年，国务院先后批准设立海沧、杏林和集美 3 个台商投资区，在区内的投资按现行经济特区政策办理。1992 年 11 月，国务院批准厦门建立象屿保税区。1988 年，国务院批准厦门市为计划单列市，1994 年 2 月，中央确定厦门为副省级城市，为厦门加快发展创造了有利的体制优势。2011 年 12 月，国务院批准《厦门市深化两岸交流合作综合配套改革试验总体方案》。2015 年 4 月 21 日厦门获得国务院批准的自贸区政策。2015 年 7 月 4 日国务院发布的《推动共建丝绸之路经济带和 21 世纪海上丝绸之路的愿景与行动》中，福建被定位为"海丝"核心区，厦门等 16 个沿海城市被列为"海丝"战略支点城市。2016 年厦门被国务院确定为建设福厦泉国家自主创新示范区。2018 年国务院《关于建设海洋经济发展示范区的通知》中，厦门获批为国家海洋经济发展示范区。2021 年厦门市获批新型离岸国际贸易试点地区。

因此，厦门拥有经济特区、台商投资区、保税区、副省级计划单列市、两岸交流合作综合配套改革试验区、自贸区、海丝核心区战略支点城市、福厦泉国家自主创新示范区、国家海洋经济发展示范区等多区叠加的政策优势，非常有利于厦门打造总部经济集聚区。

---

① 打造国际性综合交通枢纽城市［N］. 海西晨报，2021 - 09 - 01.

（四）厦门市经济发展的质量非常好

1. 厦门土地产出率很高

厦门 2020 全年地区生产总值 6384.02 亿元，厦门市以占福建全省 1.4% 的土地面积，创造出占福建省 14.5% 的地区生产总值、26.2% 的财政收入和近 50% 的外贸进出口。厦门土地产出率 3.76 亿元/平方公里，名列全国主要城市前茅。每度电创造地区生产总值 21.90 元，人均地区生产总值 2 万美元以上，这些指标在全省以及全国大中城市均保持前列；厦门市产业结构比较优化，2020 年三次产业结构为 0.4：39.5：60.1。①

2. 厦门地方政府财政势力雄厚

2020 年厦门地区生产总值位居全国第 34 位，但地方财政收入有 783.9 亿元，位居全国第 18 位。每平方公里产生的财政收入位居国内城市前茅。2020 年厦门人均可支配收入为 58140 元，高居全国城市的第 9 位。2020 年厦门市个人所得税总额达 214 亿元，在全国主要城市位居第 11 位。说明厦门居民可支配收入高，生活富裕。②

（五）厦门优越的营商环境有利于打造总部经济集聚区

近年来，厦门着力构建国际化、法治化、便利化的一流营商环境，全流程推进"减法"改革，形成一套减环节、压时限、降成本的机制，取得良好成效。我国营商环境评价领域的首部国家报告《中国营商环境报告 2020》中，厦门以突出综合表现与北京、上海等城市共同跻身全国 15 个标杆城市行列。软环境指数有人才吸引力、投资吸引力、创新活跃度和市场监管四个大类，采用等权重计算。数据显示，2020 年软环境最好的前五名是深圳、厦门、杭州、西安、北京。每千人的市场主体数和企业数，是创新创业活跃度的最主要指标，厦门位居第三，说明厦门创新创业活跃，而且创新的质量也高。

2020 年 4 月 29 日，厦门市委市政府研究通过了《关于全面深化国际一流营商环境建设的意见》，2021 年 5 月，厦门市委市政府印发《厦门市高质

---

① ② 厦门市 2020 年国民经济和社会发展统计公报［N］. 厦门日报，2021 – 03 – 17（A08）。

量推进国际一流营商环境建设 2021 年度提升方案》，包括 6 个方面、30 条具体改进任务，配套出台 43 项清单。制度创新的每一点突破，都为厦门企业带来巨大的政策红利。

2021 年厦门市委和市政府聚焦基础性和具有重大牵引性作用的改革举措，在重要领域和关键环节改革上精准发力，57 项年度重点改革任务和 55 项重点突破事项扎实推进，系统部署新时代加快完善社会主义市场经济体制、构建更加完善的要素市场化配置体制机制等改革，不断打造国际一流营商环境取得优异成绩。[①] 2021 年 8 月厦门把每年的"9·8"投洽会设立为"厦门营商环境日"，2021 年 9 月 8 日厦门市委市政府公布了《厦门市包容普惠创新专项提升实施方案》。厦门不断改善营商环境，有利于促进厦门总部经济发展，逐渐形成总部经济集聚区。

（六）厦门市在国内外有极高的城市美誉度和品牌度，十分有利于厦门打造总部经济集聚区

改革开放以来，厦门市委市政府不断加强城市建设，极大地提高了厦门市在国内外的城市美誉度和品牌度。例如 2014 年 10 月 31 日，由联合国人居署、住建部和上海市政府联合主办的首届"世界城市日"，厦门入选全球首个世界城市日全球最美的 20 个城市；2015 年厦门入围中国大陆最干净城市。2016 年以来，厦门获得"全球二线城市""改革开放最成功 40 城""中国城市综合经济竞争力二十强""2018 年中国百强城市""国家跨境电商综合试验区""全国小康城市 100 强""国家海洋经济发展示范区""国家森林城市"等诸多美誉。厦门还打造了国际知名的"9·8"投洽会和中国最美赛道的马拉松。2021 年 8 月 26 日，全国 2021 年第二季度改革热度评估报告发布，厦门市改革热度指数 76.23，首次在 19 个副省级及以上城市排名第一。这些都是厦门市人民和历届厦门市委市政府共同努力的结果。

极高的城市美誉度和品牌度，非常有利于部分国内外企业将总部经济落地厦门，从而打造厦门总部经济集聚区。

---

① 全国 2021 年第二季度改革热度评估报告发布，厦门首次位居副省级及以上城市榜首 [EB/OL]. https：//www. 163. com/dy/article/GIAOIN3D05346936. html.

（七）厦门市人力资源丰富，有利于打造总部经济集聚区

根据厦门市第七次人口普查数据，厦门市总人口为5163970人，人力资源中15～59岁的劳动适龄人口占73.28%；人口的受教育年限11.17年，居福建省内首位，高于全省的9.66年，也高于全国的9.91年，其中大学（包括大专）文化程度有391167人，占总人口的7.57%，高中文化程度有834921人，占总人口的16.17%。与2010年第六次全国人口普查相比，每10万人中拥有大学文化程度的由17799人上升为26940人；拥有高中文化程度的由18909人下降为16168人；拥有初中文化程度的由34670人下降为27818人；拥有小学文化程度的由19475人下降为18621人。这些相对丰富的人力资源都为厦门发展总部经济提供巨大便利。

（八）厦门宜居环境有利于打造总部经济集聚区

1. 气候宜人

厦门属亚热带气候，温和多雨，年平均气温在21℃左右，夏无酷暑，冬无严寒；厦门是国家森林城市。2020年，厦门拥有150个公园，占地面积3794.40公顷；全市空气质量综合指数2.53，在全国168个重点城市排名第四；空气质量优良率98.6%，在全国168个重点城市并列第三。①

2. 厦门享有"国际花园城市"的美誉

鼓浪屿、万石山是国家重点风景名胜区，荟萃了海、岛、山、岩、洞、寺、楼、亭、园、林等多种美景，吸引八方游客。2014年厦门被《国家地理》杂志评选为"中国最美五大城区之首"，素有"海上花园"的美称。岛上完好地保留着许多具有中外建筑风格的建筑物，有"万国建筑博览会"之誉。

（九）厦门已经具有较强的总部经济集聚区

厦门已经建成了鹭江道金融CBD、软件园（一期、二期和三期）、观音山

---

① 厦门市2020年国民经济和社会发展统计公报［N］.厦门日报2021-03-17（A08）.

国际商务营运中心、会展北片区、五缘湾商务营运中心、岛外的杏林湾国际商务运营区、厦门新站营运中心以及环东海域营运中心等总部经济集聚区。正在兴建的滨北超级总部经济区也是为总部经济集聚区服务的。

截至 2020 年 10 月底，被厦门市相关部门认定的总部经济有 410 家。[①] 厦门拥有戴尔服务中国总部、亚马逊南方营运总部等跨国公司总部，中国移动手机动漫基地、建行研发中心等国内大型企业研发总部，中绿集团、恒安集团、英蓝集团等大型企业海西区域总部。还吸引了德勤、阿里巴巴、蚂蚁集团等会计师事务所、律师事务所、咨询公司等服务性机构进驻，并且带动了相关上下游企业落户；一批本地总部企业崭露头角，如建发、国贸、象屿 3 家企业进入全球 500 强，嘉晟、恒兴集团等 13 家企业进入全国服务业 500 强，一批新兴产业优势总部企业发展迅速。

（十）厦门逐步推出打造总部经济的各类优惠政策效应逐渐显现

2012 年 12 月厦门市委市政府颁布了《厦门市人民政府关于印发厦门市鼓励总部经济发展若干规定的通知 》，2016 年颁布了《思明区关于鼓励厦门市观音山国际商务营运中心区发展的若干意见》，2018 年颁布了《厦门市进一步促进总部经济发展若干规定》，2019 年颁布了《关于进一步促进总部经济发展的实施办法通知》，2020 年颁布了《中共厦门市委、厦门市人民政府关于加快总部经济高质量发展的意见》，这些法律法规或文件先后推出许多利好厦门总部经济发展的政策，这些政策的逐渐兑现很大程度上促进了厦门总部经济的发展，逐步形成厦门市总部经济集聚区。

三、厦门打造总部经济集聚区发展路径与实施策略

（一）全力为厦门打造总部经济集聚区创造条件

国内外研究总部经济的学者和发展总部经济非常成功的城市经验都表

---

① 聚焦厦门总部经济热点 推动招商引资引智［EB/OL］. http：//news. xmnn. cn/xmnn/2020/11/19/100812547. shtml.

明，发展总部经济需要大幅度完善总部经济所需要的以下五大软硬件环境。

1. 全力创造厦门发展总部经济所需要的各类高素质人力资源

发展总部经济需要国际化人才和开放式的知识创新氛围；高素质人才要么自己培养要么引进，国内的北京、上海、广州、武汉、南京、西安等有国内最丰富的科教文卫资源，这些城市都出台优惠的条件，吸引区域外的人才。丰富的人力资本和科教文卫资源，可以满足公司总部知识密集型价值创造活动的特定需要。国际上的纽约、东京、伦敦等城市凭借优异的区位优势、完善的基础设施条件吸引了大批跨国公司总部所需的管理人员、技术研发和服务人员入驻。

厦门市盘活科教文卫的存量资源，为厦门培养总部经济所需的各类人才。为促进厦门 12 条千亿产业链发展和 410 家总部经济发展的需要，厦门市政府应该加大厦门大学、华侨大学、集美大学、厦门理工大学、厦门医学院等 16 所高校以及中科院厦门城市环境所、国家自然资源部海洋三所等的投入，以培养总部经济所需要的各类人才。

同时，为增加增量资源，厦门应尽快建立中国科学院厦门理工大学和厦门海洋大学，为厦门打造总部经济集聚区培养高素质人才。厦门可以通过一定的财税和土地政策，将中国科学院城市环境研究所，发展成为一所高水平大学即中国科学院厦门理工大学。整合自然资源部国家海洋三所（厦门）、原厦门水产学院和航海学院（后并入集美大学）成立厦门海洋大学，这既有利于厦门吸引大量青年才俊，为厦门 12 条千亿产业链和总部经济的发展培养各类人才，促进厦门经济高质量发展，也有利于厦门应对周边区域竞争，顺利完成建立"五个中心一基地"的宏伟目标。

2. 利用厦门的区位优势，继续完善厦门市交通运输基础设施

国内外便利的交通运输，完善的交通网络体系，是决定总部区位选择的重要因素。国际上，纽约、伦敦、东京、香港等城市天然的海空港口资源，为总部物流提供了便利的交通网络，极大地降低了总部经济发展的交易成本，这有利于公司总部与公司内其他分部、子公司、加工基地之间的各种联系，也极大地便利了总部经济和其人员的往来。

因此，厦门应该利用介于广州和上海之间的区位优势，全力发展航空和海港运输业等。厦门作为福建省航空最发达的城市，应该多开通一些洲际航线；全力发展厦门临空产业园区。

3. 全力完善厦门市信息网络基础设施

便捷的信息网络可以大大节约公司总部与制造加工基地分离导致的空间成本，进而有力地吸引现代生产性服务业如金融证券保险、跨国公司总部的落户，这方面厦门还要下大功夫完善。

4. 全力完善厦门营商环境

总部经济的发展，既需要完善城市基础设施等硬件，又要全力完善城市的软件基础设施。发展总部经济要具备适应现代化城市管理的制度、一流城市营商环境，优异的城市社会服务体系、市场秩序、通关秩序、诚信体系、社会治安状况、城市文明程度等有利于促进总部经济的发展。宽容包容的多元文化有助于信息的沟通、情感的交流，有利于吸引和留住发展总部经济的各类人才。例如深圳原来提出的"来了就是深圳人"，其包容性文化非常值得厦门学习。

5. 完善厦门发展总部经济的现代服务业体系

这些现代服务业包括金融、保险、会展、商贸、航运、物流、旅游、法律、教育培训、中介咨询、公关、翻译、电子信息网络等诸多领域。该体系既能形成现代服务业总部经济产业集群，也能为周边城市或区域服务。因此，厦门要全力打造现代生产性服务业产业集群，打造厦门现代生产性服务业总部经济集聚区。

（二）厦门打造总部经济集聚区的具体实施策略

1. 坚持错位发展，打造具有厦门比较优势和特色的总部经济集聚区

发展总部经济既要依托城市现有的资源禀赋基础，也要结合厦门市现在和未来打造 12 个千亿产业链的发展导向，结合厦门市的区位优势和中央赋予的政策优势，通过科学规划、错位发展，化厦门市发展总部经济的 10 大比较优势为竞争优势，提升城市特色竞争优势，打造厦门市总部经济集聚区。

总部经济就一国范围而言，有全国性的总部经济和国内区域性总部经济。根据 2020 年中国总部经济国际高峰论坛的最新报告，我国第一梯队的总部经济城市包括北京、上海、深圳、广州，第二梯队的总部经济城市为杭州、南京、天津、成都、青岛、武汉和宁波等 7 个城市，第三梯队的总部经

济城市为厦门、大连、重庆、沈阳、长沙、济南、西安、郑州、合肥等 9 个城市。因此，厦门由于经济总量、城市规模、土地规模、人口规模、人才和产业链等自身因素限制，厦门的总部经济要和第一梯队总部经济错位发展。2020 年 10 月，厦门全市总部经济大会确定厦门为区域性总部经济区，重点发展"四类总部企业"，即面向"海丝"的国际性总部企业、东南地区区域总部、职能性总部、成长型总部。总之，厦门要发展区域性的总部经济区、内生成长型和职能型总部经济集聚区。

2. 全力打造厦门已有优势的产业链总部经济集聚区

截至 2020 年底，厦门已实现了平板显示、计算机与通信设备、机械装备、旅游会展、现代物流、软件和信息服务、金融服务、文化创意、都市现代农业等 9 条千亿产业链，因此厦门必须全力打造以上 9 条千亿产业链的总部经济集聚区。同时，还可以打造集成电路与半导体、生物医药与大健康、新材料总部经济等集聚区。

打造厦门市集成电路与半导体产业链总部经济集聚区。厦门市已经形成集成电路三大集聚区域：火炬高新区、海沧台商投资区、自贸区湖里片区。集聚区内，一批世界 500 强的集成电路知名企业的项目已经落地并展开产业布局，厦门正朝着集芯片制造、封装、测试、基板支撑于一体的制造业 1 小时供应链方向努力，在吸引产业集聚、完善产业链条方面成效明显。截至 2020 年，厦门已经初步形成涵盖集成电路设计、制造、封测、装备与材料以及应用的产业链，并且已建成厦门市集成电路设计公共服务平台、国家集成电路深圳产业化基地厦门（海沧）基地 EDA 平台、厦门市集成电路研发设计试验中心等公共服务平台，而且获国家批复建设海峡两岸集成电路产业合作试验区、芯火双创基地（平台）、国家集成电路产教融合创新平台。

生物制药与大健康产业链总部经济集聚区。2019 年厦门发布《加快推进生物医药产业高质量发展若干措施》，2020 年厦门市生物制药与大健康产业年实现主营业务收入 920 亿元，同比增长约 18%。龙头企业发展加快，生物医药产业领域营收上亿元企业 120 家，其中 10 亿元以上企业 12 家；新增科创板上市企业 1 家；43 家企业产品进入商务部医疗物资出口白名单。①

---

① 厦门国贸控股旗下再添一家上市公司 引发各界聚焦 [EB/OL]. http://news. xmnn. cn/xmnn/2021/04/28/100883588. shtml.

2020 年，生物医药产业集群入选国家发改委首批战略性新兴产业集群名单。以海沧区为核心的厦门生物医药港取得了巨大进展，入选国家第三批大众创业万众创新示范基地，厦门生物医药港在全国生物医药产业园区综合竞争力排行榜中位居第 13 位，聚集国家高新技术企业 297 家，① 被科技部评为优秀国家级科技企业孵化器。这些企业通过孵化和发展上市，将逐渐形成厦门市生物制药与大健康产业链总部经济集聚区。

打造新材料产业链总部经济集聚区。2019 年厦门市新型功能材料产业集群入选国家首批 66 个战略性新兴产业集群。截至 2020 年 9 月底，厦门市新材料产业已建成 36 个企业技术中心（其中，国家级 10 个，省级 8 个），以及工程技术研究中心、重点实验室等国家、省市级研发机构 42 个（其中，国家级 7 个，省部级 24 个），拥有厦门大学、华侨大学、厦门理工学院、中船重工 725 所厦门材料研究院、中科院海西研究院厦门稀土研究所等一批具有较高学术水平的高校科研机构。② 厦门市新材料发展重点是特种金属材料、先进高分子材料、高性能复合材料、新能源材料、光电材料、膜材料、纳米材料等。截至 2020 年 9 月底，全市新材料企业超过 400 家，其中规模以上企业 218 家，并形成了海沧区新材料产业链集聚区。③ 未来随着厦门新材料产业链的不断完善，可以打造厦门新材料总部经济集聚区。

两岸金融中心现代服务业总部经济集聚区。厦门市已经投入使用的两岸金融中心包括思明金融产业园区和湖里金融产业园区，其功能定位是区域性金融中心。2020 年两岸金融中心全年新增企业 2316 个，新增注册资本 788 亿元，完成年度任务的 563%。④ 目前已经有一批各种资金来源的金融投资巨头入驻，这里将被打造为厦门现代服务业总部经济集聚区。

机械工业总部经济集聚区。根据厦门市政府公布的信息，厦门机械工业集中区是以汽车、工程机械及其配套产业为主的现代化机械工业聚集区，总规划面积 1542.21 公顷，主要由厦工工业园、汽车工业城和机械集中区二期、配套产业区及生活居住区等部分组成，已经形成了产业机械龙头企业的

----

① 厦门召开生物医药创新发展大会 加快建设中国生命科技之城［EB/OL］. https://baijiahao. baidu. com/s? id = 1668983051493192208&wfr = spider&for = pc.

②③ 发展新材料产业 厦门后劲十足［N］. 厦门日报，2020 – 09 – 11（A06）.

④ 招商引资 788 亿元 完成年计划 563%［N］. 厦门日报，2021 – 01 – 28（A05）.

产业总部经济集聚区。

3. 科学规划总部经济的载体，引导分区聚集

总部经济的规划引领不仅是地理和空间上的企业集聚，更是产业关联强、规模效应和溢出效应明显的产业集群。因此，要做好厦门市的规划引导，总部经济集聚区载体周边的软硬件资源的配套需要规划完善好，以推进厦门总部经济聚集区建设。

在调研过程中笔者发现，由于厦门岛内土地的稀缺性，发展总部经济的空间和配套不足。因此建议，合并岛内思明区和湖里区为一个区，市委市政府搬迁到岛外翔安区，岛内规划为现代生产性服务业、旅游会展、文创产业、科技研发等总部经济区集聚区。通过土地资源的优化配置，补齐岛内发展总部经济的教育、医疗等民生短板，从而为总部经济集聚区服务。

4. 根据本地财政实力和产业布局，厦门市应加大财税优惠政策来发展总部经济集聚区

全球价值链分工的升级使得总部经济已经超越了最初总部集聚的发展需要，跨国公司设立地区总部协调区域内经营活动，利润最大化成为其根本诉求。在调研过程中笔者发现，除了纽约、东京和伦敦国际公认的跨国公司总部经济集聚区优惠政策相对较少外，国内外各地方政府的优惠政策均成为吸引跨国公司地区总部的重要因素，特别是利用灵活的税收激励手段吸引跨国公司地区总部，可以较快地实现总部经济效应。在对厦门市已经引进的部分总部经济企业的调研和对厦门市发改委服务业处的调研过程中也发现，企业家和政府工作人员都认为优惠政策是引进总部经济企业最好最快捷的手段之一。比如土地出让的优惠（观音山总部经济集聚区就是成功的典范）、企业所得税的优惠（中烟福建分公司的区域总部、两岸金融中心总部经济集聚区）、个人（人才）所得税的优惠、人才房或人才公寓；财税返还力度、总部经济的奖励力度（两岸金融中心总部经济集聚区、滨北超级总部经济集聚区）等。因此，应根据厦门市财政实力和产业布局需要，继续完善厦门市级和区级的促进总部经发展的各项涉及财税优惠（企业所得税和个人所得税）、总部经济的办公土地政策、人才的认定、户籍及子女教育、出入境管理等方面的鼓励政策或法规，促进厦门总部经济集聚区的发展。

5. 厦门市应全力发展内生成长型总部经济集聚区

总部企业在空间集聚基础上的创新发展，是总部经济得以可持续和优化

的重要路径，也是总部经济效应最大化发挥的保障。纽约、旧金山、东京、德国的慕尼黑，以及我国台湾地区新竹科学园区、深圳市等正是依靠创新驱动战略推动了内生式总部的跨越式发展，实现了从资本引领到技术引领，跃升为世界（或区域性）总部经济中心。

自 2014 年以来，厦门先后出台《厦门市进一步支持中小企业发展若干措施》《厦门市中小企业发展专项资金使用管理办法》《厦门市"专精特新"企业认定管理办法》等多个政策文件支持企业"专精特新"发展，从"认定奖励 + 其他财政资金补助"两个方面给予企业支持，已累计兑现认定奖励1.54 亿元。2018 ~ 2020 年，来共投入 1.1 亿元政府资金，切实为企业降本增效。截至 2020 年底，厦门市已有 28 家国家重点"小巨人"企业，79 家国家级"专精特新""小巨人"企业，124 家省级"专精特新"企业，622 家市级"专精特新"中小企业，成为推动厦门经济高质量发展的新锐力量。[①]从工信部公布的 3 批共 4762 家"专精特新""小巨人"企业名单来看，厦门跻身"专精特新"企业数量十强，位列第九。2021 年 9 月的北京证券交易所成立，这些厦门"专精特新"企业逐渐上市融资发展壮大，完全可以孵化为厦门市高技术产业集群总部经济集聚区。

6. 全力改善和完善厦门市软硬件营商环境，继续提高厦门市行政效率以发展厦门总部经济集聚区

良好的营商环境是城市软实力的重要体现，是发展和吸引总部企业集聚区的关键因素，也是总部经济内生化发展的保障，体现了区域核心竞争力水平。总部企业运营要求有与之相配套的现代化城市营商软硬件环境，通过公正透明的市场秩序和高效务实的行政服务降低总部企业的综合商务成本和制度性交易成本。良好的营商环境有利于知识产权的保护以及本区域内高效廉洁、高水平的行政服务管理，为企业投资经营节省了时间和成本。

近年来，厦门着力构建国际化、法治化、便利化的一流营商环境，全流程推进"减法"改革，形成一套减环节、压时限、降成本的机制，取得良好成效。例如 2019 年，思明区首创首席服务官（CSO），为企业提供"面对面、键对键"的全天候全方位服务。思明区建立的全国领先的知识产权和科

---

① 高质量发展添动力　厦门已有 28 家国家重点"小巨人"企业［N］. 海峡导报，2021 - 09 - 06.

技服务平台创业树等吸引了大量总部经济企业入驻，形成了观音山、鹭江道、滨北等总部经济集聚区。高效便利的市场化、法治化、国际化的营商环境吸引了国内外企业将全国性或区域总部设在厦门。

　　总之，打造厦门市总部经济集聚区需要一系列政策、交通基础设施、区位、高教文卫资源、产业集聚、人才政策、营商环境、经济总量和城市规模等因素协调发展。

参考文献

　　［1］曹玲敏；自贸区背景下的厦门总部经济发展对策探析；全国流通经济，2018（25）：69－71.

　　［2］李晓平．厦门如何发展总部经济？在这个培训班，国内著名专家学者进行解读［N］．厦门日报，2020－11－19.

　　［3］罗娟娟，许仲生．自贸区背景下的厦门总部经济发展探析［N］．西南交通大学学报（社会科学版）；2016，17（5）：123－128.

　　［4］新华社．厦门发力打造总部经济集聚地［EB/OL］．https：//baijiahao. baidu. com/s？id＝1681332884342653880&wfr＝spider&for＝pc.

　　［5］张哲．厦门市总部企业发展问题及对策探析［N］．科技经济导刊，2016（1）：3.

后　　记

本课题是郑若娟教授所主持的"中央高校基本科研业务费专项资金资助"项目（项目编号：2072021153）——《海峡西岸繁荣带发展研究报告》2021年的阶段性成果。2012～2016年的阶段性成果——《海峡西岸经济区发展报告2012》《海峡西岸经济区发展报告2013》《海峡西岸经济区发展报告2014》《海峡西岸经济区发展报告2015》《海峡西岸经济区发展报告2016》已由北京大学出版社出版，2017～2020年的阶段性成果——《海峡西岸经济区发展报告2017》《海峡西岸经济区发展报告2018》《海峡西岸经济区发展报告2019》《海峡西岸经济区发展报告2020》已由经济科学出版社出版。

在研究过程中，本课题得到了厦门大学社科处的大力支持，经济学院科研秘书刘晨宇、王亚南经济研究院科研秘书许有淑以及课题组研究助理张怡璇、陈东升也为本课题付出了辛勤的汗水，在此一并致谢。

本课题的最后统稿工作由蔡伟毅、郑若娟完成。各章内容的撰写具体分工如下：

前言（蔡伟毅、郑若娟）

专题一　福建自贸区三片区产业发展研究（蔡伟毅、苏集贺）

专题二　RCEP对福建省经贸发展的影响分析及对策研究（郑鸣、张彦、彭钦、国晓菲、高之远、高伟）

专题三　"十四五"时期福建省发展数字经济的路径探索（郑鸣、张彦、于欢、李思佳、刘博、信驰宇）

专题四　数字经济背景下福建省文化产业的发展（林细细、施雯静）

专题五　低碳经济发展与金融支持路径研究——以福建省为例（徐宝林、孙硕、李爽雁）

专题六　金融支持低碳经济发展的影响机制研究——基于福建省的经验分析（徐宝林、王豪、许艳茹、周雅娜）

专题七　"十四五"期间福建积极融入粤港澳大湾区的成因与对策（洪

永淼、张兴祥、黄秀惠）

专题八　厦门市建设金砖国家新工业革命伙伴关系创新基地研究（杨权、张晨曦、许德建、芦德香）

专题九　第一家园建设中的海峡两岸税收差异研究（刘晔、黄张妍、张伟贤、李梁璐）

专题十　厦门经济特区成立四十年来的经验研究（任力、高荣佳、沈含晓、鲍佳静）

专题十一　厦门打造总部经济集聚区的挑战、优势与实施策略研究（丁长发）

后记（郑若娟、蔡伟毅）

课题组主要成员（以姓氏音序排列）：

蔡伟毅：厦门大学经济学院金融系副教授，经济学博士，现任厦门大学工会副主席兼经济学院工会主席

丁长发：厦门大学经济学院经济系副教授，经济学博士

林细细：厦门大学经济学院财政系副教授，经济学博士

刘　晔：厦门大学经济学院财政系教授，经济学博士，现任厦门大学经济学院财政系副主任

任　力：厦门大学经济学院经济系教授，经济学博士

徐宝林：厦门大学经济学院金融系助理教授，经济学博士

杨　权：厦门大学经济学院国际经济与贸易系教授，经济学博士

张兴祥：厦门大学经济学院经济系代主任、教授，经济学博士，现任厦门大学劳动经济研究中心主任，《中国经济问题》常务副主编

郑　鸣：厦门大学经济学院金融系教授、博导，现任中国金融学会理事

郑若娟：厦门大学经济学院经济系教授，经济学博士